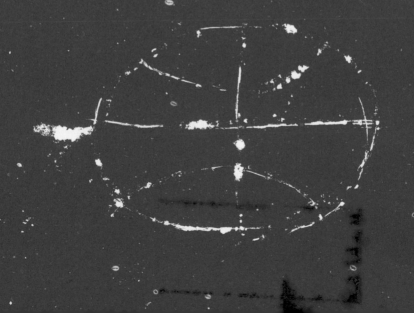

CARLOS ROJAS

Azaña

NOVELA

PREMIO EDITORIAL PLANETA 1973

EDITORIAL PLANETA   BARCELONA

© Carlos Rojas, 1973
Editorial Planeta, S. A., Calvet, 51-53, Barcelona (España)

Sobrecubierta: Riera Rojas

Primera edición: noviembre de 1973 (110.000 ejemplares)

Depósito legal: B. 42624 - 1973

ISBN 84-320-5294-9

Printed in Spain - Impreso en España

Composición y compaginación: Gráficas Lorente, Ciudad, 13, Barcelona-2

Impresión: «Duplex, S. A.», Ciudad de la Asunción, 26-D, Barcelona-16

Je pense encore à l'Espagne. Le président Azaña mourant, en Andorre je crois, disait: «Comment s'appelle ce pays..., vous savez bien, ce pays dont j'étais président de la République...?»

ANDRÉ MALRAUX, *Antimémoires*.

Uno

¿CÓMO SE LLAMA EL PAÍS donde fui Presidente de la República?

Sé de cierto que presidí allí el gobierno y el Estado. Lo sé con la certeza que presiento próxima la muerte, en la yedra de frío que me sube por las piernas, en el hueco amargo del pecho y en los ensueños que días enteros me nublan la razón. No alcanzo, sin embargo, a recordar el nombre de aquella tierra, la mía, aunque me escueza en la punta de la lengua, mitad vinagre y mitad mieles.

Recuerdo, sí, cómo dicen allí a lugares donde gustaba de emboscarme a solas, disolverme en el natural no corregido por nadie. Palacio de la Puta. Los riscos del Hoyo de Manzanares abren un balcón sobre el valle de Cerceda, delante de la Maliciosa y la Pedriza. Un navazo alfombrado de hierbas olorosas, pinares, roquedas: el horizonte, desde Gredos al Ocejón. Navachescas. Espesar de las encinas antiguas. Gamos en libertad. Suavidad incógnita del valle del Manzanares. Y aquel altozano, más allá de Alpedrete, de cara al circo de Siete Picos y Cabeza de Hierro, húmedo de nieves derretidas, de chorros que se despeñan. Más lejos, la majestad del pinar de Balsaín. Y los ocasos en Cueva Valiente, teñidos de rojo, de malva, antes de las nieblas de la atardecida sobre los entrepanes de Segovia.

La última tierra que piso, en el país de cuyo nombre no puedo o no quiero acordarme, es bien distinta. La Bajol llaman al pueblo, enriscado en los montes de Cataluña, sobre la misma raya de Francia. Es invierno, febrero creo, sí, febrero, cuando el más ciego puede dar la guerra por saldada. Un invierno extrañamente cálido, de días dorados y esclarecidos por la tramontana de la víspera, que silba por el tiro de las chimeneas para avivar encendajas de brezos, entre los troncos de roble y carrasca.

La Bajol se empina en cuesta, en el halda de la montaña. Las callejas, diminutas, descienden entre muros de granito y porquerizas. Una tarde, la penúltima, paseo por allí sin más escolta que Rojo y Cipriano, mi cuñado. Las entreluces de febrero vuelven de cande la torre de la iglesia, con su reloj de sol en forma de angélica carlina; avivan los verdes de los grandes valles, que se abren al pie de un mirador ante la fonda donde me hospedo. A lo lejos suena el bombardeo. La víspera tratan de alcanzar el cuartel general de Rojo y meten una bomba, a un tiro de piedra en la casa de Negrín, en Agullana. El viento de cada anochecida sube por los Pirineos, desde Francia, y abócase por los peñascales, donde desmíganse las ruinas de un castillo. Viénese jadeando hasta nosotros y nos azuza la marcha. Pronto está todo visto.

—A este paso, la vida es un soplo —les digo. Me miran, a través de gafas que entela el relente. Ni ríen ni replican.

Un senderuelo, que costea maizales y lomas, nos lleva a una mina de talco. Es una especie de fortín de cemento, de tres pisos de altura, en los ijares de la montaña. El polvo y la piedra partida se derraman por la ladera, blanqueándola toda al pie de la fábrica. En el vertedero, los últimos soles reverberan en pedruscos enjuagados por chubascos. El talco se vuelve entonces de un verde clarísimo: luz del Tintoretto en *El lavatorio*. El cuadro cobíjase quizá en la mina. Buena parte del Museo del Prado ocúltase allí, de paso para Francia y Ginebra, donde recalará a nombre del Estado. Con Cipriano por apunte, como de costumbre, se lo cuento a Rojo, que me escucha mudo, atento, sin asentir nunca con el gesto: muy jefe de mi Estado Mayor, en suma.

—El resto de los cuadros estaba en el castillo de Perelada, donde pasé siete días huido de Barcelona, antes de llegar a La Bajol. Muchas veces insté a Negrín para que los pusiese a salvo. "El Museo del Prado —le dije— es más importante que la República y la monarquía juntas." "No estoy lejos de pensar así", respondió. "Pues calcule usted qué sería si los cuadros desapareciesen o se averiasen gravemente." "Un gran bochorno", afirmó. "Tendría usted que pegarse un tiro", le repliqué. Negrín me informó de que se hacían trabajos en una mina para aprovecharla como depósito. Resultó ser la de La Bajol. Pero en cuanto a poner a salvo anticipadamente todos los museos, no se hizo nada. De la verdadera situación me enteré en Perelada. En el castillo y en la alcoba de la condesa, conviví una semana con el Prado. En la planta baja almacenábase la mayor parte de los cuadros. Para acoger *Las lanzas* y *Las meninas* fue preciso arrancar el dintel de un ventanal. En el fumador, exhibíase el *Cristo* de Velázquez. *El tres de mayo*, de Goya, llegó rajado por el hierro de un balcón de Mataró. Lo zurcieron allí mismo, con la camisa de la abuela del mayordomo a modo de parche. ¡Se lo juro, Rojo! Cada vez que bombardeaban en las cercanías, me desesperaba. Temí que mi destino me hubiese traído a ver el museo hecho una hoguera. Era más de cuanto podía soportar. El del tiro hubiera sido yo.

Un domingo, el 5 de febrero, sí, el 5 de febrero, salimos para Francia a las seis de la madrugada. Falta aún una hora larga para el alba. La noche está muy oscura, de un negror oloroso a menta y setas. En lo alto brillan claros los astros: cada constelación palpitante y como estampada. No sé por qué me sonrío en la sombra, recordando el final de mi último discurso en Barcelona, el 18 de julio del año anterior. *Ahora, abrigados en la tierra materna, ya no tienen odio, ya no tienen rencor, y nos envían, con los destellos de su luz, tranquila y remota como la de una estrella, el mensaje de la patria eterna que dice a todos sus hijos: Paz, Piedad y Perdón.* A lo lejos solloza un perro y en el pueblo ilumínase una ventana. A media calle se estremece nuestro grupo apretujado. Alguien dice que nos acechan y no sosiega hasta que se apaga la luz. Seremos veinte los fugitivos, parte de mi escolta incluida. Negrín, mi brillante y pundonoroso Presidente del Consejo, ofrécese a acompañarme hasta Las Illas, el primer puesto francés. De mis ministros, viene también Giral. Martínez Barrio se nos adelantó, con la familia, en su cochecito. En lo alto del puerto —Coll de Lli le dicen— nos aguarda.

Nos acomodamos en autos de la policía, capaces de trepar por estos derrumbaderos. Dos días antes, Lola se torció un pie y está en malas condiciones para andar. Echamos por el camino que lleva a la mina y luego por el atajo de una masía, donde se alojaba el batallón presidencial. Allí lo visité un día, mediada la tarde, para darme cuenta de las condiciones en que se hallaba instalado. Recorriendo la casa, me topé en la cocina con siete u ocho señores del partido de *Acció Catalana*, entre ellos Ragassol y Peyponch. Hablamos un momento. Se ocupaban en confeccionar una proclama al pueblo catalán. Revisté el batallón a la llegada, en un campo. Hablé con oficiales y soldados. Pese a todo, conservaban un espíritu magnífico. ¡Lástima de gente! Al marcharme, el batallón formó de nuevo. Las masaderas me pidieron venia para presenciar la despedida. Me encogí de hombros. Tambores y trompetas batieron. Desde la cabeza de la formación, descubierto, grité:

—Soldados, ¡viva la República!

Del grupo de los políticos catalanistas, un poco apartado, salió una voz: *"Visca Catalunya!"* No contestó nadie. La escena, en su sencillez, era desgarradora. Todos (y yo mismo, un poco por sorpresa), nos dimos cuenta de cuánto significaba. Me alejé despacio, solo, delante del acompañamiento, que me seguía en silencio. La verdad es que yo no podía más. Dos días antes había recogido la bandera del batallón, que ahora, desplegada en una de las paredes de mi alcoba, es tema de reflexiones ascético-políticas, porque me servirá de mortaja.

Detrás de la masía, antes que repeche la cuesta camino del puerto, ábrense unos prados a la izquierda. Aún era de noche cuando cruzamos por allí, con mucho traqueteo y suspiros de señoras. El último camión que llevaba las pinturas de la mina a Francia, empeñáronse en pasarlo por aquellos desmontes, en vez de hacerlo por Agullana hacia la carretera de Le Perthus. En menos de nada, se les despeñó, sobre la hierba, vientre a la luna, que era casi llena y con brillo de hielos. Nadie se hirió por suerte; pero había que ver a Negrín triscando de acá para allá, como si fuese el arcángel tutelar de todos. No pierde prenda para hacerse propaganda. Aun cajetillas con su retrato imprimieron, al final, para la tropa.

En el prado, a la luz de los faros, queda *El entierro de Cristo*, del Tiziano. Sólo el cuerpo muerto, de una palidez donde rebotan las sombras, dijérase vivo. Alrededor de él, José de Arimatea, María de Magdala, Juan Evangelista y el par de siervos parecen remolino

14

de espectros. Púrpuras, azules, blancos de túnicas y mantas y un cielo aborrascado, de nubarrones entintados sobre un manchón cobalto, donde despunta el amanecer antes que en el nuestro.

Seguimos monte arriba y, antes de llegar al puerto, compruebo de nuevo que no se privaron de hacer las cosas mal. De pronto, topamos con el automóvil de Martínez Barrio embarrancado en el camino: se rompió obstruyéndonos el paso. ¡Allí vería usted al Presidente del Consejo empujar con todas sus fuerzas el coche de don Diego, para sacarlo del atolladero! Inútil. Hacemos lo restante a pie. En lo alto, en Coll de Lli, clarea ya el día entre gris y azulenco, sobre fondos cárdenos. En la linde, ante las ruinas de la corraliza de un aprisco, los bultos de los carabineros, cuadrados, nos ven pasar. La cumbre está cubierta de hierba cenceña, donde florecen planteles de ajonjeras. Con el primer sol, hallamos carlinas doradas, recién abiertas. Nadie se detiene al cruzar la raya. Hosco y cariacontecido, las manos a la espalda, el gordo pescuezo plantado entre los hombros, anda Negrín a mi lado.

—Se marcha usted pisando oros —me dice de pronto.

—Nací viéndolos.

—No serían éstos.

—No. En Alcalá teníamos un campo de girasoles. Son mi primer recuerdo. Imagínese un huerto lleno de ellos, con la siembra siempre muy prieta y cada planta más alta que un hombre. Una marea de oro me daba allí la hora. De chico, aguardaba eternidades para verlos volverse lentamente.

—Es usted un contemplativo —sonríe irónico, sin disimularme su desprecio—. No comprendo por qué se metió en política, y menos en este país.

—No nací en otro, Negrín. Se lo dije una vez, en nuestros pleitos: soy de la tierra de la claridad. Lo malo del caso es que sólo muchos años después me doy cuenta a veces de lo contemplado.

—¿Los tornasoles?

—Los tornasoles. ¿Se paró usted acaso a pensar en ellos? Con el sol comparten las moléculas de carbón y así se abren y vuelven siempre a mirarlo. El universo será hostil a la vida; pero con la infinitud se emparentan los girasoles, que, en cierto modo, a ésta nos transportan.

—No me interesa el universo —su ironía es gorda y abuñolada como los nudos de corbata de los frailes, cuando en El Escorial vestían de seglares—: sólo el hombre. Es decir, usted, yo, la inmensa tragedia que nos rodea. Hay que sufrir aquí y ahora, porque éste es el destino que nos cupo en suerte. No tenemos otro. Lo demás, y perdóneme usted, es pura cobardía.

—¿La mía, Negrín?

—La suya, señor Presidente. La República se hunde; cae Cataluña; la guerra se pierde, a su propio decir; mueren en dos años más compatriotas nuestros que nacen en enteras generaciones. Usted entre tanto se refugia en su interior y contempla los girasoles de

16

su niñez mientras aguarda el momento de abando-
narnos.

—El gobierno republicano se hundió en septiembre del 36, agotado por los esfuerzos estériles para
restablecer la unidad de dirección, descorazonado por
la obra homicida y suicida que estaban cumpliendo,
so capa de destruir el fascismo, los más desaforados
enemigos de la República. Durante los tres primeros
meses de guerra, se hizo en Madrid un destrozo fabu-
loso de víveres. Formaba parte del jolgorio general.
Quemar gasolina y agotar los almacenes fue la diver-
sión mayor. Hay que haberlo visto. Sé muy bien, por
mi mujer, el despilfarro que se hacía en los hospitales,
sin provecho para los enfermos. Toda la parte ganade-
ra de la provincia de Madrid fue arrasada. Se mató a
casi todos los animales de producción para satisfacer
el hambre de un día. Dijérase que una horda de hambrientos se había lanzado sobre el cajón del pan; pero
los que conocemos las costumbres de Madrid sabemos muy bien que no tenían hambre atrasada. Era el
placer del derroche, un signo de la vida nueva. Previsión regular no hubo ninguna. Cada cual hacía lo que
le daba la gana. La traición puede ser sofocada y cas-
tigada; pero una alucinación colectiva se disipa difícil-
mente. Desde entonces soy un Presidente amortizado.
Después de su ascenso a la jefatura del gobierno, soy
un Presidente desposeído.

—¿Por qué no dimitió usted?

—¿Cuántas veces debo repetírselo? —A mi pesar
me encrespa como de costumbre—. Usted es otra men-

te anárquica. Por eso no escucha al prójimo ni en el fondo cree en el valor moral de la legalidad que representa. ¡No tiene formación, fuera de su especialidad profesional! ¿En qué cree usted, aparte de la fisiología y de sus diccionarios, donde aprende lenguas muertas para no decir nunca la verdad en ningún idioma?

—Creo, por ejemplo, que no ha contestado usted a mi pregunta, señor Presidente.

Giral y Martínez Barrio se unen quedamente a nosotros, ya en bosques de Francia. Por unos instantes andamos los cuatro juntos entre castaños desnudos, helechos y zarzales. De vez en cuando, Giral se quita las gafas y las limpia con un pañuelo de colores. Estréchase el sendero al arranque de la cuesta y descendemos hacia Las Illas en fila india. Negrín, con acezo de alguien poco hecho a estos trotes, me escupe las palabras a la espalda; luego el silencio de Giral y Martínez Barrio.

—El 14 de julio de 1937, contra su optimismo juvenil, Negrín, les dije a usted y a Giral cuál era mi convicción. La guerra no podía desenlazarse a nuestro favor por la fuerza de las armas. Otra política no era sólo posible, sino urgente. Había que buscar los factores de un pacto con el enemigo. Afirmar, como lo hacía usted hace poco, que estábamos dispuestos a seguir resistiendo, y si cayese Cataluña nos iríamos al centro, es puro dislate. Perdidas Barcelona y pronto la frontera, ¿qué vamos a hacer? ¿Cree usted que no osarán disentir los ministros de su *jusqu'au baptême?*

Por mi parte, permaneceré en la Presidencia mientras quepa la esperanza de un ajuste de paz en condiciones humanitarias: ni un instante más.

—La guerra dista de haberse perdido —replica—. Deme ocho meses más, hasta agosto o septiembre, y será parte de un conflicto mundial. Creyeron prevenirlo en Munich; pero Munich, en realidad, lo hizo inevitable.

—Nunca quise que nuestra lucha deviniera guerra general. No lo deseo por las razones que tiene todo hombre para aborrecer la violencia, y además por motivos de estricto interés. Nuestro caso pasaría entonces a muy segundo término y, cualquiera que fuese la conclusión, nos someterían a los triunfadores.

—Con derrotistas como usted, señor Presidente, tendremos que someternos a Franco.

—No me cabe duda. Pero la contienda mundial nos haría siervos de otros amos, sabe Dios hasta cuándo. ¿No advierte usted que para el mundo no contamos? La guerra civil nos puso en primer plano de la actualidad; pero nunca acabaron de creer en nosotros. Quizá no les falte razón. Nuestro país es una excepción semántica. Traduzca al idioma de cualquier otro ciertas palabras, por ejemplo: universidad, obispo, escuadra, masonería, escuela, reforma agraria. La representación que adquiere el extranjero de nosotros, a través de tales términos, es absolutamente falsa.

—Es usted un cínico y un sofista. Mire el desastre de esta retirada: la huida de la gente por estos montes y estas carreteras, su pánico, su hambre, su desesperacion. En el bombardeo de Figueras, amanecieron entrañas humanas en las ramas de los árboles. ¿Es esto ficción o realidad?

—Es verdad a lo vivo. El sufrimiento nunca deja de ser cierto; pero todo lo demás cae en el reino de lo pintado. Los ideales son también perecederos. Matarse por ellos es hacerlo por principios que en gusanos se convierten. De acuerdo con usted en la necesidad de afirmar al hombre, por encima de sus credos, si lo entiendo a derechas. Usted, sin embargo, sólo mantiene sus trece puntos y ahora, al final, sus tres condiciones de paz: independencia de toda tutela extranjera, derecho a escoger libremente el régimen político y supresión definitiva de toda suerte de represalias. Eso, querido Negrín, es la conseja del portugués en el pozo, porque estamos perdidos y no podemos exigir nada de nada.

—Usted sólo se afana por desertar de su Presidencia. Se habla mucho de su miedo físico; pero su cobardía es moral —la ira le enfosca la voz—. Se le da un rábano todo: ideales y sufrimientos. Cuentan que en el treinta y uno, cuando lo sacaron de su escondrijo, recién proclamada la República, exclamó: "¡Qué lástima, una semana más y termino mi novela!" ¿Qué escribirá usted cuando nos abandone y dimita? ¿Una farsa, un sainete?

Me vuelvo y encaro con él, pues quiero a Giral y a Martínez Barrio por testigos. Los cuatro nos detenemos en el atajo. Chispea al primer sol la guarnición de oro de los lentes de Giral. Todo el monte huele a jara. El silencio, súbito e inesperado, nos envuelve: hace campana de vidrio de los cielos, y en esta quietud me suena la voz como en un eco.

—Negrín, dimitiré cuando me crea del todo innecesario como Presidente. En otras palabras, cuando sea imposible cualquier intento de paz negociado por mi magistratura: ni antes ni después.

—¿Volverá usted conmigo a la zona central? Ha caído Cataluña; pero Madrid y Valencia son todavía nuestros. La guerra no ha terminado.

—La guerra está militarmente perdida. Usted mismo lo admitió en La Bajol, al oír el informe que a los dos nos hizo Rojo. Volver a la zona central sería por mi parte ayudar a prolongarla. No nací para carnicero y menos para verdugo. Me quedaré en Francia.

Se le enceniza el rostro y no replica. Hombre tan robusto, tan preñado de vida como él, parece a veces roto y lleno de ruinas y añublo. A Prieto, antes de que lo cocease del ministerio de la Guerra, le dije que Negrín sobreviviría mejor que nadie este infierno, por falto de escrúpulos. "Quizá —repuso—, pero ¿no ha reparado usted que está encaneciendo?" Es cierto. No lo noté entonces, pero lo advierto ahora. Tiene la cabeza sembrada de menudos cristales. Por no sostenerle el mirar rencoroso, me vuelvo hacia el valle. Allí amanece ya el primer pueblecito francés. En el regazo de los montes azulados, tíñense de naranja las casas diminutas, de tejados rojos. Por el aire quieto, sube delgado el humo de las chimeneas.

21

Nuestro guía, masadero del casón que alojaba a mi guardia, estrújase la boina entre las manos.

—Señor —me dice, tartajoso de angustia—. Esto es Las Illas. *En deu minuts*, llegan allí. Si al señor no le importa, regreso a La Bajol con la familia.

Me encojo de hombros y le vuelvo la espalda. Mi mujer me mira y sonríe penosamente. Para fugarme de su encaro, me doy a contar los ventanos bajo las tejas asalmonadas de la amanecida. Todo es demasiado absurdo para ser cierto. Soy aún Presidente de aquel país de cuyo nombre no puedo o no quiero acordarme. Huyo a Francia y el propio guía rehúsa acompañarme el viaje entero. Cuanto soy lo llevo conmigo. Por lo visto, conservo un fondo de indiferencia, y me digo como Sancho: desnudo nací, desnudo me hallo; ni pierdo ni gano. Por otra parte, las grandes experiencias a que he asistido, y en las que me ha tocado ser unas veces angustioso espectador, otras actor y otras víctima, son un acontecimiento prodigioso, no en la historia del mundo, sino en mi corta vida personal. La colman, la profundizan y sus memorias me queman el alma con una súbita y disparatada dicha.

—¿Qué les ocurre a los suyos? —pregúntale Negrín al payés.

—*Res*, señor, nada todavía.

—¿Nada todavía?

—A los niños los llevamos a otra casa, porque nos amenazan con volarnos la nuestra.

—¿Volársela?

—Sí, señor, con dinamita supongo.

22

—¿Y quién dice tal cosa?

—Militares, señor, yo no sé quiénes serán, siempre militares.

—No se preocupe. En cuanto deje al Presidente en Las Illas, regreso a La Bajol. Allí daré órdenes oportunas para que sean debidamente protegidos.

—Muchas gracias, señor... Pero...

—Hábleme con toda franqueza. Olvídese de quién soy.

—Señor...

—Sí...

—También nos dicen que huyamos a Francia si somos republicanos. ¿Qué debemos hacer, señor? Aquí nacieron nuestros padres, nuestros hijos y nosotros mismos. ¿Qué haríamos nosotros, los pobres, en Francia?

—Quédense —me sorprende mi propia voz—. Cuanto aquí tienen, aunque sea poco, será siempre suyo.

Martínez Barrio asiente con el gesto, a despaciosos cabezazos. El labriego, menudo y avellanado, sonríe nerviosamente. De súbito, también para mi asombro, engrífase Negrín como un basilisco. A veces, al oírme la voz, le ocurre lo mismo que a mí con la suya: más que las palabras irrítanos el tono o quizá el timbre.

—¡No les quedará nada, porque nada les pertenece! —casi me grita—. La casa, la tierra, los aperos y los corderos son de algún amo, que a estas horas se halla en San Sebastián, si no lo asesinaron nuestras patrullas al empezar al guerra. De vivir, volverá pronto

23

y les pedirá cuentas por el alpiste del jilguero. ¿Por qué los engaña hablándoles de cuanto será siempre suyo? ¿A qué vienen tales embustes? ¡Es usted un ser sin principios!

—Poco importa que nada les pertenezca mientras algo crean suyo, como lo creyeron sus padres. Estamos hechos de la materia de nuestros sueños, Negrín. Bien lo dijo quien lo dijere.

—¡Mentira! Acaso nuestras vidas sean pesadillas; pero mañana nos juzgarán por cuanto hicimos dormidos.

—Mañana seremos muertos olvidados —no sé si me río de él, de mí o del campesino, renegrido, que nos mira boquiabierto—. No merecemos mejor suerte. ¿Está usted de acuerdo, Negrín?

—Sólo en el caso de que perdamos. Pero la guerra dista de estar resuelta.

—Por ser usted un insensato, le hablaré como un cínico. ¿Qué importa la guerra y, sobre todo, qué importamos nosotros? Menos que este labriego, destinado sin duda a sobrevivirnos. Discutiendo su suerte, nos enzarzamos en seguida en sueños morales.

—Se enzarzaría usted...

—Los dos. De hecho procedíamos entonces correctamente. Mañana, todo, la guerra, usted, yo, los muertos, podridos y abrazados debajo de la tierra, seremos historia: es decir, olvido escrito. No obstante, hombres como éste y los hijos de sus hijos seguirán apacentando ovejas ajenas y guadañando los prados del amo con la misma guadaña.

24

—¿Qué podemos hacer entonces? —demanda cabizbajo Martínez Barrio.

—Marcharnos y buscar la paz, una concordia que impida mayores sangrías. Si no la conseguimos, callar y morir.

—No tenemos ese derecho —replica Negrín.

—¿Cuál de ellos?

—El de perecer en paz. Si huimos y nos abandonamos, aun en el extranjero nos perseguirán como alimañas. Es preciso resistir a toda costa. Yo no soy ningún héroe ni me gusta este papel, mas no cabe otro. Me horrorizaría acabar fusilado; pero ésta es la época en que nos ha tocado nacer.

—Vaguedades, vaguedades inútiles. Hay que sobreponerse al miedo para reconocer la verdad y, sobre todo, para decirla. El drama es terrible y muy doloroso aceptar sus términos. Pero se ha de pensar en los demás y en el estrago inútil.

Como siempre, nuestros pleitos concluyen en fatigado silencio. Hartos de confrontarnos de hito en hito, los dos humillamos el mirar. Cerca suenan esquilas de rebaño. Poco a poco apíñanse todos alrededor. Aproxímase el campanilleo y óyese ya el escarbo de las ovejas por la barranca, húmeda de rocío y salpicada de escarcha.

—¿Qué hago yo, señores? ¿Qué hacer *amb els meus?* —pide el labriego, de quien todos nos olvidamos.

Suénale la voz como remedo de los balidos entre los árboles. Ni Negrín ni yo le respondemos. Lo hace Martínez Barrio.

—Quédese usted —busca un estrambote y no se le ocurre. Al cabo, con su dejillo sevillano, bisbisea sin reparar en la ironía—: No pierda la esperanza. Vendrán otros tiempos.

Giral está llorando. Soltó el trapo de pronto y no sé por qué su llanto, entre patético y risible, me conmueve hasta los entresijos. Llora, con las gafas de montura dorada prendidas de un enganche a una sola oreja. No solloza como lo haría por una tierra perdida para siempre (aquella cuyo nombre no recuerdo), sino con el dolor brutal del hombre a quien acaba de morírsele el perro. También de improviso suénase estrepitosamente con un pañuelo de colores.

Y el payés de nuevo:

—¿Qué hago yo, señores? ¿Qué hacer *amb els meus?*

Y Diego Martínez Barrio:

—Quédese usted. No pierda la esperanza. Vendrán tiempos mejores.

Luego, nada. Ni sus voces, ni el lloro de Giral, ni el balar, ni el cascabeleo: solos nosotros con el amanecer, en tierra de Francia. Da horas la campana de Las Illas; pero nadie cuenta los badajazos. Yo le tiendo la mano a Negrín.

—Despidámonos aquí. No es preciso que baje usted hasta el pueblo. Todavía debe desandar el camino de La Bajol y la cuesta no es manca.

De súbito, cuando ya pienso que rehúsa estrecharme la diestra, que largo tiempo ignora, me abraza inesperadamente. (También abrazó a Prieto, a quien detestaba, antes de su marcha a América y después

de botarlo del ministerio.) Préndese de mis hombros
y lo siento estremecerse debajo del abrigo. Estréchame
con todas sus fuerzas, como si fuese el último tablón,
erizado de clavos, en un naufragio. Asido a mí, tiembla
este hombre robusto y entrado en carnes, en cuyos
escrúpulos todos descreen. A malta y tabaco le hiede
el aliento quebrado por el jadeo, mientras rechinan
sus dientes, acaso para morder sollozos contagiados
por Giral. Nunca me sentí más desapegado. Si alguna
emoción abrigase, sería el bochorno por la escena.

EL OBISPO DE TARBES Y LOURDES me visita en esta agonía. El último ataque me balda medio cuerpo, que ya no siento; me deja el habla ahogada. Mi calvario se abrevia, pero no disminuye. Casi cegué y las migrañas me aturden a veces. La mente, sin embargo, permanece cruelmente lúcida. Lo recuerdo todo, menos el nombre del país donde fui Presidente de la República y mi propio nombre. Con voz trabajosa, entre ronqueces y bramas cuando las punzadas me desgarran el medio pecho vivo, parloteo aún en un francés que el obispo admira por perfecto. Solo, me repito silenciosamente retazos de discursos, para hacerme a la cruz de la memoria. Vuelven a mí entonces mis propias palabras, duras, resonantes, en el tono un tanto áspero que tenían entonces; pero que a medio millón de hombres pusieron de pie en el Campo de Comillas. Luego, cuando no me escuchaba nadie, eran otras bien distintas, palabras tristes, de las cuales no logro olvidarme. "No; nuestra conciencia es clara; nosotros sabemos que la guerra es una espantosa calamidad, y que la guerra civil es una monstruosidad; porque todavía en una guerra con un país extranjero, el vencedor se forja a veces la ilusión de que hará recaer los estragos y expensas materiales sobre el vencido; pero en una guerra civil, vencedores y vencidos tienen el día de mañana que llevar sobre sus costillas, como la llevarán generaciones venideras, la pesadumbre de esta catástrofe. Hay que tener la entereza de saborear el amargor de este problema y decirlo con vigor y con claridad. Sí, la guerra civil es una monstruosidad."

—¿Qué representa el poder por dentro? —me pregunta el obispo, sentado a mi cabecera—. Usted lo tuvo y lo perdió, señor Presidente. Sólo usted puede detallármelo.

—El poder, ilustrísima, es morirse poco a poco en un cuarto de hotel de Montauban, que paga por caridad el embajador mejicano en Vichy, solo y abandonado de todos. El poder, repito, es acabar a merced de la limosna ajena, porque el gobierno francés prohíbe incluso a este criminal fallecer en la embajada de Méjico. Si me sacan vivo del hotel, para llevarme a Vichy, me detendrán en la ambulancia. Si me sacan muerto, ignoro qué harán conmigo. En todo caso, esto es el poder.

—Sufro muchas veces la misma pesadilla. Sueño con ser Papa. Despierto al verme investido en el trono de San Pedro, odiando el orgullo que me devora. Despabilado, suplico a Dios que me conceda dormir sin sueños para siempre, y entonces advierto, aterrado, que le pido la muerte del descreído.

29

—La mía es una pesadilla distinta, ilustrísima. Ni aun ahora, mientras agonizo, deja de acecharme. He vuelto a Madrid y a agosto del 36. A raíz de unos bombardeos, la muchedumbre invadió la Cárcel Modelo para asesinar varios presos, entre ellos Melquíades Álvarez, mi primer mentor en política. El odio se satisfacía en el exterminio. Odio de las ideologías contrapuestas, especie de odio teológico con que pretenden justificarse la intolerancia y el fanatismo. La humillación de haber tenido miedo, y el ansia de no tenerlo más, atizaba la furia. Como si la guerra civil no fuese bastante desventura, se le añadía el espectáculo de la venganza homicida. Por lo visto la guerra, ya tan mortífera, no colmaba el apetito de destrucción.

—¿Qué hizo usted, señor Presidente?

—¿Yo? Nada, claro está.

—¿Nada?

—Quise dimitir, pero no pude. Aún esperaba servirme de mi cargo para mediar en la matanza y obtener una paz por compromiso. Sufrir, sí, sufrí más aquella noche que en toda mi vida, incluidos estos días aquí, en Montauban. Negrín se decía cobarde pero no lo es. Yo sí lo soy y siempre creí que era el miedo el dolor más grande. Entonces supe que me equivocaba. Cabía en mí un padecer mayor: el asombro ante el odio de los míos. Dígame, ilustrísima, ¿somos responsables del mal que hacen los demás?

—Supongo que lo somos plenamente. El mal bien entendido empieza por uno mismo.

—En mi caso, la realización del odio ajeno venía

unida a la de mi impotencia para impedirlo. Realización irónica, pues en fin de cuentas yo era el Presidente de aquella República. Otros se sabían víctimas del mismo sarcasmo. Giral, Jefe del Gobierno, lloró en mi despacho. "Con este crimen —me decía Prieto— hemos entrado en la última fase de la guerra." Mi amigo Ángel Ossorio se jactaba luego de haber impedido mi dimisión aquella noche. Recuerdo muy bien su razonamiento: "No puede abandonar su puesto, pues en la otra zona mueren hombres fusilados aclamando al Presidente de la República." "Aclaman en vano —repliqué—, porque yo no soy nadie."

—Pero usted no dimitió.

—No, no dimití, aunque para ello no me valiesen los llantos de Giral, el pesimismo de Prieto o los argumentos de Ossorio. Al cabo, terminé por escuchar mi voz y desoír la ajena. Yo no era nadie; pero alguien podía devenir si contribuía a traer la paz. Ser o no ser carece de importancia. Sólo vale el querer ser. "Yo sé quién soy" afirma don Quijote cuando lo devuelven por vez primera apaleado a su casa. Quiere decir, naturalmente: "Yo sé quién debo o quién quiero ser." Si su ilustrísima no fuese francés, lo comprendería en seguida. Claro está que luego, en sus desventuras, también afirma don Quijote: "Soy el más desdichado de los hombres", y casi al final: "Ya no puedo más." Esto es el poder, amigo mío; aquí lo tiene usted encerrado en tres frases. No comprendo cómo ciertos hombres creen aún en semejante ficción.

Dimití mi presidencia el 28 de febrero del año pasado. Era al principio de nuestro destierro y vivíamos entonces en La Prasle, en una casa de hechura saboyana, algo vieja y bastante destartalada, que por encargo mío alquiló Cipriano. A su espalda había unas praderas, una frondosa arboleda y un huertecito pertenecientes a la finca. Todo lo trabajaba un portugués que tenía la ventaja de llamarse Nascimento y era nuestro proveedor de hortalizas. Nascimento era dueño legítimo de una mujer regordeta y de un perro de presa, canelo, que a veces admitía de nuestra mano un terrón de azúcar, y otras nos mordía sin miramiento alguno. El pueblecito era insignificante, pero ameno y bien comunicado. Mi casa estaba a trescientos metros de la frontera francesa y a quince minutos de Ginebra. Nos gobernaba, en nombre de la República francesa, un alcalde muy bueno, antiguo combatiente, ex diputado, solterón y con álbum, en el que me hizo escribir un pensamiento profundísimo. Me regaló una biografía de su padre, que fue consejero de *arrondissement*, y un librito sobre Rousseau. También tenía por escolta un policía sagaz, encargado de impedir que me asesinasen. El perro de Nascimento le mordió un día en una pantorrilla. Un auténtico príncipe ruso, que sonaba algo así como Cherebochef, venido a menos desde la revolución, y muy amigo personal de Alfonso XIII, nos proveía de leche. Nos la llevaba la princesa todas las mañanas, y como debía de haber averiguado que no éramos comunistas, nos sonreía a veces. El barbero era italiano, como su mujer, fermosa y garrida, que inquietaba a algunos varones de la pequeña colonia formada en torno nuestro. Quien no se inquietaba por nada era el barbero. Añádase a todo esto la imponente contigüidad del boscoso Salève, que aquel invierno nos tenía envueltos en brumas y chaparrones. Y tal es el catálogo de los incentivos que concurrían entonces a hacerme llevadero el destierro. Poco a poco se fueron escolta y amigos. Cada despedida cortaba un lazo más con el pasado. Me quedé en la estricta intimidad familiar y a solas con mis pensamientos. En el orden personal no me quebrantaba, y lo que me había pasado a mí, particularmente, me importaba poco, o nada, cualesquiera que fuesen las dificultades del mañana. Tanto me daba vivir en un palacio como en una aldea. Dimitido, me repetí lo que me dije camino de Las Illas, al huir de aquella tierra de cuyo nombre no puedo acordarme: desnudo nací, desnudo me hallo; ni pierdo ni gano.

—Yo no creo en la vida sobrenatural —confiésame en voz baja el obispo—. Veo la muerte como un dormir eterno, sin sueños. Aunque así no fuese, Dios, en quien nunca dejé de creer, me impone este suplicio para castigarme.

—Sería bien justo, ilustrísima. A mi entender blasfema usted, con perdón sea dicho. La muerte del cristiano no es nunca dormida sin sueños. Muertos, vivimos siempre despiertos, según la fe.

—¿Y es eso cierto, señor Presidente?

—Yo no soy doctor de la Iglesia, señor obispo. Al revés que su ilustrísima, Indalecio Prieto no creía en Dios; pero tentábale el creer en la vida eterna. "Soy

33

socialista —decíame una vez, en Valencia—, pero imagino que la pérdida de la fe en la inmortalidad del hombre es la mayor tragedia de nuestro tiempo."

—¿Qué repuso usted?

—Me encogí de hombros.

—¿Se encogió de hombros?

—Más o menos. Dije no ponerlo en tela de juicio; pero parecíame más perentorio dar al hombre pan, camisas y sábanas limpias, techado y empleo seguros, para que pudiera dedicarse entonces a creer, sosegado, en su perennidad.

—¿Y Prieto?...

—El materialista sacudió la cabeza. "Demos al pan lo que es del pan y al alma lo que es del alma —exclamó riendo—. No piensan más en el cielo los ahítos que los famélicos. De hecho ha ocurrido siempre todo lo contrario. Sería preciso hartar al prójimo; pero dejarlo hambriento de inmortalidad."

—¿Asintió usted, señor Presidente?

—No por completo. Por ser incapaces de mantener la carne, pedimos la supervivencia del espíritu. Si pudiésemos conservar el cuerpo, aun a riesgo de permanecer eternamente idiotizados, se nos daría un rábano la perpetuidad del alma. Luego empezamos a hablar de la guerra. Recuerdo que me dijo aquel día: "Usted y yo, cuando nos juntamos, nos echamos el uno al otro oleadas de negrura. Haría falta una tercera persona." "¿Una tercera persona para qué?", le pedí, a mi pesar, divertido. "Para demostrarnos que no tenemos razón", replicó. Luego, más ilógico aún, confesábame al despedirse: "Creo que nuestro destino es sucumbir aquí." Se equivocaba, claro. Ajena será la tierra que nos pudra los huesos. Yo acabaré aquí, en Montauban. Él trisca por Méjico, según creo.

—El señor Presidente puede reponerse.

—El señor Presidente dimisionario se muere sin remedio. Nunca sentí certeza más clara en mi vida.

—¿Acaso no tiene usted fe en la ciencia? —sonríe trabajosamente el obispo.

—Como en la Iglesia.

—Debiera creer en las dos.

—Creo en mi muerte. La supe cierta y próxima cuando la parálisis del último ataque. Siempre le tuve un pánico cerval; pero al sentirla próxima, con toda certeza, le perdí el miedo. Desde entonces no deja de admirarme mi propia serenidad. Sépalo usted, ilustrísima: siempre hubo en mí dos hombres, no, quizá tres.

—¿Dos o tres hombres, señor Presidente?

—Primero, el de la carne, como yo lo llamaba: vivía espantado por la muerte y el dolor físico. Era el único que los íntimos conocían y huelga decirle cuánto padeció en estos años sangrientos. Desde el principio de la guerra, sufrí muchas noches la misma pesadilla. Me veía fusilado, astillada la frente a balazos o, peor aún, exhibido por la calle de Alcalá, con una soga al cuello y un cartel al pecho. El hombre del espíritu, en cambio, se sobreponía siempre, con absoluto desapego por la propia muerte. Ahora, mientras me acabo de prisa, como mala candela, este hombre anuló al otro. No temo ni padezco, a no ser por los míos.

—¿Y el último de los tres...?

—A éste lo conozco menos. Acaso no lleguemos a intimar del todo antes de morirme. Es borroso y lejano: una especie de espectador impasible de los otros. Quizá esté ciego.

—¿A cuál de ellos hablo yo esta tarde?

—Al segundo. Hoy casi no hay otro.

—¿El que sufre por los demás y se olvida de sí mismo?

—Sí, a ése.

—Yo le pido, señor Presidente, si sería capaz de padecer por mí, es decir, de apiadarse de mi dolor.

—Lo dudo, señor obispo.

—¿Por qué no iba a hacerlo? —me mira desconcertado. Tiene la cara blanca, como esos setales tempranos, que amanecen en los hayedos la víspera de Santiago. El perfil le ennoblece el color: burilado, a un tris de lo aguileño, desdice de los caídos carrillos.

—En fin de cuentas, su ilustrísima es francés.

—No soy yo quien lo encerró en el hotel ni impide lo lleven a la embajada. Me irritan tales abusos y estoy dispuesto a hacer cuanto pueda por usted —en el blancor de la piel, venas como vetas de leche y sangre le prenden los pómulos.

—Todo esto, la brutalidad de Vichy o sus bondades, me resulta indiferente. Perdono aquélla, le agradezco éstas y sanseacabó. Como le dije, desapareció en mí el hombre de la carne.

—¿Entonces...?

—Entonces, cuando afirmo compadecerme de los

míos, me refiero, única y exclusivamente, a mis íntimos y compatriotas. El resto del mundo nos abandonó. Justo me parece, pues, desentenderme hoy del mundo.

—El señor Presidente bromea —sonríese y encoge los hombros ensotanados.

—¿Su ilustrísima me supone capaz de chancear a estas horas? Hacerlo exigiría un santo y un payaso, todo en una pieza y de un fuste bien especial. No soy una cosa ni la otra.

—Yo le necesito, sea usted quien sea.

—En nada puedo ayudarle, ni a usted ni a nadie, acaso precisamente por haber tenido el poder. Recuérdelo.

—Sí, puede, señor Presidente. Confiéseme su fe en la vida eterna y lo absolveré. Le remitirá toda culpa un pecador, quien tal vez así logre creer en la inmortalidad y librarse de su pesadilla.

Lo repite, cada vez más quebrada la voz en el garguero. Me fatiga la charla y se me va la cabeza. Imagino suplica cierta suerte de prodigio, y viejos recuerdos rebullen en el fondo de mi sopor, bajo la rojez de los párpados cerrados.

Santo Domingo de la Calzada, cantó la gallina después de asada. Camino de Santiago, un matrimonio, con su hijo mancebo y guapo, para en Santo Domingo. La moza de la posada se prenda del muchacho y lo requiere de amores. Él rehúsa. Al marcharse, la moza esconde en las alforjas del peregrino unas alhajas. Ido, lo acusa de robo. Salen a su alcance, le hallan el cuerpo del delito y es ahorcado. Los padres se llegan de noche a la horca, a recoger el cuerpo de su hijo, y ven que aún vive. Van en busca del alcalde, que está cenando pollo, y le dan cuenta del caso. Se burla: "Cuando este pollo eche plumas y cante, vivirá tu hijo." El pollo de la cazuela comienza a echar plumas, se alza y cacarea. Tal es el milagro de Santo Domingo. En la catedral se conserva, en el hueco de una ventana, un leño: "Madera de la horca del peregrino."

Santo Domingo roza y tala los montes que cubren la comarca. Todo lo hace con una sola hoz. Lo cual es milagro. De la hoz se conserva en la catedral un fragmento, al que se le tiene devoción. Pidiendo una cosa al santo, después de tocar la hoz y besarse los dedos, la concede.

De pronto, se me despeja el alma. De pechos sobre mi cabecera, me mira el obispo. El blanco de sus ojos parece esmaltado, como los pomos en las escaleras de Alcalá: un si es no es menos mate que la piel, con los pómulos enrojados.

—Pero, hombre de Dios, usted pretende que yo confiese para creer usted.

—¡Sí!...

—Eso es imposible. Lamentándolo mucho, tendrá que seguir soñándose Papa, y luego dormido sin sueños por toda la eternidad. No soy quién para creer en la vida eterna, porque empiezo por descreer en mí mismo y en la terrena. Señor obispo, yo no soy nadie y el mundo, este mundo, si algo es será el infierno de otro planeta.

—¿El infierno de otro planeta?

—Otra cosa no puede ser. Penamos el pecado de haber nacido en otro astro: culpas que ni siquiera alcanzamos a recordar. Somos espectros de otros muertos y nos imaginamos vivos. Llamamos nuestra una tierra que ni siquiera existe.

—El señor Presidente se burla o desvaría.

—Otros creerán en Dios, en la justicia, en la patria, en cualquiera de esas palabras por las cuales se matan los hombres como hienas. Personalmente creo en el infierno: no conozco otra realidad.

Y, sin embargo, a veces casi creí en esta vida. Tentado me siento aún a hacerlo, al evocarlas. Domingo capestre y verano. Almorzamos Lola y yo solos en el Hotel Victoria de El Escorial. Visito mi jardín de los frailes a pleno sol. Nadie. Siempre en perfecta comunión con este lugar. La sinfonía es hoy grandiosa. Vamos a La Herrería. En unos peñascales, más allá del Castañar, pasamos unas horas sentados a la sombra, con el panorama completo de El Escorial a la vista. Aplastamiento del paisaje inundado de sol. Silencio. La majestad de las cumbres en reposo. Un cielo azulino entre las ramas de un roble. Y nada más. Ni de ayer, ni de mañana. Siempre y nunca. Oigo cada quince minutos el reloj del monasterio, que me contó muchas horas. El metal me suena muy bien.

Invierno de 1932: otro domingo. Cipriano viene a comer con nosotros, y a las dos y media salimos con el propósito de llegar a La Granja para ver los jardines nevados. No ha sido posible. El coche no pasa del

Alto del León, y nos apeamos mientras maniobra. La ventisca es muy fuerte. En la carretera cubierta de hielo, es difícil tenerse de pie. Por apartarnos de la carretera, Lola y yo pisamos en la nieve y nos hundimos hasta casi la cintura. Todo esto nos divierte mucho, y el corto rato que permanecemos allí me tonifica y alegra de un modo extraordinario. Niebla y nieve. Pasan algunos hombres liados en bufandas, que me recuerdan *La nevada*, de Goya.

—¡El mundo no es el infierno, señor Presidente! —insiste y casi implora—. *Le monde n'est pas l'enfer, monsieur le Président!*

En un tris estuve de olvidarme de él. Vuelto del Alto del León y El Escorial, me juro no rendirme más al disfrute de tales memorias. Deslumbrantes, por un momento me incendian e iluminan, pero al apagarse ahondan mi abandono.

—Otra cosa no puede ser el mundo, señor obispo. ¿Qué sentido tiene, por ejemplo, haber ideado la razón cuando siempre ocurre lo arbitrario, lo inesperado y lo incomprensible? ¿Qué sentido inventar la historia cuando la conducta humana es inconsecuente? ¿Qué sentido enmelarnos el paladar, mentando la humanidad, cuando nos cazamos salvajemente en guerras como la nuestra?

—Si descreemos en el mundo, no podemos creer en nada.

—Yo creería en cualquier cosa menos en la tierra y en el hombre.

—¿Y qué será de nosotros al morir?

—Tal vez entonces nos redimamos y empecemos de veras a ser. Sólo sé que aquí no somos. Su ilustrísima no existe ni yo tampoco.

—Usted me dijo otras veces que el dolor humano era siempre cierto.

—Lo es. ¿Cómo concebir un infierno sin sufrimiento?

Calla el obispo y vuelve la cabeza. El perfil se le recorta sobre los cristales de la ventana. Cerca del hotel, suenan machos y destajadores de una herrería. En sus pausas, el viento se crece y, en la calle, bisbisean las copas de los árboles. "Estamos hechos de la materia de nuestros sueños", citábale a Negrín camino de Las Illas. Aunque ambos lo ignorábamos entonces, volveríamos a vernos en Pyla-sur-Mer dos días antes de la entrada de los alemanes y la víspera de mi fuga a Montauban, en la ambulancia que me prestó el prefecto. Negrín me ofrecía un puesto, sólo uno, en un bote donde él escapaba a Dover aquella noche. Rehusé dejar a Lola y a Cipriano. Hablamos media hora sobrera, civilmente, sin resabios de pasadas discordias. Conversamos como quienes no fuimos nunca: dos viejos amigos, que se despiden para siempre sin alharacas. No obstante, al estrecharme la mano, junto al portón que daba a un Atlántico de pizarra, entre un griterío de gaviotas, me dijo bien quedo, tuteándome por única vez: "Debes saber que te he detestado siempre. Nunca aborrecí a nadie como a ti, porque nos has perdido. Espero que se salven los tuyos, pero a ti te fusilen." Y yo repliqué, en el mismo tono, con absoluta sinceridad: "No tiene importancia, te lo aseguro. Buena suerte, hijo."

—Monseñor, estamos hechos de la materia de nuestros sueños.

—Perdón, señor Presidente... —ni se vuelve a mirarme, siempre de perfil en el ventano como un camafeo. Su ilustrísima no ha leído a Shakespeare.

—No tiene importancia.

Los recuerdos se enredan como cerezas en este remate. El perro vuelve a su vómito, diría Prieto. Pero ni el perro ni el vómito son: sólo la agonía. Cada vez estoy más cierto de ello, si bien el obispo no quiere creerme. Por eso, acaso, no temo la muerte, aunque el hombre de la carne en mí fuese siempre cobarde. Morir es empezar a ser de veras. Lo demás, lo de esta orilla, redúcese a burlería y cosa de sueño, como afirmó Sancho. El mayor engaño del diablo es hacernos creer que no existe. El mayor engaño de la vida y de la historia, vida en olor de multitudes, es hacernos creer que sí existen. Todo esto sería bien claro, diáfano como el vacío, si ciertas memorias no insistiesen en revivir, una y otra vez, con la precisión de lo innegable. Los girasoles de Alcalá. El ocaso en Cueva Valiente. El altozano, más allá de Alpedrete, cara al circo de Siete Picos. Las Illas, anaranjadas y asalmonadas al alba. Y, por encima de todo, la nevada en el Alto del León y aquel domingo, en La Herrería barnizada de sol, contando a cada cuarto el campaneo.

Con divertido sobresalto, advierto de pronto por qué los dos últimos recuerdos retoñan indelebles. Los supuse devueltos por mi dicha al fundirme en sus paisajes. Erraba de medio a medio. No eran sino preludio de otra remembranza: la del mismo sueño, en todo idéntico, padecido las noches de aquellos dos días de 1932, al regreso del puerto y del monasterio. Aunque olvidase luego la pesadilla, no podría descartarla hoy. Soñé las dos veces ese preciso instante, siete años antes de vivirlo. Dormido, me hallaba en este hotel, que, claro está, desconocía. Vi esta cama, con el largo cabezal francés, las sábanas de hilo almidonado y la colcha de velludo; las paredes empapeladas, con su motivo de crisantemos y los dos grabados escoceses: monterías de jinetes rojos, al galope bajo los álamos y sobre la cómoda. Vi la araña de prismas, el techo recién pintado de añil, las losetas amarillas, el vellón de la estera y yo, en medio de todo, muriéndome como un rey, con un obispo al lado. Sí, soñé también con su ilustrísima. Entonces como ahora, en la anticipación de lo soñado y hoy en mi agonía, monseñor, de perfil sobre los vidrios de la ventana, me decía y me dice:

—Aunque niegue esta vida, señor Presidente, confiéseme creer en la otra, para que pueda hacerlo yo. Confiéselo, por favor se lo suplico, y, si usted me lo pide, aun diré al mundo que nunca confesó.

18 DE JULIO DE 1936. Segismundo Casado, jefe de mi escolta presidencial, me lleva a Madrid, al Palacio de Oriente. La rebelión es, a su juicio, inevitable, y en cuanto prenda se le une en El Pardo el regimiento de Transmisiones, cuya parte en la conjura deletrean informes confidenciales. En menos de nada, dos días increíbles le prueban ciertos los augurios. El regimiento se subleva, a la vez que el cuartel de la Montaña; captura a un hijo de Largo Caballero, quinto en sus filas, y apercíbese a secuestrarme a mí, mientras Casado se afana por denunciármelo.

—El señor Presidente debiera escucharme. En Madrid podríamos protegerlo mejor. El Pardo es una ratonera y nosotros bullimos dentro.

Se le crece la vanidad, aunque sin duda cree en sus presagios. Cuádrase y le doy licencia para sentarse. Aquí estamos, este sábado que apenas albea, posando a solas para la historia. Yo, en pijama y pantuflas, envuelto en un albornoz de estambre bien torcido,

44

pues acaban de despertarme a su demanda. Él, de uniforme y recién rapado, oloroso a *Floid* el mostacho menudo. Con el puente de los anteojos a media nariz, tan pronto parpadea a través de los cristales como por encima de la guarnición.

—Le escucho, Casado. A su decir, nosotros somos las ratas.

—No se burle de mí, señor Presidente —se le sube el pavo por la cara huesuda y chica—. La situación es grave.

—Quizá no más que hace cuatro años, cuando se sublevó Sanjurjo. Aquello se redujo en horas.

—Ahora es distinto —vacila y enarca las cejas, delgadas—. Ojalá me equivoque.

Por la ventana abierta al frescor de la amanecida, tras una noche de agobio aun en los montes, viénese el sol y tirita el aire con regocijo. La tierra calma parece exhausta, requemada por el verano. Da aroma la simiente caída de las brozas, abierta por la lluvia de hace dos días. Por encima de todo, gallea el perfume áspero de la jara. Mientras habla Casado, rompe en torno el sordo estridor del campo. Bicharracos invisibles, lo que brinca, lo que surca, lo que horada, elevan su infatigable nota sin voz, su clamor, terso preludio de una mañana prieta de vida. Las avispas vendimiarán temprano el parral, todavía verde. Los pájaros, careados a la fruta, se desbandan en arco, con zurrido de alas batientes. Un sentimiento de plenitud gozosa, de madrugada grande, invade el ambiente.

—Perfectamente, comandante. ¿Qué aconseja usted?

—Trasladarse inmediatamente al Palacio de Oriente, antes que sea demasiado tarde.

El hombre de la carne en mí le escucha y pena de espanto. Lo teme todo: mi muerte y el desastre nacional. Desde las elecciones de febrero, vivo en el filo de una navaja. Desde mayo, cuando me elevaron a la Presidencia de la República, no consigo dormir más de tres horas sin despertar sobresaltado. Dícese que a Macbeth le ocurría lo mismo: *Sleep no more! Macbeth does murder sleep!* Casi siempre sueño con los girasoles de Alcalá. Entoldan el campo con su esplendor. Gravitan, terciados en el tallo, oreo del Henares, que fluye allí mismo, por el ojo vacío del puente. De la marea de los tornasoles surge una oveja. Retoza y bala al ver a un pastor, vuelto de espaldas a mí en el sueño. Lámele las manos y se le oculta entre las piernas. Él préndela confiada por la lana del pescuezo y húndele un cuchillo mellado en el garguero. Despacioso, dase a serrar por el tajo, mientras borbollonea la sangre de grumos gordos en un lebrillo. Crujen y rechinan pellejo y tendones, y yo despierto aullando de terror.

—Lo antes posible... —reitera Casado.

El hombre del espíritu en mí casi le desoye. Lo absuelve incluso por la alarma que en vano quiere infundirme. Pese a no ser Pangloss; pese al asesinato de Calvo Sotelo; pese a los disturbios y a las provocaciones de toda laya, que día tras día encienden a Madrid, me niego a creer en ninguna conspiración. Habrá sueños, sí, pero no planes; conciliábulos, no conjuras. Así se lo afirmé en marzo, cuando aún era jefe de gobierno, al coronel Pérez Salas. Rehusé en redondo las medidas contra oficiales sospechosos, porque eso sería incitarlos a la revuelta. Así se lo repetí a Prieto ayer, cuando me vino a ver con pareja embajada. Y sin embargo el hombre de la carne, el aterrado, se impone al del espíritu. Cedo a las insistencias del comandante, que me despertó del sueño del degüello. El pánico me ciega, aunque la mitad de mi ser pueda revestirlo de desdén. Dijérase que una riada bramante me ahoga y arrastra por dentro. Imploro el silencio y me atoro. Braceo en vano en las aguas viscosas del miedo. El otro par de mi yo, el hombre de espíritu, quédase en la orilla, sin salpicarse siquiera los zapatos y contémplame impertérrito, las manos cruzadas a la espalda. Despierto a Lola y nos vamos con sólo cuanto llevamos puesto. A la salida y al buen tuntún, tomo un libro cualquiera. Es *La Vie des Termites,* de Maeterlinck.

Llamada urgente de Pozas, inspector general de la guardia civil, me retiene a la salida. Acudo al teléfono, que me tiende Antonio, el criado.

—Señor Presidente, aquí el general Sebastián Pozas. Discúlpeme lo importune tan temprano.

—Perfectamente, Pozas, dígame usted —afuera crécese con la luz el piar de la pajarería y el susurro de aleteos.

—Señor Presidente —pausa de piulidos y luego

Pozas, muy sereno—: Esta madrugada, una estación de radio de la guardia civil, en Cuarenta Fanegas, captó desde Melilla el anuncio de la sublevación.

—Muy bien. Muchas gracias.

Cuelgo el micrófono y me acomodo en una butaca. Ojéame Casado como un culebrón; pero la incontinencia verbal no es flaqueza mía. Cíñome a decirle:

—Aguardaremos la llegada del Jefe del Gobierno, que viene a despachar esta mañana.

Quédase cuadrado, avinagrado y envejecido por un pronto de callado despecho. Me complazco en herirlo sin saber por qué. Pese a su hoja de servicios, algo en él me desazona. Tópome con la obra de Maeterlinck en las rodillas. La abro al azar: *Voilà, sans doute, sous le nom d'absortion en Dieu, le dernier secret, le gran secret des grandes religions, celui qu'aucune n'a avoué, de peur de jeter au desespoir l'homme qui ni comprendait pas que garder telle quelle sa conscience actuelle jusqu'à la fin des fins de tous les mondes, serait le plus impitoyable de tous les châtiments.* "Arrojar al hombre al desespero." No alcanzo a embeberme en el texto. El ser de la carne se cuartea, presa de espanto.

—Casado, cuando llevamos a don Niceto al Palacio de Oriente, elegido Presidente, se ponía el hombre personalmente al teléfono y con su dejo andaluz trinaba: "¿Quién *e*?"

—Sí, señor Presidente...

Carece de humor. Por lo demás, ¿quién iba a tenerlo en estas calendas? Bien, el hombre de espíritu en mí, por ejemplo. No le faltan ánimo y sal ática, aunque su otro yo desespere en su abandono. De tales rumias me salva la llegada del Presidente del Gobierno. Nos recogemos a solas y le espeto el recado de Pozas, mientras Casado aguarda en la antesala. Casares me escucha impasible. Su descarnadura sobrecoge este verano. Se le aguzan esqueleto y perfil, bajo la piel emblanquecida y tersa. Hoy parece, empero, muy tranquilo. Habla sin que le corten sus habituales toses.

—Es preciso mantener absoluta discreción y ahogar el movimiento en Melilla, para que no se propague a la península —me dice.

—¿No será demasiado tarde para eso?

—No, señor. No hay peligro alguno de que la rebeldía llegue hasta aquí. Sólo agoreros como Prieto pueden temerlo. En el Congreso se lo puntualicé hace poco: no me fastidie más con sus cuentos de miedo y déjeme en paz. Usted sufre ya la "menopausia", y trastornos propios de su condición le inspiran sus invenciones.

—¿Está usted seguro, Casares?

—Por completo, señor Presidente.

Lo está. Inmediatamente empieza a parlotear de otras cosas. En el Consejo de ministros de aquella mañana, según me cuentan luego, sólo al cabo de tres horas y alzada la sesión, les da las nuevas casi sonriseño, podadas de importancia. De todos modos, acordamos mi traslado a Madrid. Allí, en el Palacio de Oriente, mi situación no cede en riesgos. Por la tarde nos confía Antonio, el criado, arrestaron, con graves sospechas, a un capitán de mi propia escolta, quien pretendió suicidarse al detenerlo.

La noche la paso en vela. El hombre de carne en mí revuélvese en la cama. Diga Casares lo que le plazca, estamos abocados a un infierno. Me pregunto cuántos contarán el trance. He vuelto a Barcelona y a octubre del 34, cuando me atraparon en el balcón del doctor Gubern. Mi rebelión en Barcelona. ¿Será mi destino vivir siempre perseguido o endiosado? Sería cómico me despenaran en el palacio de los reyes. Mañana los arqueólogos rumiarían dónde yacen los despojos del real dueño y qué pintan aquí, como por burla, mis tripicallos. La pirámide de Quefrén, la chanza más grande: tan oculto lleva en los entresijos al faraón muerto, que nadie dio con su cámara. En primavera del 31, proclamada la República, visité estas estancias por primera vez con el Gobierno provisional. En cada sala, Fernando de los Ríos nos ofrecía papeletas de historia del arte. Largo Caballero, el estuquista, tentaba las repisas de las chimeneas: "Esto es mármol de Lucca. Esto es mármol brocatel, de Cataluña." Hace de aquello un millón de años.

Al mediodía, la revuelta es un hecho, si bien Unión Radio la ciñe a África. Recuerdo la proclama casi palabra por palabra. Cada vez me parezco más a don Niceto, mi antecesor en esta Presidencia. "¡Coño, don Niceto, es usted un tío de circo"!, elogiábale Prieto cuando recitaba de la cruz a la fecha un diario recién leído. "Se ha frustrado un nuevo intento criminal contra la República. El Gobierno no ha querido dirigirse al país hasta conseguir conocimiento exacto de lo sucedido y poner en ejecución las medidas urgentes e inexorables para combatirlo. Una parte del Ejército, en Marruecos, se ha levantado en armas contra la República, sublevándose contra la patria propia y realizando un acto vergonzoso y criminal de rebelión contra el poder legítimamente constituido. El Gobierno declara que el movimiento está exclusivamente circunscrito a determinadas ciudades de la zona del Protectorado y que nadie, absolutamente nadie, se ha sumado en la Península a este empeño absurdo." Etc., etc., etc.

Vuelve Casares: sonrisa rajada e inútiles decretos para despacho. Mañana serán todos letra muerta. A propuesta del Consejo de ministros, disuélvense las unidades insurrectas; licéncianse las tropas cuyos mandos desafían la legalidad; decrétase el cese de Virgilio Cabanellas en el mando de la primera división orgánica; nómbrase Inspector de la segunda Inspección general al pobre Núñez de Prado; se destituye a Queipo de Llano en su puesto al frente de los carabineros; anúlase la declaración de guerra en todas las plazas de la península, Marruecos, Baleares y Canarias donde se dictara tal medida; deponemos a Franco de su mando en **Canarias.**

—Cuestión de horas, señor Presidente. Esta revuelta muere nonata.

—Admiro su entereza, Casares; pero me temo que yerre de medio a medio. Hoy es peor que ayer y quizá mejor que mañana. Si no conseguimos mediar con los rebeldes, vamos a la guerra civil. Termine ésta como

51

termine, nuestra República, la de usted y la mía, está condenada. Es una suerte que no merecemos —se le estrecha la mirada y en sus chicas niñas clavo la mía—. De no remediarse todo en unas horas, su gabinete debería dimitir para dar paso a otro que acordase una tregua con los sublevados. Usted no puede ceder a sus demandas ni puede armar al pueblo.

—No llegaremos a tales extremos, señor Presidente. Despaché al general Núñez de Prado a Zaragoza. Si Cabanellas ha salido ya para Madrid, él ocupará la plaza. Lo más probable, sin embargo, es que Cabanellas le ceda el mando, sin más replicato. Dominada Zaragoza, capitularían en todo lugar.

Se marcha muy erguido, los huesos como rodrigones bajo la chaqueta. Llamo a Prieto, viene en seguida. "Esto es la guerra", rezuma y rezonga. "Casares lo supone una verbena." El teniente coronel Carratalá ha sido asesinado al exigir el mando del batallón de ingenieros de Retamares, unido a la conjura. De los sesenta y cinco mil rifles en el Parque de Artillería sólo cinco mil tienen cerrojo y son, por tanto, servibles. Los otros sesenta mil cerrojos están en el Cuartel de la Montaña, donde probablemente empezará el alzamiento de Madrid. Rodrigo Gil, al frente del Parque, recobró cinco millares, bajo pretextos de limpieza y engrase. Quería reclamarlos todos; pero no lo permitió Casares. Sigue el paro de la construcción. Riadas de obreros no acuden al tajo y apíñanse ahora por Ventas, calle de Alcalá, Puerta del Sol, ante la Casa del Pueblo, pidiendo a voces armas, armas, armas. Por sugestión mía, Leopoldo Menéndez aconseja a la guardia del Palacio vestir de paisano cuando no estén de servicio. Por la tarde perdemos Sevilla; desde allí grita por radio Queipo de Llano, llena la voz de flemas. "No puedo dominar la ronquera que padezco... Las autoridades que representaban en Sevilla al indigno Gobierno de Madrid se hallan todas en mi poder y sobre ellas caerá en seguida el peso de la ley marcial." Queipo. Gigantesco, cuellierguido, fajín escarlata, sobre la jaca blanca que fue del rey, desfilando a la derecha de la presidencia, camino de las Cortes, en junio del 31. Me enmustiaba la murria ante los vítores y compartía el coche con De los Ríos. "No sea usted sequerón", bisbisó Fernando, todo zalemas a los aplausos. Queipo. Antes aún, el 5 de mayo de aquel año: "A mí quieren elegirme diputado en ocho o diez provincias." Y yo, riendo: "Así empezó Napoleón III." Y él, riendo a su vez: "Yo podría ser dictador; soy el más indicado, y podría gobernar siete u ocho años; pero después el pueblo me arrastraría."

Llamo a Casares:

—¿Es cierto que tienen Sevilla?

—Sí, señor, sí lo es; pero vamos a desmentirlo. Diremos que Radio Ceuta, presa de los facciosos, simula ser Radio Sevilla, y proclama el estado de guerra cuando es pública y notoria la normalidad absoluta.

Así lo hacen, sin repulgos de empanada. A la hora, nueva nota, leída a todo correr, subraya la paz en la península.

Llamo a Casares:

—¿Qué se sabe del general Núñez de Prado?

—Por desdicha, nada. Me temo lo detuvieran en Zaragoza.

—¡Lo fusilaron! ¡Casares, es preciso acordar con esta gente o nos vamos todos en sangre! Vuelva a reunir el Gobierno en Palacio lo antes posible. ¿Comprende? Lo antes posible.

—Señor Presidente... yo no puedo más.

—Pues, amigo mío, el calvario está empezando.

Lo demás, hasta el alba del domingo, es como un mal sueño, desmigado despaciosamente por los recuerdos. Visitas, consultas, llamadas, rumores, bramar de la calle, armas, armas, armas. A un tiro de piedra, el Cuartel de la Montaña, aún silencioso, aún aprestado a alzarse. Hablo con Companys, en Barcelona. También allí temen la rebeldía en cualquier instante. Anoche, en el canódromo Kennel, la guardia de asalto dispersó un conciliábulo de falangistas y militares, si bien algunos consiguieron escapar. Casares pierde el tino de pronto. Telefonea como ido y afirma que el regimiento de artillería de Carabanchel avanza sublevado sobre Madrid, y nada cabe hacer sino ponerse a salvo. Hernández Sarabia me ofrece refugio en casa de un amigo. Lola, muy firme, soporta el pánico sin una queja. Yo, más conmovido, me despido de mis ayudantes y les asigno la defensa del Palacio. "Y ahora, señores, ¡hasta la tercera República!" Otra llamada de Casares. Disculpas y protestas: todo se redujo a una falsa alarma. Llega al anochecer con su último gabinete: Augusto Barcia, Manuel Blasco Garzón, Juan Moles, José Giral,

54

Francisco Barnés, Antonio Velao, Mariano Ruiz Funes, Plácido Álvarez Buylla, Juan Lluhí y Bernardo Giner de los Ríos. Vienen también Martínez Barrio, Justino Azcárate, Marcelino Domingo, Sánchez Román, los generales Miaja, Pozas y Castelló, Ramón Feced, Antonio de Lara. De la calle traen nuevas de más y mayores masas que reclaman armas, armas, armas. Largo y Prieto quisieran probablemente dárselas en seguida. Sánchez Román propone ofrecer a los alzados un alto el fuego, desarme de entrambas milicias, veto de huelgas, disolución de las Cortes y nuevo gobierno, amén de un Consejo Consultor Nacional, donde participe todo partido salvo el comunista. Protestas generales acogen sus planes. "¡Eso sería capitular! ¡Capitular vergonzosamente!", erízanse algunos. Dimite el Gobierno. Se forma otro, presidido por Martínez Barrio, con Miaja en Guerra, Azcárate en Estado, Giral en Marina, Barcia en Gobernación y Felipe Sánchez Román como ministro sin cartera. Inmediatamente y por sugestión mía, Miaja telefonea a Mola, en Pamplona. Son las dos de la madrugada.

—Me han nombrado ministro de la Guerra y quiero enviarle mi primer saludo.

—Pues que sea enhorabuena.

—Gracias.

—¿Piensa usted fusilarme?

—¿Fusilarle? ¿Por qué? Ya sabe que lo cuento entre mis amigos.

—Ya hablaremos...

A la segunda va la vencida.

—¡Me dice el comandante militar de Vitoria que le ha ordenado usted que declare el estado de guerra!

—Sí, señor.

—Pero ¿es que ha ocurrido algo?

—Nada.

—Pero si el general de la División no lo ha ordenado... ¿por qué lo manda usted?

—Porque yo soy el general de la División.

—¿Y Batet?

—El general Batet ya no significa nada. Asumo el mando.

—Entonces, ¿está usted sublevado?

—Con toda la División.

A ruegos míos, el propio Martínez Barrio llama a Mola. Propónele una tregua para zanjar agravios. Háblale de concordia y de contemporizaciones. Promete amnistía para los oficiales contumaces.

—No es posible, señor Martínez Barrio. Ustedes tienen sus masas y yo tengo las mías. Si yo acordase con ustedes una transacción, habríamos los dos traicionado a nuestros ideales y a nuestros hombres. Mereceríamos ambos que nos arrastrasen.

Leído el nuevo gobierno por la radio, la calle hierve en protestas. Encorajínase el gentío al saber en el Gabinete (aunque sea sin cartera), a un hombre como Sánchez Román, nunca unido al Frente Popular. Largo Caballero llama y anuncia una manifestación de cien mil obreros, Alcalá abajo y camino del ministerio de la Guerra, al grito de "¡Traición!". De no armar al pueblo, insiste, vendemos la República. Las teorías

sin masas carecen de valor, repíteme luego. Martínez
Barrio mantiene callada compostura. Luego, en cuanto pueda, huirá a Valencia, al frente de una junta delegada, y me abandonará en este tremedal. Con la amanecida, llaman desde Barcelona. Ya empezó allí el pronunciamiento. Me habla Companys desde la Comisaría
de Orden Público, en la Vía Layetana: "La tragedia ha
comenzado. La seguiremos hasta el fin." Dejaron la
Generalidad vacía, alumbrada con velas. Caballero y
Prieto vuelven a telefonear. Dicen que debemos armar
las sindicales antes que los rebeldes salgan de los cuarteles, como lo hicieron en Barcelona. El hombre de la
carne en mí desespera; el del espíritu se encoge de
hombros. Casares se derrumba en un sillón. Roto y
ceñudo sóbase las manos, sin que nadie repare en él.
Recuerdo a las claras cuanto le dije aquella mañana.
Si vamos a la guerra, nuestra República, la suya y la
mía, está cancelada. Si armamos al pueblo, nos arrastrará torrentera abajo. Si no lo hacemos, vencerán los
sublevados. En cualquier caso, nos ejecutan en un
desmonte.

Ser o no ser ajusticiado, ésa es la cuestión. Cuando
en 1932 ocurrió la revuelta anarquista de Fígols, me
dijo Ángel Ossorio que prefería ver a los insurrectos
legalmente fusilados antes que arbitraria y temporalmente deportados. "No pensarán ellos lo mismo", le
repliqué. "No se trata de su parecer, sino de la conducta del Gobierno." "Es una arbitrariedad generosa para
no matarlos." "La arbitrariedad es mala y la generosidad no será agradecida." "Lo supongo. Si les diesen

a elegir entre el fusilamiento y la deportación, optarían por la deportación. Pero ellos naturalmente querrían que ni los deportasen ni les hiciesen nada. De modo que a poco que se les haga, aun salvando la vida de muchos de ellos se sentirán perseguidos. No se trata de eso. Es que no quiero fusilar a nadie. Alguien ha de empezar aquí a no fusilar a troche y moche. Empezaré yo." "¡Armas! ¡Armas! ¡Armas!" "¡Traición! ¡Traición! ¡Traición!" Somos los traidores, al ver del griterío; pero irónicamente nos piden las armas. Con la amanecida pimpollea por ensalmo la muchedumbre, ante el Cuartel de la Montaña del Príncipe Pío, todavía mudo. Desde Barcelona, nos dicen que la C.N.T. se echó a la calle y combate junto a los de asalto. Se espera el concurso de los guardias civiles. "¡Armas! ¡Armas! ¡Armas!" "El Gobierno no representa nada —sentenció Largo Caballero—, absolutamente nada." Por un momento se hace el silencio. Aunque no sea paz sino desamparo, quisiera apurarlo ávidamente. Todos se olvidan de Martínez Barrio y míranme como si fuese una saludadora. Si el hombre de la carne en mí no temiese, renunciaría yo, no Martínez Barrio. Me iría solo por esas calles, a perderme entre el repique de tantas voces. "¡Armas! ¡Armas! ¡Armas! ¡Traición! ¡Traición! ¡Traición! ¡Traición!" Y Mola, al otro cabo del hilo: "Ustedes tienen sus masas y yo tengo las mías. Si yo acordase con ustedes una transacción, habríamos los dos traicionado a nuestros ideales y a nuestros hombres. Mereceríamos ambos que nos arras-

58

trasen." Mi República la arrastraron ya, entre todos, esta madrugada. De ahora en adelante le veremos los bárbaros funerales. Arderá en una pira, que será el país entero, agrandada por las llamas. Entre todos le escarbamos la hoguera, avivándola a gritos; pero mudos nos consumiremos también en la candelada. Es justo. En Barcelona, la C.N.T. se echó a la calle. En octubre del 34, cuando la intentona de la Generalidad, se cruzaron de brazos y a mí me prendieron por instigar una revuelta que siempre quise prevenir. Era el prólogo de la guerra civil. ¡La justicia, la libertad, el pan...! Sin duda. Pero lo angustioso de este drama consiste en que cuando parezca acabado no tendremos más justicia, más libertad ni más pan que antes. Obramos como gente sin razón, sin caletre. ¿Es preferible conducirse como toros bravos y arrojarse a ojos cerrados sobre el engaño? Si el toro tuviese uso de razón no habría corridas. "Yo estoy dispuesto a renunciar", anuncia Martínez Barrio. Más conciliábulos y cuchicheos. Es ya de día, aunque no haya sol en las bardas. Pálidos como estantiguas pasamos por los espejos, brujuleamos por la estancia. Ahora inclínanse todos por armar las masas. De los conciliábulos sale nuevo gobierno, dispuesto a hacerlo. Lo preside Giral, que conserva Marina; Barcia pasa a Estado; Pozas a Gobernación y el general Castelló a Guerra. Enrique Ramos es cartera de Hacienda; Barnés de Instrucción; Velao de Obras Públicas; Ruiz Funes de Agricultura; Lluhí de Trabajo. A Industria y Comercio vuelve Álvarez Buylla y a Comunicaciones Giner de los Ríos.

Envían seis oficiales al parque de Artillería a recoger armas para pertrechar un batallón voluntario. Largo Caballero, avisado por alguien, no pierde tiempo en hacerse el heraldo. Antes que el propio gabinete, dirígese al pueblo por radio:

—Ya no cabe hablar de un gobierno Martínez Barrio. Se ha formado otro nuevo, muy distinto. Lo preside don José Giral.

Volví a quedarme solo. Casi a tientas, extiendo la mano en la mesa y tropiezo con *La Vie des Termites*. Un seguro azar cruzó ayer dos veces el libro en mi camino. Otro ábrelo siempre por la misma página. "He aquí, sin duda alguna, bajo el nombre de absorción en Dios, el último secreto, el gran secreto de todas las religiones; el que ninguna confiesa temerosa de arrojar al desespero al hombre, quien no comprendería que conservar su conciencia actual, hasta el fin del fin de todos los mundos, sería el más despiadado de los castigos." Es inútil. No alcanzo a concentrarme. Por el ventanal contemplo el Campo del Moro. A lo lejos, azulea la Sierra hacia el Alto del León. Cobra poco a poco un desleído añil velazqueño, bajo los cielos limpios, sin nubes, como recién lavados en fría agua de peña. Soy de la tierra de la claridad. De súbito, cavilo en voz alta:

—Allí están ellos. Un día los encontraremos en la Plaza de Oriente.

Paso las horas entre la radio y el teléfono, en la estancia del Duque de Génova, que don Niceto decía su despachillo. La U.G.T. llama a la huelga general, como respuesta a la declaración de guerra de los facciosos. La C.N.T. toca a rebato el alerta en otra proclama de oscura sintaxis. El Comité de Vigilancia del Frente Popular exige no la defensa, sino la ofensiva. "Contra el fascismo no caben blanduras." Poco después habla la Pasionaria por radio. "El Partido Comunista os llama a la lucha. Os llama especialmente a vosotros, obreros, campesinos, intelectuales, a ocupar un puesto en el combate para aplastar definitivamente a los enemigos de la República y de las libertades populares. ¡Viva el Frente Popular! ¡Viva la unión de todos los antifascistas! ¡Viva la República del pueblo! ¡Los fascistas no pasarán! ¡No pasarán!"

Caída la tarde, la sublevación capitula en Barcelona. La Generalidad anuncia que Goded, cautivo, se dirigirá por radio a quienes allí aún se resisten. Me tabletea la sangre en el cuello, al oírle la voz inconfundible, a un tris del desdén y acaso a otro del miedo: "La suerte me ha sido adversa y yo he quedado prisionero. Por lo tanto, si queréis evitar el derramamiento de sangre, los soldados que me acompañabais quedáis desligados del compromiso que teníais conmigo." Goded. Lo veo aún, en nuestras audiencias en el palacio de Buenavista, cuando yo era ministro de la Guerra y él jefe del Estado Mayor Central, enjuto, bajo, con unos ojuelos que no parecían suyos, sino postizos. Se enorgullecía de sus amistades en el ejército francés y odiaba a los jefes y oficiales que alardeaban de republicanos y de haber contribuido al triunfo de la República. "Muchas veces he tenido intención de pedir el pase a la reserva." "No es para tanto, usted puede ser útil. Por eso el Gobierno le ha dado un cargo tan importante." "Mis hijos no serán militares." Cuando lo destituí, después del incidente de Carabanchel con el teniente coronel Mangada, un ido estrafalario que se pisoteó la guerrera porque Goded vitoreaba a España pero no a la República al final de un discurso, advertí en él rencores inextinguibles. "Cuando usted interpeló a Mangada en forma tan dura, ¿por qué lo hizo?" "Porque permaneció sentado, sin sumarse al *¡viva España!*, y estuvo todo el tiempo haciendo gestos de desagrado y de burla." "¿Y cómo me explica usted eso del viva único que tanto se comenta?" "Yo termino siempre mis discursos con esas palabras y un: *nada más*. Siempre concluyo así. Hablé, di un viva a España y acabé como de costumbre: *nada más*." "¡Ya! ¿Y por qué omitió usted un viva a la República?" "Creo que casi nadie entre aquellos militares lo hubiera contestado." "¿No es usted republicano?" "Siempre lo he sido. Yo fui el único general que le dijo al rey la verdad antes de marcharse. Y yo fui quien le dijo a Berenguer, cuando lo de Jaca, que el país no estaba para fusilamientos."

El gobierno Giral se hace eco de la rendición de Barcelona en un manifiesto donde afirma mantener la defensa de la República con la cooperación del pueblo. Antes de publicarlo, Giral me lo lee por teléfono.

—¿Qué le parece, señor Presidente? ¿Hablará usted al país?

—Más vale callarnos los yerros. El mayor fue eximir a la tropa de su obediencia a los mandos. No conseguiremos sino precipitar nuestro degüello con esta medida, en vez de restarles fuerzas a los facciosos. El soldado raso sigue al sargento, al teniente y al capitán; el capitán al comandante y al coronel, en quien radica la efectividad militar. En última instancia, decidirá él lanzarse o no a la calle. Así es el pueblo, en quien fundamos toda esperanza.

—Quizá nos ayude también una actitud menos derrotista frente a sus posibilidades —replica, después de una breve pausa.

—Es posible. Por eso prefiero callar a mentir, al menos por ahora. Si sobrevivimos, bastante lo haré en discursos oficiales, aunque reduzca la falsedad al mínimo inevitable.

Enrique Ramos, el ministro de Hacienda, me trae a toda prisa un decreto que suspende por cuarenta y ocho horas las Bolsas de Comercio y prohíbe retirar de los bancos cantidades superiores a dos mil pesetas. Juntos oímos desde Sevilla la última proclama de Queipo de Llano. Se dice, advierte, haber acordado los obreros sevillanos una huelga general para el lunes. Queipo está resuelto a combatirla con la máxima energía. "Caso de no ser habidos los responsables directos de la huelga, serán pasados por las armas los comités directivos de todos los oficios que se sumen al paro." Él, Queipo, no es bravucón, según asegura; pero "soy hombre que nunca dejará de cumplir lo que dice".

En ésas estamos, lívido Ramos y recreado yo con las concordancias vizcaínas de Queipo, cuando llama de nuevo Giral. A través de Cárdenas, nuestro embajador en París, cursó un telegrama a Léon Blum, solicitando armas y aviones. Oficiosamente, Blum se muestra dispuesto a ayudarnos; pero duélese de dificultades para comunicar con la embajada francesa en Madrid. Desde el ministerio de Asuntos Exteriores, Barcia promete allanarlas y cursa el primer pedido de material de guerra: material de bombardeo, bombas de aviación, cañones Schneider del 75, ametralladoras y cuatro millones de cartuchos.

A las tres de la madrugada, difunde el Gobierno su parte de guerra. Según me cuenta Giral, empeñóse en redactarlo como si la veracidad dependiese del péndulo. La de la nota resulta luego relativa. Allí revélase que un contingente muy reducido de tropas facciosas desembarcó en Algeciras, procedente de África y transportado por el *Churruca*. Tan pronto como se viera libre de mercenarios, sublevóse la tripulación reintegrando el destructor al servicio de la República. Tal parte al menos pruébase cierto, aunque el estrambote dista de serlo. Giral imagina las fuerzas africanas dispersadas en un periquete y al *Churruca* celador del Estrecho, para impedir nuevos desembarcos.

La batalla de Madrid resuélvese casi al pie del palacio, en el asalto al Cuartel de la Montaña. A las cinco de la madrugada me telefonea Castelló para decirme que el general Fanjul rechazó allí toda propuesta de arreglo pacífico y empieza el asalto al reducto. Veo a Fanjul, en los deslindes de la memoria, con idéntica claridad que se me aparecen Goded y Queipo. Antiguo diputado ciervista, ocupaba un alto puesto en la Dirección General de Campaña cuando yo llegué al ministerio de la Guerra. En tres meses, no halló ocasión de presentárseme. El día que se abrieron las Cortes (cuando Queipo desfiló sobre la jaca blanca del rey), se acercó al banco azul, me saludó y pidió el puesto de segundo jefe del Estado Mayor Central, que estaba por crearse o acababa de crear yo en aquellos días. Cortésmente, le respondí con una evasiva. Cuando se hizo la mutación de la Dirección General de Campaña, lo dejé cesante sin previo aviso. Se puso furioso y me contaron que había ido a ver al subsecretario, quejándose de que lo hubiese despedido como a una criada.

Con unos binóculos, espío el cuartel desde el ventanal. Allá, entre la calle de Ferraz y el Paseo de Rosales, yérguese la fábrica en el amanecer. La luz, todavía espantadiza, cruza los muros de hilas doradas. Crece la muchedumbre en la Plaza y por Marqués de Urquijo, Ferraz, Rosales y Leganitos. Los altavoces del Comité de vigilancia del Frente Popular atruenan el alba, a través del piar de los vencejos en los jardines. Retazos de sus gritos traspasan mi ventana: "¡Vivir libres o morir!" "Vosotros, soldados, sois carne y sangre del pueblo." Por el lado de la calle de Bailén y cabe el cine Coliseum, suenan los primeros cañonazos contra las hilas de oro del cuartel. Más cerca, en los parterres, oiría acaso el estrépito de la cristalería destrozada. Tabletean las ametralladoras de los sitiados y la multitud, que avanza apiñada y a todo correr, retrocede, dispérsase, júntase de nuevo, torna a la

65

carga y suspéndese cara al cielo, mientras un avión sobrevuela el patio y derrama octavillas. Los altavoces prosiguen su sermoneo: "Salid del cuartel sin armas, sin deseos de matanza, sin miedo a nosotros, que somos, como vosotros, pueblo." Dos veces fingen rendirse con sábanas en las ventanas y dos veces reciben a tiros al gentío. Luego sabemos que parte de la guarnición se sublevó y quiso ceder. Los sitiadores disparan ahora desde las azoteas. La parte alta del cuartel es ya una ruina. Cada cañonazo revienta el muro, arrancará de cuajo tabiques y entarimado. Al mediodía todo ha terminado. El patio del cuartel queda sembrado de muertos. A Fanjul lo sacan herido y a medio vendar. Por milagro impide la guardia de asalto que lo despedacen.

Por la noche, terminada la cena, invitamos a café a la escolta. Los recibo detrás de un escritorio y les estrecho la mano uno a uno, distraídamente, mientras Lola hace los honores. Hablan y yo callo. Después del nerviosismo de los últimos días, ven ahora el triunfo de rositas. Me indigno y les aviso en voz baja:

—Como afirmó Maquiavelo, una rebelión es parecida a la tuberculosis: fácil de curar y difícil de diagnosticar cuando se incuba, difícil de curar y fácil de diagnosticar cuando ha estallado.

—¿El señor Presidente predice acaso una guerra? —pregunta alguien.

—No lo sé. ¿Pensaron ustedes que todos pasamos tres días sin dormir como los llevarán quienes se alzaron? Se ha comprobado que largos insomnios provocan alucinaciones. La mente privada de sueños los teje artificiosos. Por otra parte, aun Descartes sabía que eran los sueños don de Dios y las visiones engaño del demonio. ¿No viviremos ellos y nosotros una ilusión colectiva, que llamamos victoria, donde paradójicamente nos matamos todos de veras? Gane quien gane, yo perdí ya, porque no se triunfa sobre compatriotas.

La memoria es otra suerte de alucinación, plagada de lagunas, como un sueño visto al revés, es decir, evocado. Al rememorarlos, entrecrucé muchos eventos de aquellos días. Por ejemplo, no sé de cierto si la audiencia a Casares se la di en El Pardo o en el Palacio de Oriente. No evoco con precisión si salí de El Pardo el 16, el 17 o quizá el mismo 18 de julio, ni recuerdo con exactitud quiénes intervinieron en la crisis. Los hechos son irrevocables, pero fáciles de olvidar. Las convicciones, en cambio, son fáciles de revocar pero inolvidables. Por eso no comprendo a los conversos. Por eso también moriré como muero: siendo quien creo ser, aunque olvido quién he sido, como olvidé ya mi nombre y el de la tierra donde presidí la República.

DEL HOMBRE DEL ESPÍRITU EN MÍ, me escandaliza el desapego. Convive con el de la carne y juntos agonizan en este Hotel du Midi y en esta Francia donde todos me suponen un bandido. El de la carne desespera, obsesionado por nuestro abandono. En vano desvívese por explicarse el sino sarcástico que en ocho años me elevó al poder y a la Presidencia para imponerme luego este calvario. El del espíritu encógese de hombros ante nuestra tragedia, y no se sonríe por antojársele majeza de jaque en tales circunstancias. El de la carne suplica a la noche la locura o aun la muerte, para librarse de la conciencia de este suplicio: del pánico salvaje que me escarabajea en el fondo del ánimo y me devora esperanzas y recuerdos.

El hombre del espíritu entretiénese casi a sus anchas. Regodéase incluso en los menudos eventos de esta vida desolada, cabe la eternidad. Cuenta el repique de las campanas de la catedral (repiquete un tanto bullanguero), para festejarle la llegada al nuevo obispo. Monseñor Pierre Marie Théas llámalo el periódico. Lola, que mira la procesión por la ventana, dice que a veces el mitrado se para a bendecir a la feligresía, que palmotea a su paso. La catedral estará iluminada y florida, como en sábado de gloria. "¡Lástima no poder verlo!" exclama el del espíritu en mí, y asómbrase Lola al oírme.

A la muerte de Pallete, mi algebrista de cabecera, también suspende y abochorna al de la carne el desafecto del hombre del espíritu. Era médico y amigo Gómez Pallete. Con nosotros se vino de Pyla-sur-Mer, en la ambulancia que me trajo a Montauban, evadido ante el avance de los alemanes. Me despertaba todos los días a las ocho y media y despedíase el último, por la noche. En cada una de aquellas visitas, poníame las inyecciones que él mismo recetó. También recalaba por la alcoba otras dos veces, mediadas la tarde y la mañana. Me complacía entonces hablarle de prolijidades, para esclarecer la voz tartajosa desde el primer ataque. "En el hemiciclo de mármol de las Cortes, chirriaban siempre las botas de Largo, que eran altas, con puntera, caña y lengüeta." O: "En 1915 vi bailar a la Argentina en el Romea. La Argentina era una artista maravillosa. Al final, el conde de Mendoza Cortina, que estaba en las butacas de orquesta, arrojó al escenario un gran rollo de papel. Desplegado por la bailarina, vimos que decía en letras muy gordas: *La Argentina, maravilla. La Argentina, única. ¡Fenómeno! ¡¡¡Fenómeno!!! ¡¡¡Fenómeno!!! ¡Baila más que Dios!* O: "Nunca olvidaré mi encuentro con el teatro de Racine, en París y en 1912, después de haberlo leído en mis años de estudiante. No aplaudo tan sólo en sus tragedias la perfección exterior, sino una suerte de perfección interna, más valiosa todavía. Es el despliegue de la pasión en todas sus fases, la intensidad de las situaciones por la libre carrera que dan al sentimiento hasta agotarlo. Nada queda por decir, nada que aprovechar. Nada queda envuelto por la pesadez del ropaje poético, ni esbozado por la facilidad perniciosa del rimador. La versificación es transparente. Cada verso es un prodigio tallado."

Una mañana no comparece Gómez Pallete. El hombre de la carne se inquieta primero; imagina después, aterrado, la muerte supitaña del amigo. El del espíritu se cruza de brazos y bosteza. A las diez, Lola dice pedirá a Antonio que averigüe lo ocurrido. Apenas salida de la alcoba, regresa desencajada, los ojos como encendidos de sobresalto. Saca fuerzas de flaqueza y me cuenta que anoche ingresó Pallete en el hospital, con un leve ataque de apendicitis: pura futesa, por la cual no vale la pena operarlo. Mañana estará de vuelta y entretanto me atiende el doctor Pouget. Aquella noche reposo muy bien; pero a poco del alba, despierta el de la carne estremecido, en un revoltijo de sábanas azules, crujideras de tan almidonadas. Lola salió de la alcoba. Regresa en seguida y me finjo dormido. De pechos en el brazo de un butacón, llora en silencio. Pallete ha muerto.

Nadie me lo confiesa nunca. Ni Lola, ni Sarabia, ni Antonio, ni *sœur* Ignace, la monja esta cotorrona y entremetida, que no cesa de alabarme al obispo recién llegado. Para cumplir mi parte en el retablillo, pregunto algunas veces por Pallete. ¿Qué fue del hombre y de su apéndice? ¿Quedó todo en flato, o lo apresaron en el hospital con hielo en la ingle? Replican con evasivas o mudan la tonada. Poco a poco, al cabo de dos días, me cansa la farsa. Desde entonces no vuelvo a mentarles al médico muerto; pero aquella tarde, mientras Lola me lee el periódico, lo evoco a la chiticalla largamente.

Es una anochecida con luz de invierno, aunque el otoño no ande ni mediado. En un sillón, junto a la ventana, abrigadas las piernas con una frazada y un sobretodo raído sobre el pijama, me distraen de la lectura y los recuerdos la plaza y la estancia. Acá el armario de luna, la araña de prismas, el vellón por estera sobre las losetas amarillas, las monterías de los grabados, los crisantemos del empapelado. Allá la catedral, la herrería donde suenan yunques y machos, los árboles desnudos y unos chiquillos jugando al trompo en la acera. Todo parece distinto a la luz de invierno. Tarde y seres cobran un tono entre ojo de gato y perla vieja, idéntico al de las nubes altas, gordas y apelotonadas en la boca de los cielos.

La faz, siempre de suyo pálida, se me agrisa en la luna del armario. Desde allí me contempla, adelgazado y ojeroso, el de la carne. Se le invirtió la mirada, hacia los entresijos, como los pezones a ciertas mujeres. Hay una tristeza indecible en los ojos, de niñas desvaídas, bajo los párpados entrecerrados. Éste es el rostro de quien, dentro de mí, solloza quedamente por Pallete y casi le envidia la muerte, por miedo de tanto penar. El del espíritu, sin embargo, lo tuerce y aplasta con el pie, como a un hato de ropa mojada. Sobrepónese a él, una vez más sin mayor empeño, y yo me pregunto cuál será la imagen de este otro ser impasible que me habita.

—Lola, ¿recuerdas el baile de máscaras en casa de Ricardo Baroja, en carnaval de 1928? Ibas de damisela del Segundo Imperio.

—Tú llegaste tarde, todo de rojo y vestido de cardenal.

—Me prestó las ropas Fernando Díaz de Mendoza. Salieron de su teatro de la Princesa.

—Nadie creía que tú, tan serio, te disfrazases. Pero aquella máscara fue aplaudida por todos. Era, sin duda, la mejor.

—Más me enorgullece el premio que haber presidido la República, te lo aseguro. Resulta consecuente, pues el mundo no es sino el sueño de un carnaval.

—Recuerdo el baile como si fuese hoy.

—Sólo han pasado doce años. En casa de los Baroja metieron una bomba durante la guerra.

—No lo sabía.

—Alguien me lo contó en Valencia. Quizá fue Prieto. Me pregunto qué habrá sido del disfraz. Podría servirme de mortaja.

—¡No digas eso!

—No se trata de una broma. Aquella máscara me era tan propia como mi misma piel.

72

—Es extraño. Olvidé por completo el baile, hasta recordármelo tú esta tarde. Ahora lo veo en todo detalle.

—Yo no lo olvidé nunca. No sabes cuántas veces lo reviví en los peores días de la guerra.

Callamos un buen rato. Es ya noche cerrada. Senderos blanquecinos se perderán en la tierra, nevada de luna. En la plaza se encienden las luces. Toca a vísperas la campana de la catedral. Salmos, antífonas, capítulo, himno, versículos, magníficat y oración. El jardín de los frailes. A estas horas solía venir Pallete.

—Lola...

—Sí...

—Dile a *sœur* Ignace que si el obispo insiste todavía en verme, lo recibiré gustosamente.

—Muy bien.

Estos días me anticipo los sueños. Casi me obligo a soñarlos. Dormido me veré hoy amortajado en las ropas rojas del cardenal, como me descubrí de pronto en un espejo de los Baroja. Me premiaron la máscara, por ser traje, no disfraz. El hombre del espíritu en mí, desapegado y desentendido, encarnábase en las sedas escarlatas. Envuelto en ellas, me reconocí sin lugar a dudas. Por primera vez, en aquel espejo sobre el bargueño vizcaíno, me topaba frente a frente con mi otro yo, entero y rotundo, sin que el de la carne le desdibujase la estampa con flaquezas. Tanto me embebí en la contemplación del cardenal, que Cipriano, tirándome de la bocamanga, vino a preguntarme: "¿Te ocurre algo? ¿Te encuentras bien?" "Nunca me sentí mejor", repuse.

Era cierto. Nunca anduve más reconciliado con aquella mitad de mi ser: nunca más tentado a creerla mi yo entero. Rojas eran mis galas en homenaje a la sangre de los mártires. Rojas, con la rojez más encendida. Pero cualquier sangre, aun la mía, érame por completo ajena en aquellos momentos. La imaginaba perdida en un arroyo deslumbrante, donde hervían toda angustia y todo gozo, mientras yo, inmóvil en la orilla, mirábala discurrir junto a mis zapatos hebillados. No me escandalizó entonces mi indiferencia; pero sólo ahora la comprendo a las claras. Compartía la impasibilidad con la naturaleza. Identificábame con ella, en su desafecto ante la dicha y el padecer, como los tornasoles de Alcalá buscaban al sol, su esencia, con su cabeceo.

En el hombre del espíritu era yo parte de aquella frialdad universal hacia todo lo humano. Parte del despego del mundo, que nos hizo idear moral y razón para no perdernos en selva ciega. ¡Vano empeño, a fe! El hombre seguía tan extraviado como cuando amaneciera en esta tierra, vuelta siempre de espaldas a él. En un rincón del espejo vi al menor de los Baroja, a Pío, el novelista. Encorvado, calada la boina hasta el entrecejo, me atisbaba de reojo en el cristal. Nunca fue santo de mis devociones; pero hubiera querido confiarle mis sentires entonces. De cierto acordaría conmigo, pues en una novela suya, *El árbol de la ciencia*, Iturrioz, trasunto del cronista, se expresa de modo

74

semejante. Baroja miraba mi disfraz y yo le veía lucir las niñas, medio nubladas por una agüilla como de tristeza. Nos saludamos con un remedo de cabeceo, sin decirnos nada.

Un destino preciso e irónico me trajo a morir en Francia, donde hace unos treinta años descubrí al hombre del espíritu. Era en otoño de 1910 o de 1911, no lo recuerdo bien, cuando llegué a París, en un día blanco y sereno. El primer paseo, por los muelles. Rue Royale, la Madeleine, *les boulevards*: enorme emoción. El primer aturdimiento del forastero: ¿dónde echo estas cartas? No me decido a entrar en el Olympia. El Teatro de Cluny junto a mi fonda. Recorro *les boulevards*, Madeleine. Bastille. Mal tiempo. Voy al consulado. El señor Congosto y sus gafas de concha. Amabilidad de ese señor, al parecer desusada. Se ofrece a infringir un reglamento. El pobre obrero que pedía ingresar en un hospital. No lo admiten porque no tiene domicilio. ¡Qué inadvertencia la de ese obrero! Memorables palabras de *Mr. le Consul*: "No tengo nada que darle a usted (al obrero); ¡como no le dé esta levita que llevo puesta!" Me equivoco en el metro al volver a casa. Al día siguiente, domingo, el jardín del Luxemburgo, por la mañana. La amiga de los gorriones. Comen en su mano. Almuerzo en Britannia. He cometido la imprudencia de consultar mi *Baedeker*. El camarero me toma tal vez por un prusiano y me da en las vueltas un peso que no circula. ¡Se ha vengado de Sedán! También se vengan hoy Barrès y los suyos. Depositan coronas en la tumba de Turena y luego visitan la de Napoleón; frase de Barrès: "¡Vamos a beber un vaso de gloria!" La plaza de la Concordia por la tarde. Público dominguero. La adivinadora de pensamientos. Paseo hasta los Inválidos. Antes, visita a la galería de pinturas del Louvre. Mala luz, aunque entre las nubes aparece un sol como una naranja. Gentío. Desisto. Un Greco y el *Niño mendigo*, de Murillo. Las vírgenes no están. Visito despacio la plaza del Carrousel. Las estatuas. El teatro Femina. Elegante. *Accord parfait*, de Tristan Bernard. La avenida de los Campos Elíseos, de noche, por primera vez.

En un pronto, tomo el metro y voy a Notre Dame. Me atora un súbito arrebato de soledad. Es la hora de las vísperas. Sermón discreto y como para salir del paso. Muestra del estilo, hablando de lo que debe ser un apóstol: *D'abord, au sens étymologique du mot*. Bello espectáculo. Una iglesia gótica, un órgano y unos niños de coro forman un conjunto que está para siempre incorporado al número de las cosas bellas. Permanezco una hora sentado junto a una columna, oyendo y viendo. No sé de qué especie son las emociones que estas escenas me producen; me deleito en ellas porque no las creo peligrosas. Sobre todo, tan de tarde en tarde.

Paseo por las calles y me olvido de cenar. No puedo librarme de la soledad enquistada entre pecho y espalda. En esta noche alta, de otoño templado, clara y titilante de estrellas, escúrrese el tiempo como el agua en la cesta. Quisiera zafarme de las obvias sensaciones que me cautivan, más por burdas que por penosas:

abandono de rústico en tierra extraña y deleite en la holgada licencia de saberme solo en París. Serán ya las tantas de la madrugada. La ciudad se vació por completo, hace horas. Esquivo campanas y relojes en este silencio. Quisiera escribir un drama sin llaves ni espejos; lleno de instrumentos quirúrgicos que tintineen en el suelo de mármol. Acodado sobre el pretil del Pont Neuf, miro el despacioso fluir del Sena. A mi lado, de ijares en la baranda, chepa, huesudo, los jemes clavados en el estómago, aparece un hombre.

—¿Usted no me reconoce?

Mis pupilas cegarritas se habituaron al resplandor de las farolas. Huele a ozono el Sena. Encendía un cigarrillo cuando surgió el extraño en las sombras. Me veo el cuenco de las palmas enrojado por la llama, y advierto que me tiemblan las manos. El último destello del mixto le ilumina medio rostro al desconocido. Es la suya una faz consumida y barbada, largas facciones y ojos muy chicos.

—¿Usted no me reconoce? Nos vimos esta mañana en el consulado.

—Sí. Usted quería ingresar en un hospital. No lo admitieron por no hallarse domiciliado en París.

—El cónsul me ofreció su levita —sonríe y escupe en el agua—. Hombre muy piadoso el cónsul. El portero, que es marica y habla por los codos, me dijo que el señor Congosto viene a vísperas, con la mujer, todos los domingos a la catedral. Hoy no estuvo, pero usted sí.

—¿Me vio usted allí?

—*Ansí* como sesteando junto a una columna. Desde entonces lo sigo.

—¿Qué quiere usted de mí?

—De usted nada. Del cónsul, la levita.

—¿La levita?

—Pensaba pedírsela a gritos en medio de la iglesia.

—¿Por qué?

—Para poner a Dios en *presona* por testigo de que otra cosa no tiene para darme.

—¿Quién? ¿Dios o el cónsul?

—El cónsul, la levita. Dios puede darme aína el infierno. No será peor que esta vida. Soy albañil y me echaron del tajo porque escupía sangre. De la fonda me cocearon también por no poder pagarla. En el hospital no me dan cama porque no tengo domicilio. Llevo diez días durmiendo en los muelles del río y tres sin comer. Tampoco me apetece. Querer sólo quiero la levita del cónsul y morirme.

—Mañana almorzará usted conmigo —atajo, y me abochorna lo ridículo de mi propuesta—. Mañana almorzará usted conmigo —repito para ensayarme la voz en la vergüenza. El obrero sacude la cabeza.

—Si pruebo algo, me da bascas y lo devuelvo. Así me ocurrió ayer con un pan que me cortó un mendigo debajo del puente.

—¿Qué tiene usted?

—¿Cómo?

—¿Qué tiene usted? ¿De qué padece?

—Un cáncer en la barriga, eso es lo que tengo. Un

78

cáncer ahí, como la cabeza de un niño, según dice el médico.

—¿Lo sabe el señor Congosto?

—¡Claro que lo sabe, y en el hospital también! Ellos me rechazan porque no tengo casa y el cónsul no va a cederme la suya. Con ofrecerme la levita, cumple.

—¿Qué puedo hacer por usted?

—Nada. Se lo dije ya. Váyase ahora. Me avergüenza que me mire.

—¿Está usted seguro?

—Sí. Márchese de una vez.

—Mañana es lunes, podríamos ir juntos al consulado. Yo hablaría por usted con Congosto.

—Déjeme en paz. Déjeme solo. ¡Fuera de aquí!

Poco a poco retrocedo unos pasos y le vuelvo la espalda. A veces, siento aún en sueños que me clava un par de tijeras en el lomo. La verdad es muy distinta. Podría presagiarla puntualmente en los instantes (uno por cada paso mío en el puente) que la preceden, aunque no halle fuerzas en mí para impedirla. Se desliza el río como una serpiente y en los muelles maúlla un micho hambriento. Sena arriba, tiemblan las luces amarillentas de una gabarra. Pronto amanecerá otra mañana entoldada, de noviembre; pero la noche es limpia, de una negrura ancha, olorosa a jardines recién podados. En aquella paz, me detiene el roce del albañil sobre la baranda, donde se encarama. El horror me hiela la voz en la gola; me paraliza brazos y piernas desmadejados. Un hombre va a matarse a mi lado y el pánico me niega fuerzas para impedirlo.

Quisiera gritarle "¡La levita! ¡La levita de Congosto!"; pero enmudeció la lengua reseca, mientras el corazón, prieto de sangre hirviente, golpéame el pecho.

Como una piedra suena el cuerpo en el agua. Caerá de cabeza, salpicando las sombras. Los rumores de la noche, lo que brinca, lo que surca, lo que horada callan un instante, luego prosiguen su tenue concierto. Sólo entonces, liberado de súbito de mi tullidez, me abalanzo a la baranda. Ni rastro del suicida quedó en el agua; hasta las ondas se ensancharon y perdieron debajo del pretil. La voz me volvió a los labios; pero al oírmela creo haber enloquecido. Como un maniaco susúrrole al río:

—Micho, micho, micho, la levita, la levita de Congosto.

De improviso aúllo. Es aquél un bramido único, con la cabeza alzada a los cielos, que llena la noche entera. Un grito que nunca más volveré a proferir y que aun ahora, en mi agonía, me cuesta creerlo mío. Un grito sin ecos ni respuesta, perdido en el firmamento estrellado, como el muerto en el agua. Dijérase que estoy solo, con mi rugido ya apagado, en un París desierto, solo con el Sena, que fluye bonancible bajo los puentes, hacia las tenues alamedas de los cuadros de Sisley.

En aquel instante, nace en mí el hombre del espíritu. Aduéñase de todo mi ser, inesperadamente y, en algún recodo de la conciencia, avasalla al de la carne, estremecido y casi demente. Con él viene su absoluta indiferencia. Prendo otro fósforo, y esta vez no me

tiemblan las manos. Poco a poco me deleito al comprobarlo. Uno soy con el cielo y con la noche, impasible, calmo, desentendido de la humanidad, que ideó
la razón para explicarse estos cielos inhumanos: este
nacer para morirse uno. Arrojo el cigarro al Sena y
despacio, muy despacio, regreso a la pensión.

Lunes. Sorbonne. Conferencia de Foulché-Leclerc.
La nonchalance de Mr. le prof. Dulce elocuencia, finu-
ra. Voy a un café del centro a encontrarme con otro
pensionado. Hace cuatro días que no leo los periódicos de nuestro país, de aquella tierra de cuyo nombre
no puedo acordarme. Este muchacho me habla de
Canalejas y de la subida de los conservadores. Entonces le darán una plaza bien retribuida. Quiere quedarse en París haciendo información para la prensa católica (con seudónimo) y viviendo la vida *menos católica*
(así dice) posible. Como él hay muchos. El café de
Cluny. El viejo matrimonio que juega a las damas.
Soufflée! Gesto gracioso del marido que pierde y revuelve las fichas. Ojeo los diarios mientras juegan, por
el precio de un café y un *croissant.* No hay mención
de cuerpo alguno encontrado en el Sena.

Martes. Louvre. Salas griegas. La profesora y las
alumnas en un rincón de la sala. Sorbonne: De Faye,
Hellénisme et christianisme. El friso (fragmento) del
Partenón. Emoción. ¿En qué consiste esto? El *Concert
Rouge,* rue Tournon. Beethoven. Eso nos une a todos.
Leo los periódicos, sin prisa, detenidamente, en el café
de Cluny. No aluden a ningún ahogado en el Sena. Co-
mentan por menudo, sin embargo, el suicidio del so-

cialista Lafargue y de su mujer. Por más que diga Jaurès me figuro que este modo de retirarse de la vida no le convenció. ¡Diablo!, que no se convierta en dogma socialista que al sentirse gastado debe uno inyectarse ácido cianhídrico. ¡Qué pocos sentimientos despierta el suceso! Después de todo, a un hombre que da tanta importancia a este acto y lo prepara con tanta minuciosidad y anticipación, no hay más que decirle: "Váyase, señor, ya que se empeña."

Miércoles. Louvre. Salas griegas. Sorbonne. Monsieur Haumont, *Littérature russe*. Palais Royal, ¡otra vez Tristan Bernard! Petit café. Leo cuanto periódico hallo en el quiosco del Boul. Mich. Ni palabra acerca del suicida, de mi suicida. Frase de *La Patrie*: *"...le coup de pied de la mule ouvrière."*

Jueves. Compro los diarios de la mañana. Nada. Sorbonne. Mitin en la rue Danton en favor de Córcega. Semblat. Albert Thomas, etc. La oratoria de Semblat. Fácil, firme, precisa. Timbre sonoro. Gracia seria. Ironía. Su facha es un poco ruda o más bien áspera; corresponde a su modo de hablar: martillazos sobre un yunque. El nombre de Napoleón, lanzado en un discurso, alborota la asamblea. Gritos y silbidos. Un viejo corso sube a la tribuna. Gordo, calvo, rojo, bigote blanco, habla mal el francés. ¡Jamás renegará, aunque no es imperialista, de la memoria de Napoleón! Una mujer madura, enlutada, pobremente vestida, tripuda, con un gran bolso raído, trepa también a la tribuna, entre las risas del público. Dice que es fulana de tal, de Monceau-les-Mines, que ha conocido muchos períodos, la reacción, la libertad, la revolución, la reacción, y que ha pedido la palabra para devolver toda su gloria a Napoleón. A la salida, compro los periódicos de la noche. Nada.

Domingo. Pasé dos días en la fonda con toses y fiebres. Me hice comprar los diarios. Nada, nada, nada. Hoy me siento mucho mejor, remozado incluso. Los periódicos afirman que el Parlamento francés debe aprobar *con dignidad* el acuerdo con Alemania, puesto que no puede reformarlo ni rechazarlo. Concierto. Colonne, au Châtelet. Voy a la Place Pigalle. Me inhibo e impaciento al principio. El hombre del espíritu es vanidoso y tímido. Se llama Lucienne. Es de Nantes, rubia pajiza, con unos ojos grandes, verde claro y un cuerpo divino. *Tu as l'air farouche.* ¿Se divertirá conmigo esta mujer? *Je m'amuse follement.* No sé por qué voy a Notre Dame, a la hora de las vísperas. ¡Aquel pabellón del altar mayor! Es de gusto de monja. Concluido el servicio, que esta noche me aburre, me llego despacioso hasta el Pont Neuf.

Veo al obrero frente a mí, hace exactamente una semana, corcovado, delgadísimo, las palmas hundidas en el estómago, la gorra mugrienta calada en el entrecejo. ("¿Usted no me reconoce? Nos vimos esta mañana en el consulado.") Lo veo en el despacho de Congosto, la gorra en las manos, el pelo ralo y entrecano erizado sobre las sienes. ("No tengo nada que darle a usted; ¡como no le dé esta levita que llevo puesta!") Lo veo con toda nitidez, y sé que no volveré a verlo nunca más. De repente, el hombre del espíritu fúndese en mí, como el azúcar en el pernod. Con él desaparece aquella impasibilidad pareja a la indiferencia del río y los cielos. ("Micho, micho, micho.") Balbuciente, medroso, el de la carne adúéñase de todo mi ser y vuelve el sentimiento de soledad desolada, de espanto indecible ante el dolor humano. De bruces sobre el pretil y el agua, lloro por mí y por todos los muertos.

Aquí NO QUEDA NADA: ni gobierno, ni autoridades, ni servicios, ni fuerza armada. Cataluña está en plena disolución. Es asombroso que Barcelona se despierte cada mañana para que atienda cada uno a sus ocupaciones. Será la inercia. Nada obliga y a nadie exigen su obligación. Histeria revolucionaria, que pasa de las palabras a los hechos convertida en pillaje y asesinato. Ineptitud de los gobernantes, inmoralidad, cobardía, pistoletazos entre sindicales, engreimiento de advenedizos, insolencia de separatistas, deslealtad, disimulo, palabrería de fracasados, explotación de la guerra para enriquecerse, negativa a la organización de un ejército, parálisis de las operaciones y gobiernillos de taifas.

Aquí estoy desde el 19 o el 20 de octubre del año pasado. En malahora vine. Debí quedarme en Valencia, como me lo pedía Largo Caballero, mi primer ministro entonces. Por otra parte, Madrid parecía perdido. A cada despacho con Largo, en el Palacio de Oriente, volvía a preguntarle: "¿Cuándo se marcha de

Madrid el Gobierno? Le advierto que yo no tengo ningún deseo de ser arrastrado por las calles con una cuerda al cuello." El fácil avance del ejército de ataque sobre Madrid, por la ruta abierta de Extremadura, mostraba a todo ser sensato el peligro inminente. Nos defendíamos con absurdas *manchettes*, con estupideces de este calibre: "La batalla de Talavera será nuestra batalla del Marne." Más eficaz hubiera sido un buen revulviso: enfrentar al pueblo con la realidad. Algo así ocurrió más tarde. Madrid, que no se defendió en el Guadiana ni en el Tajo, lo hizo en sus propios arrabales, cuando podía presumirse, dados los antecedentes, que el enemigo llegaría a la Puerta del Sol en tranvía.

Fue Prieto el encargado de comunicarme la decisión del Gobierno, siendo él ministro de Marina y Aire en el gabinete de Largo: debía salir sin tardanza. Cada vez la guerra se aproximaba más a Madrid y temíase un desembarco enemigo en la playa de San Juan, cerca de Alicante. Me declaré dispuesto a trasladarme a Barcelona y Prieto sacudió la cabeza. El Consejo prefería que lo hiciese a Valencia, lejos de la frontera francesa para evitar equívocos. Le repliqué: "No se trata de arrimarse a aquella linde, como usted sabe. Los catalanes muestran cada día mayor empeño en subrayar su guerra privada contra quienes nos combaten también a nosotros, precisamente a título de separatistas. Por eso creo conveniente que no sólo yo, sino a la vez el Gobierno de la República, pasemos a Barcelona."

Dos días después volví a encontrarle en una fiesta

de gratitud a la U.R.S.S. Yo asistía de mal talante. No estábamos para vinos de honor ni cuadraba extremar tales manifestaciones con vistas al panorama internacional y a la propaganda adversaria. "Debe usted marcharse inmediatamente —me apremiaba ceñudo—. Esto sigue muy mal. O nos fusilan, o terminamos a palos entre nosotros, como yo siempre supuse acabaría nuestra tragedia." "¿Qué piensa hacer usted?" Se encogió de hombros. "¿Qué voy a hacer? Permaneceré en el Gobierno hasta el fin. Obrar de otro modo sería una traición. Por otra parte, me tiene sin cuidado que los partidos se unan o no. En cuanto acabe la guerra, de cualquier modo que sea, si salvo el pellejo tengo resuelto liquidar mi vida política para siempre. Me iré al país más lejano donde se hable nuestra lengua, porque no sé otra, y trataré de olvidarme de este matadero. A usted le aconsejo que haga lo mismo. Aquí no aprenderemos nunca a tratarnos como hermanos. Preferimos devorarnos como hienas."

En Barcelona, Companys me recibe correcto y obsequioso; pero muy poseído de su papel de jefe del gobierno autónomo de la Generalidad de Cataluña, como si yo presidiese una República extranjera. Recuerdo los días de 1933, en que no cesaba de repetirme: "Usted me manda. Usted es mi jefe." Por consejo suyo, duermo dos meses en Montserrat, aunque ni un solo día dejo de acudir a Barcelona, donde despacho y celebro audiencias. Rumores públicos afirman que en Montserrat me cobijo a toda hora, medroso de bombardeos. También mienten a sabiendas cuando dicen a Lola oculta en Francia, con un tesoro que desfonda las arcas. Se me da un ardite la maledicencia, pero prefiero el odio. Éste me honra, aquélla ni me divierte. Al final, me cansa el camino del monasterio, tan pino sobre el abismo, y me traslado a Barcelona. Me acogen en el palacio del Parlamento catalán (Parque de la Ciudadela).

Aquí los periódicos y aun los hombres de la Generalidad hablan a diario de revolución y victoria. Hablan de Cataluña país, no región, en guerra. País neutral, imagino. Como la lucha transcurre en Iberia, puede aceptarse con parsimonia. En agosto, la Generalidad solicita a Madrid un empréstito de ciento cincuenta millones para gastos de guerra, amén de un depósito de treinta millones de francos en París, para la compra de materias primas. En octubre crean en Barcelona su departamento de comercio exterior. En noviembre se apropian las funciones de la Cámara de Comercio y Navegación. En diciembre sancionan el uso de moneda propia y emiten doscientos millones. A este paso, cuando llegue la paz, el Estado deberá dinero a Cataluña.

Desde agosto, arrógase la Generalidad las enteras funciones del ministerio del Interior. Companys se atribuye el derecho al indulto, propio del Presidente de la República. En tantos meses, no pusieron en pie un auténtico ejército ni dejaron que lo hiciese y mandase el Gobierno central. Ahora, cuando todos lo reclaman, pagarán las consecuencias de haber hecho hogueras con equipos, monturas y registros de movilización y de haber permitido a los anarquistas apoderarse de los cuarteles y ahuyentar a los reclutas. Mi situación sería intolerable si no anduviera avezado a humillaciones. El hombre de la carne en mí tiene el orgullo del diablo; pero el del espíritu se lo echa todo a las espaldas, y pelillos a la mar. Una tarde, a la vuelta a Barcelona de un paseo en coche por la playa, nos detiene una patrulla de vigilancia. Empéñanse en exigir salvoconductos a todo el personal militar que me escolta e insisten en desconocerme. Asomo la cabeza y les espeto:

—¿No me conocéis? ¿No me habéis visto nunca? Pues entonces lleváis razón, si así os mandaron fingirlo. Cumplid vuestro papel; pero acortemos la farsa.

—Sin más réplica nos dejan pasar, entre cabizbajos y enojados.

La Telefónica, en la Plaza de Cataluña, está en poder de la C.N.T. y de la U.G.T. Se la repartieron por pisos, aunque quienes mandan allí son los anarquistas. Espían todas mis llamadas; pero la verdad, aun censurada, sigue siendo la verdad. El primero de mayo hablo con Companys desde el palacio del Parlamento. Tratamos de la guerra y crécese el hombre en uno de sus repentes de euforia.

—Ganaremos porque es de justicia.

—Aunque así fuese —arguyo—, deberíamos transigir. Después del pacto de no intervención, ideado por Inglaterra y Francia, no cabe sino recabarles los servicios para un armisticio. De conseguirse la retirada de los extranjeros, nuestro triunfo sería seguro, en el caso de otra ruptura de hostilidades, que personalmente juzgo incierta.

—No puede usted hablar de estas cosas. Está prohibido— tercia otra voz.

—¿Prohibido? ¿Por quién?

Hay una breve pausa. Calla Companys, y le adivino la ira en el silencio.

—Por mí —zanja el censor de la C.N.T.

—¿Cómo no voy a hablar si soy el Presidente de la República?

—Razón de más para callarse. Su responsabilidad es la mayor de todas.

El lunes 3 de mayo trabajo en mi drama *La velada en Benicarló*, que será con mis diarios mi testamento político, cuando entra Santos, el secretario, a decirme que Aiguadé, consejero de Seguridad en el gabinete catalán, telefonea y anuncia que acaban de incautarse de la Telefónica, sin novedad alguna.

—¿Y eso qué es? ¿Qué me cuentan a mí de la Telefónica? Es la primera vez que la Generalidad me da noticia de alguna cosa.

—No ha dicho más.

Lo olvido en seguida y vuelvo a *La velada*. Supongo me anuncian el comiso de la central, para impedir nuevas podas a mis conversas. Llegada la noche, regresa Santos, blanco como la nieve, a contarme que Barcelona vive un serio motín. Por la tarde, había venido Rocío, la mecanógrafa, con nuevas de alboroto en las calles y tiros en la Plaza de Cataluña. Nadie se dignó informarme entonces y Viqueira, jefe de la escolta, se fue al cine para ver *Tiempos modernos*. Por suerte, Lola no salió esa tarde. Limitóse a dar un paseo por los parterres y el zoológico, donde las fieras se mueren de hambre y pimpollea temprano la primavera. En la Telefónica recibieron a tiros a los guardias de asalto, enviados por Aiguadé, pero ocuparon éstos la planta baja y quizá alguna otra. Desde entonces, medran tumultos y barricadas. Grupos sospechosos brujulean cerca del Parque y mando cerrar las verjas. Toda mi escolta está de garbeo y no volverá hasta las nueve, si la dejan entrar. Me quedan doce hombres y un cabo. Ningún oficial, salvo el ayudante de servicio. Santos telefonea a Aiguadé, quien resta importancia al caso y alábase cierta "fórmula propia" para un arreglo. Mando un coche de nuestra policía, con cuatro agentes, a buscar a Viqueira; pero a la salida del Parque, en el Salón de San Juan, los desarman y obligan a volverse. Sencillamente, estamos asediados. Ni aun puedo hablar con el Gabinete de la República, en Valencia, pues lo impide la central, si bien, para admiración nuestra, cursan llamadas desde allí al palacio. Largo Caballero, mi jefe de gobierno, no condesciende a telefonearme y acuéstase temprano, después de hablarle a Companys, según me dicen desde Valencia. Companys, como Aiguadé, quita gravedad a los disturbios y promete mandarme a Tarradellas, primer consejero de la Generalidad, a ofrecer excusas. Lo de los descargos me encocora. A Bolívar, mensajero de Largo, le digo se trata de una estupidez o una añagaza para ocultar la verdad al Consejo de la República. Sobran disculpas y falta mando ante la gravísima revuelta. Yo no estoy agraviado en mis policías, ni soy el embajador de Inglaterra, a cuyo cocinero apalearon agentes de la autoridad, para exculparse luego cumplidamente. Serán las once dadas cuando llega Tarradellas, acompañado de Miravitlles, el comisario de Propaganda de la Generalidad. Desde allí llaman varias veces, preguntando por ellos. Detenidos e interrogados por patrullas, en diversas barricadas, tardan hora y media en alcanzar el Parlamento desde la Generalidad.

—Señor Presidente, como catalanes, Companys y yo nos sentimos profundamente avergonzados por cuanto ocurre.

—No es hora de excusas sino de sofocar el motín y, por lo que a mí toca, de garantizarme la vida y la libertad de movimientos.

—Le confieso, señor Presidente, que la Generalidad no domina la calle. Para conseguirlo, debiéramos sacar las fuerzas acuarteladas.

—¿Por qué no lo hacen ustedes?

—El tiroteo sería general entonces.

—Con tal que no lo haya, consienten que Barcelona pase a poder de los anarquistas.

—Con tal que no se derrame más sangre inocente, debe recurrirse a cualquier medio. La ya vertida nos mancha a todos.

Me mira aquel gigante, con mal recatado desprecio en sus ojos oscuros. Altísimo, algo entrado en carnes, pescozudo y ancho de hombros, témplase la cólera con duro esfuerzo. No cabe, en verdad, sino admirarlo.

—Nada resolveremos parados aquí, en mitad del comedor, Tarradellas. Pase a mi despacho y hablemos con calma.

—Muy bien, señor Presidente.

Nos acomodamos en dos butacones, separados por la mesa. Allí está el *Caín* de Byron, junto a un rimero de cuartillas y un cortapapeles en forma de faca. Tarradellas atisba el libro a hurtadillas. Mientras me habla, pienso en la noche del 20 de julio, vencida la sublevación en Madrid. Hoy como entonces, creo nos consumimos en un delirio colectivo provocado por el insomnio. ¿No será todo, guerra, sangría y odio fratricida pura alucinación y, en verdad, seguiremos en paz sin saberlo? Pese a mi pánico, sonríe en mí, para mis adentros, el hombre del espíritu. En el fondo, ¿qué importa vivamos de cierto esta tragedia o la soñemos, sin advertirlo, cuando la sangre, real o fingida, nos pringa a todos, como bien dice Tarradellas?

—Aiguadé no consultó con nadie su decisión de hacerse con la Telefónica para instalar allí un comisario de la Generalidad —prosigue—. A mí me la confió cursadas ya las órdenes a su jefe de Seguridad, Rodríguez Salas.

—¿Cuándo fue eso? ¿Hoy mismo?

—Hoy mismo, señor Presidente. Me pareció aventurada su decisión, porque no contaba con medios para vencer la resistencia que hubiese. Se lanzó a una batalla sin apercibirla y Companys habló tanto de darla que puso sobre aviso a los anarquistas. De todos modos, aún soy optimista.

—¡Ah! ¿Lo es usted?

—Sí, señor, aunque los pueblos también estén levantados. Al final, se arreglará todo mediante negociaciones. Hoy mismo se reunió el Consejo de la Generalidad, como usted sabe, para tratar de restablecer la calma aunque sea sacrificando a Aiguadé y a Rodríguez Salas.

Se va Tarradellas y a poco llega Viqueira. Consigue entrar solo y a pie pero evita el presentárseme. Pregunto por los demás jefes del Cuarto Militar. No comparecieron aún. "Me sirven ustedes menos que las criadas de mi mujer", estallo. En esto llama uno de ellos, Alfredo Jiménez Orge. Lo detuvieron unos rebeldes, armados y muy fuguillas. Diose a conocer y le espetaron: "Telefonea al Parlamento, para comprobarlo, pero no hables de más o te volamos la cabeza."

—¿Tenéis ahí a un coronel Jiménez Orge?

—Sí, sí. Soltadlo y que venga.

Otro de mis coroneles, Gumersindo Azcárate, lo pasa mejor pues tráenlo en coche al palacio sus apresores, bien deferentes. De vez en cuando se oyen algunos tiros y el bramar de los leones famélicos. De amanecida, volverán a encontrar los muertos rebozados en su sangre. Otra vez el crimen estúpido, impune, de unos y otros, de todos nosotros, por un quítame allá esas pajas y por menos: por nada. "Matarás y matarte han; y matarán a quien te matase." Bien lo decía Díaz del Castillo hace cuatro siglos. Me llevo a la cama

el *Caín,* de Byron, y con mano tembleque le subrayo
unos versos. *Here let me die, for to give birth to tho-*
se / Who can but suffer many years and die, / Meth-
inks is merely propagating death / And multiplying
murder. "Déjame morir aquí —suplica Caín a Lucifer—, pues dar vida a quienes / sólo sufren muchos
años y perecen, / creo que es propagar la muerte / y
multiplicar el crimen." La respuesta del demonio llega
al final de aquel acto: *Think and endure and form an*
inner World / In your own bosom, where the outward
fails. / So shall you nearer be the spiritual / Nature,
and war triumphant with your own. "Piensa, resiste y
forma un mundo interior / en tu pecho, donde se quiebre lo externo. / Así estarás más próximo a la naturaleza espiritual / y triunfarás en la guerra contigo mismo." En otras palabras, ensimísmate y vuélvete un intelectual. Tal es la receta de Lucifer para hacer las
paces consigo mismo, cobrar esencia casi angélica y
darle la espalda al mundo. ¡Qué ironía la de Byron al
atribuirle tales avisos! ¡Cómo si dentro de nosotros
no hallásemos siempre, siempre, siempre, al prójimo
enemigo encadenado a nuestras entrañas!

—¿Por qué nacimos en tierra de odios, en tierra
donde el precepto parece ser: odia a tu prójimo como
a ti mismo? —me decía el pobre Unamuno la última
vez que nos vimos, poco antes de la catástrofe.

Sonreí. Él me detestaba entonces y por un momento lo había olvidado. Retórico, como tantas otras veces (su retórica era su autenticidad), parafraseábase

95

un libro, *Abel Sánchez*, inspirado precisamente en el *Caín*. Sonriendo todavía, le dije entonces:

—Se equivoca usted. El precepto aquí (en este país de cuyo nombre no puedo acordarme ahora), es ódiate a ti mismo como odias al prójimo. Mientras no consigamos todos convivir en paz, nosotros los intelectuales viviremos de prestado.

Mientras el hombre de la carne en mí, desazonado por el miedo, revuélvese en la cama, el del espíritu piensa en Unamuno y en todos los muertos de esta guerra, ya sin odio, sin rencor ya. Paz a los vivos. Vagamente advierto que la trifulca de Barcelona no va conmigo. Mañana espero nuevas del Gobierno central. Lo que más me duele es el escandalazo que se dará en el mundo con esta rebelión, y el partido que sacará de ello el enemigo. Paz a los vivos: repitiéndomelo, como vana plegaria, me duermo de madrugada.

Poco antes de las ocho, nos despierta el fuego. Barcelona es un concierto de ametralladoras, fusilería, morteros y bombas de mano. Aiguadé llama por teléfono y anuncia mandarnos ciento cincuenta guardias para proteger el parque. En realidad, son ochenta. Se parapetan en la verja y en seguida empieza el ataque. Los revoltosos ocupan la estación de Francia, con ametralladoras en una azotea, y las casas del Borne, cortando por allí la salida del Parque. También son suyos el paseo de San Juan y la estación del Norte, así como las vías que la unen a la de Francia. Con prismáticos, los percibimos claramente en las terrazas, apostados en sacos terreros. Al comandante de los guardias lo hieren en seguida y en el casal lo encamamos. A poco matan a su alférez y toma el mando un capitán azorado, quien suplica por teléfono refuerzos inaccesibles, mientras a voces invítanlo a rendirse. A los sesenta soldados de mi escolta los mantengo en el Parlamento, con orden de inhibirse si el Parque no es asaltado. Cuentan sólo con fusiles y escasa munición. Cuatro ametralladoras que teníamos nos las quitaron un día de aprieto, aunque hoy dispongan de ella hasta los barberos. Sobre el palacio no tiran, y eso me apacigua un tanto. Hácenlo contra los guardias tras el enrejado, donde por suerte no alcanzan las bombas a través de la calle. Mis custodios disponen de un mortero y cinco granadas. Cuatro no estallan y sí la quinta en una barricada del Borne, donde mata tres hombres. Los otros ponen bandera blanca: una camisa hecha jirones, recién salpicada de sangre.

Funciona el teléfono dentro de Barcelona. Desde la Generalidad llaman Guimet y el doctor Trabal. El jueves, en una pausa impuesta por tratos de los bandos, viene a verme Sbert, el consejero de Cultura. Nadie más. No pudiendo hablar por teléfono con Valencia, lo hago por telégrafo, a las nueve de la mañana. Largo Caballero, el Presidente del Gobierno, duerme todavía. ¡Ignoro qué tronada podrá despertarlo! Responde el subsecretario de Guerra, y le detallo la situación.

—Aquí el Presidente de la República. Dígale urgente jefe Gobierno todo agravado desde anoche, no cesa tiroteo por diferentes sitios de la ciudad. Desde hace una hora hay nutrido fuego ametralladora, mortero y

97

fusil junto a mi residencia oficial, entre fuerzas orden público, enviadas Generalidad, y revoltosos, siendo al parecer más intenso en los alrededores Telefónica. No tenemos libertad para entrar o salir de esta residencia oficial del Jefe del Estado, habiendo sido desarmados y maltratados algunos funcionarios de vigilancia y detenidos dos jefes de mi Cuarto Militar cuando venían de uniforme a prestar servicio. Me dijo anoche primer consejero Generalidad que gobierno catalán no domina la calle, creyendo que sacar fuerzas cuarteles produciría choques. Tenía la impresión pueblos también levantados. Me interesa que Gobierno conozca, directamente por mí, situación que estimo delicada con respecto al orden público en Cataluña y a mi posición sin medios de defensa, reducido a unas docenas de soldados sin otro armamento que fusil. Espero saber cuál es criterio Gobierno en estas circunstancias.

Largo no telegrafía nunca. Lo hace Prieto, como ministro de Marina y Aire, a media mañana. Anuncia la inmediata salida para Barcelona, desde Cartagena, de dos destructores. Llevan orden de limitarse a una acción demostrativa y de ponerse a mi servicio, como Presidente. No deben mantener contacto con otros poderes que el Presidente de la Generalidad y el consejero de Seguridad interior, salvo si el Gobierno rescata el orden público, en cuyo caso dependerían de la autoridad designada. Prieto hace un alto y luego, como confiándose tras vacilar, añade:

—Esta salvedad que hago no es a cuenta de que el Gobierno haya decidido nada aún sobre el particular.

Responde a mi criterio, que esta mañana comuniqué al Presidente del Consejo, a quien en diversas ocasiones transmití mis temores respecto a Cataluña —otra pausa, que ahora no parece prevista—. El Presidente del Gobierno se halla conferenciando en estos momentos con Federica Montseny y con García Oliver, los ministros catalanes y anarquistas de la C.N.T., y me pide disponga un avión para conducirlos a Barcelona, pues se proponen mediar en la lucha. Por mi parte, y aun creyendo que no se debe omitir gestión alguna, dudo mucho de la eficacia de ésta. Nada más de momento. Quedo a sus órdenes, al pie del aparato.

Para embridar la carne aterrada, el espíritu impónese dictarle a Rocío mi borrador de *La velada en Benicarló*. Escribí la pieza hace dos semanas y me la inspiró una reunión que, en el Parador del Patronato de Turismo de aquel pueblo, celebré con Largo y Companys. De allí salió un acuerdo entre ellos, secreto y de poco fruto. Fuese cual fuere, lo olvidé, aunque no debió de resultar grano de anís avenirlos un poco. En todo caso, mi obra supera la circunstancia: es la otra faz de nuestro drama, más atroz y duradero que la guerra. En años venideros, variados los nombres de las cosas, esquilmados muchos conceptos, no comprenderán por qué nos batimos como lo hacemos. Pero también persistirá latente entonces la misma tragedia si conservamos la capacidad de odio fratricida. El país se repite por qué su presente suele parecerse a su pasado. Vivir aquí es volver a ver y a hacer lo mismo. Dudo por otra parte de que después de este viaje, corto tal vez en el tiempo y eterno en las borrascas del alma, la razón y el seso de muchos hayan medrado. A pesar de mi pánico físico, me precio de mantener la independencia de espíritu en medio de tan frenéticas jornadas. Sea el que sea quien lo consiga, desde el punto de vista humano es un consuelo. Desde el punto de vista nacional, una esperanza.

A la hora del almuerzo, Santos me corta el dictado para anunciarme el final de los víveres. Somos ahora hasta sesenta, sin contar los guardias de la verja. Queda sólo una partida de comestibles preparada para Madrid: arroz, bacalao y huevos, que no pasarán de mañana, miércoles.

A la una de la tarde, la radio difunde una nota de la Generalidad confiando todo ensayo pacificador al consejero de Seguridad Interior, Aiguadé. Inmediatamente, la Unión General de Trabajadores, el Partido Socialista Unificado de Cataluña, *Esquerra Republicana, Acció Catalana* y otros partidillos y asociaciones, los últimos de menor cuantía, declaran su apoyo al Consejo catalán.

A las tres, el Hughes transmite nuevo telegrama de Prieto. Insiste en conocer mi informe personal sobre cuanto acaece en la ciudad.

—La situación aquí no parece haber empeorado. Hay menos tiroteo. Uno de los frentes de mi residencia está despejado. Ante el Parque, fuerzas orden público ocupan Palacio Justicia; pero la acera de enfrente es de los revoltosos. La Avenida desde aquí al puerto está cortada por los rebeldes, que ocupan estación de Francia, no pudiendo comunicarme con Generalidad ni con el puerto mismo. Cuando lleguen los barcos, el personal no podrá salir a las calles adyacentes. Lo más urgente es abrir paso entre Parlamento y puerto, reduciendo la estación. Creo inverosímil que Generalidad requiera gobierno Central rescate orden público en Cataluña. De efectuarse, debe tomar mando un militar de graduación. La C.N.T. publica manifiesto diciendo que todo se apaciguará destituyendo consejero Aiguadé y comisario Rodríguez Salas.

Prieto me refiere un Consejo de ministros concluido veinte minutos antes. Largo se inclina a aguardar las gestiones de los Comités Nacionales de la C.N.T. y la F.A.I., cuyos delegados, así como García Oliver, se hallan ya camino de Barcelona. Prieto mantiénese escéptico sobre tales embajadas. Cree imprescindible el rescate del orden público, y júzgalo más arduo si se deja caer la ciudad en manos de los sublevados. Largo se puso al habla con Companys, desde Valencia. La comunicación salió pésima y casi no se entendieron a través de una madeja de hilos cruzados. Largo dedujo, sin embargo, que Companys no se opondría a la intervención de la República. Entretanto, recíbese una llamada de Aiguadé instando al envío de cuantiosos refuerzos. A las cuatro de la tarde, vuelve a reunirse el Consejo. Prieto imagina que saldrá de la convocatoria criterio unánime para asumir la autoridad en Barcelona.

A las nueve y media de la noche, telegrafía de nuevo Prieto. En el Consejo, resume, se acordó asumir el

101

orden público, con el tácito asenso de Companys. Los ministros de la C.N.T. reservaron sus votos. Dijeron la medida improcedente hasta conocerse el resultado de los parlamentos entablados en Barcelona. A las dos de la tarde, salieron de Cartagena los destructores *Lepanto* y *Sánchez Barcáiztegui*. A las tres de la madrugada, tropas de aviación, procedentes de Los Alcázares, llegarán a Valencia para seguir viaje al aeródromo de Reus, viaticadas con un rancho caliente. Al amanecer se les unirá allí su jefe, el teniente coronel Hidalgo de Cisneros, con varias escuadrillas, y juntos volarán a Barcelona.

—Ni las fuerzas navales ni las aéreas actuarán sin órdenes mías —asegúrame Prieto—. Mi criterio redúcese a resolver esto en horas. Para los cabildeos sobra la noche. Claro que mi opinión quedará subordinada a la del Jefe del Gobierno. ¿Qué ocurre por ahí ahora?

—Desde la anochecida no se oyen apenas disparos. Al caer la tarde hubo vivísimo fuego de fusil, mortero y ametralladora. Suponemos fue la lucha en la estación; pero no creo que haya sido ocupada por las fuerzas de la Generalidad. Los comisionados de Valencia y otros elementos sindicales de aquí, entre ellos Abad de Santillán, el teórico de los anarquistas, amén de García Oliver y Companys, hablaron por radio, invitando a suspender las hostilidades, en espera del acuerdo que elaboran en la Generalidad. No oí los discursos. Me aseguran que Companys excitó a todos a la fraternidad. Aquí, en mi residencia, seguimos sin grandes medios de defensa, porque en vano suplicamos devolvieran a mi escolta las cuatro ametralladoras que nos quitaron. Anoche y hoy nos habrían venido muy bien. La impresión general es más favorable que al mediodía. Esto no puede ser motivo para retrasar el envío de refuerzos, que deben ser abundantes, para contrarrestar la inevitable reacción ante el rescate del orden público.

El miércoles, y al filo de las diez y media de la mañana, vuelve a llamarme. Echa lumbre y se le va el enojo en sarcasmos. Lo avisó por radio Barreiro, comandante del *Lepanto*, para decirle tenía cita conmigo a las once dadas, "por estar Su Excelencia descansando hasta aquella hora". Replico que el comandante acaba de telefonearme, no sé si desde la Consejería de Defensa. No consiguió llegar al Parque y buscó el socaire de la Generalidad. Ya no podrá salir hasta las cuatro y media, para volverse a la base de aeronáutica. Desde allí me telefonea de nuevo. Le ordeno permanezca a bordo, que es su sitio, y desamarre los barcos del muelle. Por mi parte, en un arrebato de ira, telegrafío:

—Los aviones no hicieron todavía acto de presencia. El tiroteo no ha cesado en toda la noche. Elementos de la C.N.T. se dirigieron por radio a sus compañeros del frente, diciéndoles que estuviesen prontos a venir a Barcelona cuando fuese requerido su auxilio. Que yo me traslade a Valencia es muy buen pensamiento, pero absolutamente irrealizable. Es imposible cruzar las verjas del Parque, cercado por fuego de ametralladora, fusil y bombas. Así estoy desde el lunes por la tarde, cuando se inició esta situación y la puse en conocimiento de Largo Caballero. He esperado lo que razonablemente cabía esperar, hasta que el Gobierno juntase suficientes elementos represivos para vencer el motín y rescatarme a mí, al Presidente de la República, de este encierro. El problema, como usted comprenderá, tiene dos vertientes. Una, la insurrección anarquista, con todas las consecuencias y deplorables efectos que no necesito señalarle. Otra, el secuestro del Jefe del Estado, incapacitado para moverse y para ejercer su función. Ya lo primero sería de por sí peligroso y requeriría urgentísimas medidas. Lo segundo añade gravedad y puede tener consecuencias incalculables. Me limito a recordárselas, por si las circunstancias me obligan a determinaciones irreparables. Solamente una acción del Gobierno, rapidísima y urgente, puede evitarlas. A usted le sobra perspicacia y sensibilidad política para comprender que ni mi decoro, ni la dignidad de mi cargo, ni el escándalo que se está dando ante el mundo entero permiten que el Presidente de la República permanezca un día más en la situación en que se encuentra.

Debe de asustarse Prieto, pues vuelve al telégrafo, después de un Consejo de ministros de doce minutos cabales. Aun así, me exaspera la molicie del Gobierno. En Bétera, a un tiro de piedra de Valencia y cabe la casa de que allí se incautó Prieto, acantonaron el batallón presidencial, instruido y armado. Juraría que Leopoldo Menéndez, su jefe, brindó en vano la tropa a Largo. Embarcándola ayer, hubiera llegado anoche, para abrirse paso hasta el Parlamento, cogiendo de revés a los de la estación. Luego me habría dado yo el placer de librar al propio Companys en la Generalidad. Pero Menéndez aguardará aún la respuesta a su iniciativa. Siempre, desde octubre del 34, creí mi destino caer asesinado en Barcelona. El ser de la carne en mí desvívese, todo flaquezas, al pensarlo. El del espíritu sonríese y recuerda de nuevo a Valle-Inclán, en el entierro de no sé quién y en vísperas de la guerra, atravesando el patio desmantelado de un cementerio viejo y bisbisándome ceceoso: "¡Qué buen lugar para pudrirse en esta paz!"

Prieto me informa ahora de las decisiones del Consejo, azuzado al fin por mis demandas. Se publicarán los decretos, aprobados ayer, en un extraordinario de la *Gaceta*, y los ministros de la Guerra, Gobernación y Marina se encargarán de adoptar las medidas precisas para restablecer el orden. El general Sebastián Pozas tomará el mando de la cuarta división y de todo el frente aragonés, y el coronel de la guardia civil Antonio Escobar asumirá el orden público en Cataluña entera. A Sandino, jefe de la región aérea de Barcelona, se le insta a obedecerlo y a pedirle objetivos que puedan ser bombardeados.

Al mediodía, una nota de la Generalidad difunde el nombramiento de Pozas. Subraya Companys el rescate del orden público, "por iniciativa del Gobierno de la República". Acto seguido anuncian nuevo Consejo catalán. Lo componen Martí Feced, de la *Esquerra;* Valerio Mas, secretario del comité regional de la C.N.T.;

Joaquín Pou, de los *rabassaires;* y Antonio Sesé, socialista y secretario general de la Unión General de Trabajadores. A la una, malas nuevas. Cuando Sesé se dirigía a la Generalidad, para posesionarse de su cargo, muere a tiros en la calle de Caspe. A la vez, uno de los hermanos Ascaso, anarquistas, cae traspasado a balazos en la Gran Vía.

Cuesta lo suyo dar con Pozas y Escobar. Aquél está en Borjas Blancas y sólo llega al Prat al atardecer para pasar allí la noche. Escobar se encuentra en el cuartel de la guardia civil de Ausias March. Ni Sandino ni Ángel Galarza, el Ministro de la Gobernación, consiguen desenredar las líneas, para telefonearle. Inquieto por tanta tardanza, sugiero a Prieto que lo llamen por telégrafo, pues en el cuartel de Ausias March hay estación receptora. A poco me telefonea el propio Escobar. Acaba de recibir el nombramiento; ofrece sus respetos y apercíbese a trasladarse al Gobierno Civil. Le indico lo azaroso del intento. Sugiero tome el mando y dicte órdenes desde su puesto. No me hace caso y, al pie de Gobernación, lo atraviesan de un disparo. Aranguren, general de la guardia civil y jefe sonámbulo de la cuarta región desde julio, me telefonea desde allí para contarme la desgracia. Escobar se halla gravísimo. La bala le rozó el espinazo y su herida amaga la paraplejía.

—Busquen ustedes uno que esté ya ahí, para que no se repita el caso.

—Eso es. Hemos pensado en el teniente coronel Arrando, de la guardia de asalto.

—¿Es de confianza?

—Todos lo son.

—Mucho es. Me alegro.

—A Arrando lo propone el señor Martí Feced, nuevo consejero de la Generalidad. Él no se atreve a indicárselo al ministro de Gobernación, por si lo interpreta mal viniendo la propuesta de la *Esquerra*. Quiere que la haga yo.

—Pues telegrafíe usted a Galarza y sanseacabó.

No identifico a Arrando por el nombre. Alguien me lo recuerda por las señas. Es bajo, más bien cenceño, sin ningún pelo en la cabeza. Lleva un peluquín pegado al cráneo y las cejas diseñadas a pincel. Investido, me telefonea. Inquiero por la situación, sus planes y las órdenes del Gobierno de la República.

—Desde luego, restableceré la paz. Voy a hacer algunas gestiones para que cese el fuego y espero que den resultado. De no ser así obraré con la mayor energía.

—¡Mi situación aquí es desesperada! ¡No puedo ni debo someterme una hora más a tanta ignominia! Ábrame camino hasta el puerto.

—Señor Presidente, carezco de consignas precisas. Su seguridad personal corre de mi cuenta. Sin embargo, para emprender cualquier operación necesito refuerzos.

Salido de madre, le cuelgo el teléfono. Vuelve a llamarme a las dos horas. Habló con Galarza y muéstrase menos ambiguo y escurridizo.

—No pude ser más explícito, señor Presidente. Temía tuviésemos intervenidas las líneas.

—No sea usted absurdo. Si lo estaban entonces, lo están ahora. ¿Cuándo me rescata de este encierro? ¡Esto es intolerable!

—No desespere Su Excelencia. Las gestiones van por buen camino. Tengo garantías de que la rebelión cesará en seguida.

—¿La garantía de quién?

—De los responsables del movimiento.

Vuelvo a colgarle el auricular, que tintinea. Soy presa de una conjura. La autoridad del Gobierno, recién librada, cae en manos de Arrando: un hombre sin duda en connivencia con los amotinados. Ahora comprendo la propuesta de Martí Feced, enmascarada detrás de Aranguren. Impotencia, anarquía, descrédito, y yo en el centro muerto de este huracán, aguardando a que me asesinen o enloquezca de pánico. Si en el 31 hubiese dependido de mí la llegada de la República, prevista esta horrible guerra, me hubiera resignado a no verla en mi vida. Hablar por hablar; juego de palabras. Quise decir, de veras: de saber que ocurriría esto, habría escogido no nacer antes que vivirlo.

A las dos de la madrugada, se abre una tregua. Entrado el día, va de compras el cocinero, pues estamos sin vituallas. A las ocho, cablegrafía Indalecio Prieto.

—Estoy lejos de creer que el conflicto se haya resuelto, pero hay que aprovechar este compás de espera. Puse un telegrama cifrado al comandante del *Lepanto* para que se presente en seguida a Su Excelencia y se

ponga a sus órdenes. Ya a bordo del destructor, todo
está resuelto. Desde allí al aeródromo del Prat la tra-
vesía no ofrece dificultades. El viaje debe realizarse
esta misma tarde, si ello es posible. Las horas de luz
no son muchas.

—El comandante del *Lepanto* está aquí, esperando
a que lo reciba. No circulan vehículos de ninguna clase.
Si usted recuerda el plano de Barcelona, advertirá
la dificultad del paso entre la estación y el Borne,
para ir al embarcadero. Yo no tengo inconveniente en
tentar la aventura si el Gobierno me lo aconseja. Todo
depende de que no quieran hostilizarnos.

Antes de hablar con Barreiro, telefoneo a Sandino,
todavía sitiado en la consejería de Defensa. Al socaire
de la tregua, piensa llegar al Prat por mar.

—¿No podrían ahuyentar a los rebeldes de la estación de Francia? —le suplico—. Es cuanto necesito
para salir de aquí, como lo desea el Gobierno. El objetivo está aislado entre el Parque, el puerto y el Paseo
de Colón. No cabe error en un bombardeo. Y ni siquiera hace falta bombardear. Huirán si pasan ustedes
por allí en vuelo bajo y los ametrallan.

Se le ahoga la voz, no sé si de ira o de miedo, al
responderme. Su ciudad es más preciosa que mi vida.
Al menos, así debe plantearse el dilema el hombre.
En fin de cuentas, me sabe, como todos, desamortizado y desposeído.

—Si Su Excelencia me pide atacar, lo haré al momento, aunque probablemente no sirva de mucho y

empeore la situación. Un bombardeo a ciegas de Barcelona sería otra guerra civil en nuestra zona.

—¡Yo no le mando nada, Sandino! —le chillo contra mi costumbre—. Aténgase a las órdenes del ministro o del general Pozas, y no hablemos más.

Entra José Barreiro. Sonrisueño, es todo mieles. Vínose en coche desde el puerto, con una escolta de cinco hombres.

—Lejos de hostigarnos, los rebeldes nos vitoreaban por las calles. Si Su Excelencia me lo permite, saldremos de nuevo, a dar un paseo, para recoger otros aplausos.

—¡No sea usted insensato! Retírese y aguarde mis órdenes.

Si quiero zafarme, tendré que hacerlo por mis propios medios. Como Presidente, sólo cuento con los buenos deseos de Prieto, la indiferencia de Largo y el abandono de la Generalidad. Sus hombres, casi los mismos con Companys a la cabeza, me ponen en situación parecida a la del 6 de octubre de 1934, cuando, después de desaconsejarles su asonada, me cazaron y detuvieron como si fuese parte de aquélla. Mi opción se halla entre dos términos: permanecer aquí, hasta que nos sepulten a cañonazos o nos secuestren, o bien abrirse paso camino del puerto, entre las ametralladoras de la estación y las del Borne. Consulto a Lola, quien da pruebas de suprema entereza. Se encoge de hombros.

—Haz lo que te parezca mejor.

Empieza la tarde sin tiros. Más que de primavera,

parece de otoño: toda de ámbar y oros viejos en el Parque. En una alberca, ante el palacio, solloza embarazada, sobre las ninfeas, una moza desnuda y de mármol. Me traen nuevas de que los guardias han agotado las municiones y no esperan pertrechos. Prieto llama otra vez por telégrafo. Más apremiante ahora, me acucia a intentar la salida. Se hacen las maletas y aperciben los coches. Mi mujer me aguarda en el portón, y yo ando todavía enredado en la irrestañable verbosidad de Prieto. A su labia debemos la vida, pues dispuestos a partir, ya al pie del automóvil, nos detiene el fuego de bombas y ametralladoras entre la estación y el mercado. A Prieto se lo telegrafío sin tardanza.

—Imposible huir, por haberse producido tiroteo cruzado entre la estación y el Borne. De aventurarnos cinco minutos antes, toda la rociada nos habría caído encima. Es una contrariedad; pero creo debe aprovecharse cualquier tregua para llegar al puerto. Quizá sea posible más tarde. Dejaré esta comunicación abierta, por si es preciso reanudarla.

—Prescindan del equipaje y de toda impedimenta, que ya se recogerá. Avíseme al instante mismo de la partida. Si fuera pronto, yo volaría hasta Reus, donde su avión podría aterrizar un momento, para acompañarlos a Valencia. No hay tiempo para ir hasta el Prat. De ningún modo aconsejo a Su Excelencia abandonar el Parlamento después de anochecido.

Llamo otra vez a Arrando. Crécese ahora en una euforia que no deja de pasmarme. Irritado, le anuncio que se reanudó aquí el fuego y su réplica me desconcierta:

—La culpa, Señor Presidente, es de los guardias. Desobedecen mis órdenes expresas de no disparar y, claro, desde las barricadas les contestan.

—Le aseguro, teniente coronel, que los guardias del Parque no empezaron la refriega.

—¿De veras, Señor Presidente?

—De veras, señor teniente coronel.

—¡Ah! Entonces ahora mismo mando recado a los rebeldes de la estación, asegurándoles que no puedo tolerar que hagan fuego.

Dos horas después, cuando al atardecer apercibimos de nuevo la huida, rumío aún entre sorprendido y enojado las palabras de Arrando. Más que revuelta (¡bien grave por cierto!) dijérase esta lucha trágica farsa, con Barcelona por escenario, donde actores de ambas partes guardan secreta concordia y apúntanse los papeles. Los muertos, sin embargo, son bien reales. Sólo ellos callan entre el vocerío y el rebullicio. Nos acusan con su mudez, mientras se destrozan en las calles. "¡Que no sean los muertos, la pasión por los muertos, por vuestros hermanos caídos, lo que os impida en este momento un alto el fuego! —decía García Oliver por radio—. Todos, absolutamente todos, son hoy de mi carne y de mi sangre. Me inclino ante ellos y los beso." Probablemente tenía razón. En cada víctima de esta guerra perecemos un poco los supervivientes, y aun perecerán quienes no nacieron todavía.

Acordamos que saldrá primero el coche de Barreiro

con su escolta. Si no los hostigan, volverán a buscarnos. Detrás de ellos, iré yo, en el *Mercedes*, con mi mujer y un secretario. Quedará aparejado un automóvil de la policía, para auxiliarnos si dañan el nuestro en un tiroteo. Desde el porche del palacio, presenciamos su partida. Abren la cancela del Parque y huyen a todo correr. A lo lejos suenan algunos disparos. "Es una temeridad que se arriesgue así el señor Presidente, una temeridad", repite sin cesar un policía. Aguardamos media hora, y al cabo llama Barreiro desde la base aeronáutica.

—Señor Presidente, no he vuelto porque está muy peligroso el paso. Es una locura someterlo a usted al fuego que nos hicieron, aunque no fuese muy intenso.

—Mañana, a las cinco de la mañana, esté usted aquí, y saldremos como sea.

A las cinco de la madrugada nos despiertan. Ya llegaron los marinos, sin percance. Poco más tarde, sobre las seis, me leen una nota radiada por la C.N.T. Se afirma allí que, obtenida satisfacción de los agravios, volverán los obreros al trabajo a las nueve. "Ahora sí podemos salir." Hasta me divierte mi despectiva indiferencia después de los terrores de la vigilia. Borne, estación, Gobierno Civil, Plaza de Palacio, la Lonja, Correos, Paseo de Colón, los muelles, todo amarillece al alba recién despuntada. En sus puestos siguen los combatientes, grises de sueño, barbudos y despechugados. Nos miran pasar sin hacernos caso. Tal vez ni siquiera reparen en quiénes somos. En la Puerta de la Paz, embarcamos en una gasolinera que nos lleva al

Prat. Junto a la playa, pasamos a un bote y salimos a tierra en hombros de caloyos de aviación. Nos recibe Sandino con otros oficiales y radiamos nuestra llegada a Prieto. La esperaba, reconcomido de impaciencia y desvelo. Nos desayunamos en casa de los oficiales, con café, tostadas y miel ampurdanesa, que sabe a estepares floridos. Al filo de las ocho, nuestro *Douglas* alza el vuelo, rumbo a Valencia. La playa se achica en la mañana clarísima, mientras el sol le enciende una ala del avión con rojez de vino de misa. Ya se confunden espuma y arena en el mismo delgado encaje. A las nueve y un minuto, aterrizamos en Manises, después de un vuelo muy tranquilo y regalado.

Dos

EL HOMBRE DE LA CARNE EN MÍ mira el futuro menguante. El hombre del espíritu contempla el pasado, que se prolonga, detalla, crece y nunca volveré a vivir. Es infinitamente más doloroso haber perdido el ayer que no alcanzar el mañana, en esta agonía y en este Hotel du Midi. Irónicamente, a mi otro yo, el del espíritu, fortificado por la indiferencia, apénalo menos su carga mayor. El de la carne, en cambio, desazónase ante el porvenir, que devora la muerte. Aquél, pese a su desapego, quisiera captar el ayer en palabras, cuando se siente escritor, o en eventos, cuando historia. Vano intento el primero: recrearé el sabor del pretérito, pero no su contextura. De tal defecto, duélese mi prosa en *El jardín de los frailes* y en *La velada en Benicarló*. Cada vez que entreabro estos libros, maravíllanme aún por lo bien escritos: por la vasta luz que cabe en su prosa. No obstante, carecen de articulada estructura. Puede uno releerlos por cualquier página. Cuenta en ellos una idea, una frase, un aroma, un matiz, no el todo perdido en las partes.

117

La velada en Benicarló no es para ser representada, ni mis diarios para ser publicados mientras viva, aunque páginas suyas contrabandearon e imprimieron en la otra zona, para malquistarme con quienes critico. Está bien así. Me eché el mundo a la espalda. Como le dije una vez a Lerroux en las Cortes, tengo el demonio de la soberbia y a un hombre soberbio nadie le estorba. En *La velada*, me desdoblo en cuanto dicen Morales, el escritor, y Garcés, el ex ministro de la República. No es nadería, a fe, el reconocerse en lo escrito: el poder decirme, como don Quijote, "yo sé quién soy".

Quizá sea el mío craso error, provocado precisamente por la soberbia, y "yo sé quién soy" signifique de veras y en el mejor de los casos "yo sé quién creo ser, aunque no sea nadie". *La velada en Benicarló* es una farsa, inspirada en la historia; pero la historia deviene drama, donde los papeles trascienden a los actores. Cada vez estoy más cierto de cuanto le aseguré al obispo: este mundo es el infierno de otro planeta. Guardamos vaga remembranza de nuestra realidad de espectros y, a falta de término más justo, llamamos a tal condición "destino".

Cobro plena conciencia de este infierno la noche del 18 de noviembre de 1937. Resido ahora en Valencia, en La Pobleta, desde que huí de Barcelona en mayo. Allí me llevarán de nuevo, mal mediado diciembre, porque nuestra suerte desmedra en la guerra y lentamente nos barren hacia la frontera. Esta anochecida vuelvo a La Pobleta, después de un viaje de seis días

118

a Madrid y su frente. Al despuntar la tarde, comemos en una casita de la carretera de Vicálvaro, donde reside Miaja, jefe del Ejército del Centro, cabe su puesto de mando, en la Alameda de Osuna. Cuando nos sentamos a la mesa, el general pregunta muy serio: "¿Quién ha quitado el bando?" Los oficiales no atinan a dar razón. Comparece un capitán, de gesto impasible. "¿Mandó usted retirarlo?" "Yo no, mi general. No sé nada." "Búsquenlo en seguida." Vuélvese Miaja y me dice: "A lo mejor, se llevaron el bando para que no lo viese el señor Presidente." "¿Para que yo no lo vea? ¿Por qué harían tal cosa?" Trae el capitán una hoja grande, de papel de barba, con sellos y membretes del puesto de mando y la firma de Miaja. El bando tiene dos artículos. El primero prohíbe las conversaciones obscenas durante las comidas; el segundo castiga a los infractores con el pago de cinco pesetas, destinadas "a un fondo de fines benéficos, léase *champagne*". "Con esta gente joven no se puede", laméntase Miaja. "En un almuerzo, recaudé ciento cincuenta pesetas." "¿Lo multaron a usted alguna vez, general?" "A mí no, señor Presidente." "Mantienen ustedes el buen humor. Me parece admirable."

La comida es mucha y apetitosa. Resulta un auténtico reto a la voracidad, bajo la mirada complacida de Miaja. Hay hombres de buen diente; pero Negrín los supera a todos. ¡Qué saque el suyo! ¡Nunca viera nada parecido! Para empezar, devora en un santiamén dos platos de sopa cartuja bien colmados. Háblase de nimiedades, eludiendo tácitamente política y guerra.

A poco me hastío. Miaja nos dice que llama aquel puesto *El mío rinconcín*, a fuer de asturiano castizo. Insiste mucho sobre una vieja petición, que le desoye Prieto. A los postres, entre quesos y frutas, pliégase éste. Firma un papel y se lo entrega. "Vaya, tome usted, Miaja. Me ha sacado otro coche a punta de espada."

Nos levantamos y nos despedimos. Prieto se va a Barajas, para volver a Valencia en avión, aprovechando las últimas luces. Queríamos regresar por Cuenca pero el tiempo mengua y desistimos. Por Alcalá tomamos la carretera de Pastrana y luego, por Tielmes, la general hasta Valencia. Llevo en el coche a Negrín, a Giral y a Rojo, jefe del Estado Mayor Central. Se habla poco y paulatinamente me embebo en el recuerdo de los días pasados en Madrid. El viernes por la noche me alojaron en una de las primeras casas de la colonia del Viso, entre la prolongación de Serrano y el Paseo de Ronda. (No sé cómo puede satisfacer a nadie este tipo de edificio, sin apariencia de hogar, sin ningún muro lleno, sin un rincón donde guarecerse del exterior.) Me durmió la fatiga; pero me despertó a las siete de la mañana el pateo de un centinela, que debía de tener los pies helados. Cesó la lluvia. Nieblas y, hacia poniente, lejanos cañonazos. A las nueve y media, vinieron a buscarme Negrín, los ministros y jefes militares. Fuimos al Palacio de Oriente y evoqué allí las angustias del 20 de julio del año pasado. La fábrica sufrió mucho desde entonces. En el patio principal, sobresalían los destrozos. Se hundió uno de los gran-

120

des pilares de la galería baja y dos arcos, apuntalados, amenazaban ruina. Desapareció la balaustrada que corría sobre los aleros y entraron proyectiles en el comedor de gala y en el antiguo salón del trono. Desde un ventanal, sobre el Campo del Moro, contemplé el frente entre la bruma. La estación del Norte parecía prodigiosamente intacta. Una máquina solitaria humeaba despaciosa por las vías. Verdecía aún parte del boscaje de la Casa de Campo, tan castigado. Dorábase bajo un solo rayo de sol, entre los jirones de la niebla. A la derecha, erguíase la mancha oscura del Garabitas. En el barro se agazaparían, tiritando, los pobres combatientes. Me sobrecogió el silencio. Nada quedaba del antiguo fragor del cañoneo. Ni un tiro, ni un grito, ni una explosión. Quietud de cementerio y de degolladero.

De los recuerdos me distrae Rojo. En la oscuridad del automóvil y en tono de queja, habla de operaciones que se preveían. "Hoy deberíamos estar atacando Sevilla", dice. En el calendario de una ofensiva sobre Andalucía, propuesta por Rojo al Gobierno y celosamente oculta, señalábase esta fecha para la acción. "Los vi a ustedes tan unánimes al rechazarme la propuesta, que no pude ni quise insistir", prosigue dirigiéndose a Negrín y Giral. ¿Contará esto para que yo lo sepa? ¿Supondrá, con acierto, que nunca me informaron? No lo creo. El hombre del espíritu en mí encógese de hombros; pero es todo oídos. Aunque parco en juicios, concluye Rojo: "En la ofensiva que preparan los rebeldes, nos lo jugamos todo. Si rompen el frente y no conseguimos detenerlos, estamos perdidos. Si lo logramos, ganaremos tiempo para pertrechar el ejército. Con mi plan, también nos lo jugábamos todo; pero de salir bien, teníamos la guerra ganada." De pronto, advierto que sus palabras, mi desdén fingido, el silencio de Giral y Negrín, las memorias de aquella tarde y de los últimos días, las voces de Miaja y de Prieto, el pateo del centinela en la acera de la colonia del Viso, la locomotora de la estación del Norte, la paz de las trincheras, los soldados rebozados en el barro, los arcos apuntalados del Palacio, todo está vivo pero a la vez descasado en mi conciencia como en mis libros. Un demente baraja palabras, efigies, sabores y luces en mi interior, a imagen del caos que hoy llamamos presente y mañana historia. Otro mezcla y revuelve hombres, eventos, tiempos, lugares, a semblanza del espíritu. No es más consecuente el mundo que el alma y, por ende, mis escritos, verbosos, confusos y desordenados son perfectamente reales.

A las once de la noche llegamos a La Pobleta. Se despiden todos, menos Negrín, quien demórase un momento en mi despacho para que le firme unos papeles. Laméntase porque anteayer le prohibí radiar mi discurso en el Ayuntamiento de Madrid.

—Era sólo una alocución de circunstancias.

—No, señor. Era bastante más que eso y a mí me gustó mucho. Para otra vez, cuando me mande no difundirle las palabras, le haré caso omiso sin decírselo.

—Gane la guerra y le escribo una arenga que se podrá oír en todas partes. En Madrid pronuncié el sermón ministerial que otros omiten. Negrín, ¿cree usted que la tierra es el infierno de otro planeta?

—No, señor, aunque a veces me siento tentado a creerla el infierno de este mundo —responde sin titubeos.

—¿A veces?

—En algunas ocasiones. Cuando las cosas no pueden andar peor. Luego me sobrepongo y afirmo en la esperanza de que al final venceremos.

—No será cediendo ciudades, provincias y aun regiones enteras, como hacemos desde el año pasado.

—Pues, sí, señor, así será porque hoy por hoy no cabe otro modo.

—La guerra no empeora, porque desde el principio la tuvimos perdida. Lástima de gente que morirá aún, antes de que nos decidamos a admitirlo: hombres como los del hospital de Cuatro Caminos, que vimos el viernes. Les miraba los ojos mientras hablaban y nunca olvidaré la luz que les venía a las pupilas. Si a aquellos heridos los pudiésemos *probar*, como a una moneda contra el mármol, el sonido daría su ley. Morirán por demás, desdichadamente. En Barcelona se lo dije a Del Vayo, refiriéndome a otras bajas nuestras. "Si pensara como usted, me saltaría los sesos", atajó. "Puede intentarlo", repliqué. Y añadí: "No me culpen por tener un espíritu más crítico que los demás." Cuando usted, Negrín, sucedió a Largo, después de la crisis de mayo, me sentí aliviado. Por primera vez en muchos meses, no creía despachar con un muerto. Yo lo propuse para el cargo.

—Muchas gracias, señor Presidente.

—La gratitud no viene al caso. Fue un error inevitable. Me tocó ser agente del destino, y tanto valía proponerle a usted como a otro, porque de hecho estábamos derrotados. Desde mayo, hemos perdido Bilbao, Santander y Gijón. El enemigo cuenta ahora con el Norte y su industria pesada. Ni en Brunete ni en Belchite pudimos distraerle fuerzas para contener su ofensiva, aunque en Brunete perdimos veinticinco mil hombres y cien aviones. Contra lo que imaginan usted y Del Vayo, no predico una moral de derrota.

—Tampoco otra de victoria, que digamos.

—Tanto da una como la otra, Negrín. La de vencidos no sirve para triunfar, ni para sobreponerse al desastre. La fundada en la certeza de la victoria resulta por igual inútil si no se alcanza ésta. De hecho, relájase pronto en cobardía durante la espera. Por otra parte, aun la propia victoria corrompe tanto como la derrota. De hecho, no se puede mantener la zozobra del ánimo entre estos odiosos extremos. Vencer o ser vencido son quizá meros estados mentales. Voy a confesarle algo que no conté a nadie. El otro día estuvo aquí, muy de ocultis, Antonio Machado. Venía, cabizbajo y alicaído, a limosnearme una prebenda para un pariente. No se la concedí, claro, porque no estaba a mi alcance procurarla ni es deber mío sembrar mercedes. Vine a servir, no a regalar. Por lo demás, dicho sea entre nosotros, tampoco gusté nunca de sus poesías. Salvo en sus mejores muestras, trasvinan una cursilería que me exaspera. Al marcharse, sin embargo, me dijo algo difícil de olvidar: "Pronto, para los estrategas, los políticos y los historiadores todo estará claro: habremos perdido la guerra. Humanamente hablando, yo no estoy tan seguro. Quizá la hemos ganado."

—Usted no vino a conferir sinecuras; pero sí a juzgarnos a los vivos y a los muertos, como un dios.

—Algo parecido me dijo Prieto hace meses. Añadió que yo era un emigrado en un canuto. Disparatan los dos, Negrín. Sólo pretendo convencerlos de que la guerra está militarmente perdida, sobre todo después de la caída del Norte, y sólo cabe resistir, no para vencer, sino para entablar tratos que puedan acortarla.

—¿Con el enemigo?

—Con el enemigo, en cuanto resulte hacedero.

—En su arrogancia, señor Presidente, le place saberse aislado por su pesimismo, en vez de compartir la moral ajena. Consúmese usted en la soberbia del escritor solitario. No es éste el diagnóstico del político, que lo soy a la fuerza, sino del médico que soy por vocación. La soledad pudo afinarle el espíritu pero le reblandeció el ánimo. De tentaciones como las suyas, me curo yo siempre visitando el frente y huyendo de la charca de la retaguardia.

—Yo no persigo un placer estético sino una razón política. Por lo demás, resulta dudoso que esté solo en mi actitud. Si pudiese hablarle de veras al pueblo y exponerle mi criterio, algo naturalmente vedado por razón de mi cargo, más gente de la que usted presume compartiría mi parecer. Andando el tiempo, cuando seamos sólo nombres de un pasado triste, quizá otros acuerden que yo tenía razón, si mis opiniones, hoy secretas, me sobreviven para ser divulgadas.

—Vuelve a devorarlo el orgullo. Yo, que nunca lo tuve, como no sea altivez el admitirlo, y disculpé las mayores pasiones propias y ajenas, me escandalizo ante su arrogancia. Nos batimos por la libertad y por la justicia, mientras usted piensa en editar sus memorias.

—¡Vayamos por partes, Negrín! —se eriza y grita en mí el hombre de la carne, antes que el del espíritu lo atempere—. Usted y yo no luchamos, a no ser con palabras, que no matan aunque a veces sobrevivan a los hombres. No imprimiré *La velada en Benicarló* mientras sea Presidente de la República, ni publicaré mis diarios sino a título póstumo. Muerto, sí me gustaría se difundiesen. No para transmitir mensajes, que yo no los tengo, sino para precisar mi patrimonio moral.

—¿*La velada en Benicarló*?

—Es un diálogo, con personajes reales, de nombres imaginarios. En dos de ellos me reparto yo, aunque éstos no siempre coincidan, como a veces desacuerdo conmigo mismo. Marón es Ossorio allí, y Pastrana, Prieto. Barcala tiene mucho de Largo Caballero, o, al menos, del Largo de entonces. Escribí *La velada* en Barcelona, poco antes de la insurrección de mayo. No es el fruto de un arrebato fatídico. No es un vaticinio. Es una demostración. Exhibe, de forma polémica, juicios muy pregonados y otros, como los míos, inaudibles hoy, pero de soterrada corriente.

—¿Por ejemplo?

—Por ejemplo, ésta es la lucha del hambre contra el miedo. Quizá sea mejor hambrear que temer, porque el hambre enflaquece y el miedo enloquece. Aquél puede incitar al delito, éste a todas las bajezas. Por otra parte, el odio engendra el miedo y el hambre engendra el odio. No cabe otra respuesta a la pregunta que me atormenta desde el principio de la guerra: ¿por qué nos perseguimos con tal saña? ¿Qué nos hicimos unos a otros para aborrecernos tanto?

—Degollarnos sin piedad.

—Esto ahora, pero ¿y antes? En otras palabras, ¿cómo llegamos a esta matanza? La respuesta está en el odio, en el hambre y quizá en el miedo.

—El señor Presidente lo sabrá con certeza.

—Posiblemente mejor que nadie, pues temí como pocos en este drama. En Barcelona, en mayo, y en Madrid, en julio del año pasado, creí que el pánico me baldaba la razón. Mi espanto personal carece, sin embargo, de importancia. De hecho, desdéñalo la mitad de mi ser. A los hombres como yo se nos acaba el mundo. Sobramos por doquiera y el proceso de nuestra ejecución no es relevante. En apariencia hacemos la historia; pero en verdad nos limitamos a padecerla, hasta que, hastiada del juego, nos destruya. De todos modos, quizá las palabras nos sobrevivan, como dije antes.

—Mucha fe tiene Su Excelencia en su comedia.

127

—En *La velada* muy poca; sólo en las verdades mías, que en ella enquisté. La pieza ni siquiera es representable. No hay actor que alcance a fingir allí su papel. Únicamente los auténticos protagonistas podríamos recitarlos. No sería mala idea hacerlo ante las Cortes en su próxima reunión.

—Lamento no tener parte en su farsa.

—La tiene, Negrín. Si no en aquélla en otra que ahora mismo estamos viviendo. A veces soñé que estos debates nuestros, a solas, no eran sino teatro: un drama representado por los dos ante la eternidad, donde usted repetía siempre: "Resistir es vencer", y yo replicaba: "Vencer es mentir."

—Muy ingenioso —replica despectivo. Ojea la estancia, como para cerciorarse de la soledad—. Casi me convenció usted de la inexistencia de todo, salvo nuestras voces. Bien, sólo lo opuesto resulta ser cierto, señor Presidente. Nuestras palabras son completamente irreales y, aunque le pese a su altivez, no están llamadas a sobrevivirnos. El mundo, en cambio, existe y dista de ser el infierno. Es la vida y la muerte: la realidad de espaldas a la cual escribe usted falso teatro, para no ser representado. Yo no garrapatearé jamás una cuartilla sobre estos años malditos. Me avergonzaría hacerlo por tratarse de una guerra civil en mi propio país. Por hombre, además, me colma el vivirlos, ¿comprende?, vivirlos de lleno en su horror y en su gloria. Esta tarde, en casa de Miaja, se escandalizaba usted al verme comer. Le atisbé el gesto de asco y desprecio ante mi voracidad. De hecho, estuve moderado. Puedo embocar más aún, vomitarlo todo y volver a engullir a dos carrillos, sin empacho ni reparo. Más se horrorizaría si me viese en la cama, con cualquiera de las mujeres que no dan abasto a otras hambres mías: la de la carne y la de la lengua. Mienten o se engañan, no obstante, quienes me juzgan sólo un hedonista. Por hombre y por médico, el dolor ajeno me conmueve tanto como el propio placer: más aún, si cabe. Nunca me siento más auténtico que en las visitas al frente. Hablo de las verdaderas, no del retablo que montamos para que Su Excelencia no se embarrase los pies. Hablo de viajes del todo inesperados, a la primera línea y a los hospitales de sangre, casi siempre improvisados. Hablo de mis ropas, que al regreso hieden aún a formol y gangrena. Mi mujer, que me aborrece, se apiadó de mí cuando me sorprendió sollozando a la vuelta de las trincheras. "Lloras —me dijo— como si lo hicieses por el mundo entero." Era cierto. A usted sólo puedo jurarle una cosa: tanto sufrimiento no será en vano. Quizá seamos el único pueblo que se clava a sí mismo el propio aguijón; pero del padecer común saldrá a la fuerza una nueva solidaridad.

—¿Dónde está la solidaridad? No la he visto en parte alguna. La casa prendió por el tejado y los vecinos, en vez de ayudarse a sofocar el incendio, empezaron a desvalijarse los unos a los otros, a llevarse cada cual cuanto podía. Vivimos la disociación general, el asalto al estado y la riña por sus despojos. Clase contra clase, partido contra partido, región con-

129

tra región. Nuestro cabilismo estalló con más fuerza que la misma rebeldía y nos partimos por todas las fisuras. Liberóse un instinto de rapacidad egoísta, que asía cuanto representa un valor económico, político o simplemente una ostentación. Las patrullas que abren y saquean un piso no son de distinta calaña a la de quienes usurpan las funciones del Estado. Apetito rapaz el nuestro, azuzado por la petulancia de creerse superior, con más luces y mayores derechos. Todos quisieron llevarse su pedazo de queso, de un queso que tiene entre sus dientes el enemigo. Cuando empezó la guerra, cada provincia, cada ciudad, acudió a hacerla a su modo y manera. Barcelona pretendía conquistar las Baleares y Aragón. Vasconia reclamó Navarra, Oviedo, León. Málaga y Almería reivindicaban Granada. En el fondo, provincianismo y frivolidad inconscientes, mezclados muchas veces con la deslealtad y la doblez ante el Estado inerte. La Generalidad se alzó con todo. El improvisado gabinete vasco hacía política internacional. De mejunjes, comistrajos y enjuagues salieron los gobiernillos de Valencia y de Santander. Aragón tuvo su consejo. Cada cual pensaba en la salvación propia, sin reparar en la obra común. En Valencia, los pueblos montaban grandes guardias, detenían el tránsito, devoraban paellas, pero no iban al frente, cuando estaba a quinientos kilómetros. Los catalanes hicieron estragos en Aragón. La supuesta conquista de Mallorca fue una de las aberraciones peor improvisadas. Prieto ha hecho público que mientras en Madrid no había aviones de caza, los obreros del taller de reparaciones de Los Alcázares se negaban a prolongar la jornada y a trabajar los domingos. En Cartagena, después de los bombardeos, los operarios abandonaban el trabajo y la ciudad en hora temprana, para esquivarlos. Valencia estuvo a punto de recibir a tiros al Gobierno, porque temía que su presencia los atrajese. Nuestra desunión es inmensa. Usted pretende que la olvide y encima me apiade de sus lágrimas.

—Es usted injusto. Antes me dijo que el odio engendra el miedo; pero en su caso ocurre lo opuesto. El pánico lo lleva al rencor absoluto. Un encono tan grande desconoce la justicia. Mucho de cuanto dijo no dejó de ser cierto en su momento; pero el actual Gobierno lo ha corregido. Conseguimos la unificación del ejército y salvamos a Madrid, donde el frente se halla estabilizado. Si detenemos la próxima ofensiva, o mejor aún nos adelantamos a ella, puede ganarse la guerra. En su pesimismo total, descarta usted aposta nuestro espíritu de sacrificio. Mayores y más abnegados esfuerzos serán aún precisos, lo reconozco; pero la capacidad de desprendimiento del pueblo es infinita.

—Palabras, palabras, palabras. Habla usted como si tuviera la omnipotencia en la mano y la eternidad por delante. Olvida que todo es limitado y temporal a la medida del hombre. Nada lo es tanto como el poder. Ésta es la lección de Segismundo, quien se decide por la prudencia en el mando para no despertar otra vez en la cueva. Quisiera creer que el mismo ideario gobernó mis actos en negocios políticos. Prefiero esta prudencia a las nociones cristianas de expiación y renuncia que viene usted a imponerme.

—No hablaba de mi sacrificio, sino del desprendimiento del pueblo para aceptar el suyo.

—Es cierto. De usted me contaba sólo sus vomitonas y los refocilos. Gula y rijo por un lado, entrega e inmolación por otro. Me consta la existencia de aquéllos en usted y la presteza del pueblo, de cualquier pueblo, para asumir éstas en tiempo de prueba. Todo muy ardiente y visceral. Lo que usted llama realidad sólo puede ser pensado, medido y ordenado por la razón. La moderación, la cordura, la prudencia, intrínsecamente razonables, derivan del conocimiento de la realidad, no de un proceso inhibitorio ante la misma. Por lo demás, predico en desierto. Estoy convencido de que tanto su caletre como el de nuestro pueblo malcasan con la evidencia.

—¿Qué evidencia, señor Presidente? ¿La de la infalibilidad de su juicio?

—La de estar militarmente perdidos. Retuvimos a Madrid el otoño pasado; pero una guerra no se gana sólo resistiendo, aunque usted proclame lo contrario. Carecemos de capacidad ofensiva, Negrín. Se ha comprobado una y otra vez, en nuestros ataques mayores, que empiezan siempre bien para empantanarse en seguida. Así ocurrió en junio, en la batalla de La Granja y en Huesca; en julio, en Brunete; en agosto, en Belchite. Por falta de conocimientos, de experiencia y de decisión, siempre a cargo de los mismos mandos, se desaprovecha la sorpresa y pierde un triunfo. Ahora, caído el Norte, los rusos siguen retirando ayuda y personal. El pacto de no intervención nos veda otras fuentes. ¿Cómo podemos proseguir su política de resistencia?

Encógese de hombros y pónese en pie. Como de costumbre, esquiva lo incontrovertible. El reloj de caja da las horas en un rincón. Medianoche es sonada con campanilleos precisos. La lámpara arranca reflejos de la lenteja del péndulo. Toma el *Caín*, de Byron, de mi escribanía. Lo sostiene un momento en la palma y déjalo luego junto a la luz.

—Leí este libro cuando me doctoraba, en Alemania —me dice en tono de quien se abisma en viejas memorias, largos años olvidadas—. Me aburrió entonces y sólo recuerdo una idea, entre tanto verso blanco. Con Cuvier, suponía el mundo Byron creado varias veces, para renacer siempre de su destrucción. Quizá sea cierto, aunque científica y filosóficamente resulte rebatible. Si bien mi preparación médica me hizo materialista, concedo una importancia primordial, decisiva, al factor sicológico. Tentado me siento a creer vivimos ya estas horas en un remoto ayer. También entonces, como ahora, parecían perdidas República y guerra; pero al fin triunfamos.

—¿Cuándo y cómo?

—No lo sé todavía. No revivimos aún la victoria. Entre tanto, sólo cabe resistir y esperar.

Se marcha sin decir más, sin despedirse. Estoy rendido; pero no encuentro ánimo en mí para acostarme. La noche es alta, toda sosiego y profundo silencio.

He vuelto a anteayer y al Palacio de Oriente. Visito más dependencias. Negrín se empeñó en que firmase unos decretos. No sé qué importancia atribuirá el quimerista a la circunstancia. Hallo un instante inesperado para hablar con Giral a solas. Desde hace tiempo, ensayo en vano la mediación de las democracias en esta guerra. Con tal propósito despaché a Bosch Gimpera, el rector de la universidad de Barcelona, para otorgar poderes reservadísimos a Ossorio y a Azcárate, nuestros embajadores en Bruselas y en Londres. Un año escolóse desde entonces, perdido en inútiles secreteos. Más no obtuvo tampoco Besteiro de Eden, cuando habló con él, por encomienda mía, en la coronación de Jorge VI. Azcárate, llamado por el Consejo, me había pedido audiencia para el día 12. No compareció. Giral me cuenta que Negrín le aconsejaba demorase la visita y desplazarse a París, exigido allí por el tránsito de materiales. "Creí traía cosas importantes. ¿Ocurre algo?" "No, señor, nada." "¿Y de las gestiones sobre el alto el fuego?" "No ha encontrado el menor resquicio para ello", susurra Giral. De pronto, piérdese en ramosa disquisición acerca del daño que nos causan, en el extranjero, los rumores de cercano armisticio. "Lo del armisticio sé muy bien que es una patraña. Pero ni en eso, ni en nada, podemos guiarnos del propósito de no desanimar a los amigos del exterior. Peor sería que hubiesen ustedes de solicitarlo y no lo obtuvieran. Debemos avivar esas gestiones antes que todos nos abandonen. Inglaterra nombró ya enviado comercial cerca del Gobierno de Franco."

134

Salimos de Palacio. Corrióse la voz de mi llegada y se agolpan los curiosos. Me llaman por mi nombre, aquel que ahora olvidé para siempre. Por la calle de Bailén vamos al barrio de Argüelles, que parece allanado por un terremoto. A la izquierda de la calle de la Princesa hay manzanas enteras destruidas. Entre sus ruinas, púdrense cadáveres y en las pocas casas indemnes, entre los escombros, vive aún la gente. Pasada la Ronda del Conde Duque, la calle recobra apariencia normal. Mucho tránsito, quizá más que en el centro, tranvías, tiendas abiertas, vendedores ambulantes. ¿Qué demonios venderán? Giral me cuenta que ciertas delegaciones extranjeras preguntan si es posible comprar aún castañuelas, mantillas, estoques y panderetas. Se puede. Alguien asegura entonces que los calamares fritos son plato de moda en toda Europa. "¿Por dónde se abastece Madrid?", pregunto. Lo hacen por ferrocarril hasta Aranjuez y desde allí por carretera, en camiones. Miro, remiro, recuerdo, me estristezco. Transita por las calles un reguero gris, desaliñado.

Los recuerdos rompen como olas en mi fatiga. Aquiétanse poco a poco. Piérdense en escurriduras. Resuelvo no confiar a mi diario el debate de esta noche con Negrín. ¡Habrá tantas entradas con nuestros pleitos! Ignoraba que hubiese leído *Caín* y se sintiera tentado por los renuevos del mundo. Hay en él un fondo infantil que me irrita y asusta. Hay también un pesimismo oculto, del cual ni se percata en su inconsciencia. Esa creación, siempre repetida e igual a sí misma, es el perfecto determinismo: la ausencia de todo albedrío. No obstante, me siento ahora desplazado a un porvenir que me sobrevive. Parte de mí se mantiene en el presente, como en un estribo roto; el resto contempla, entre sobrecogido y embeleñado, un mañana que no alcanzaré.

Dentro de treinta y cinco o cuarenta años, alguien escoge mi vida como una existencia que fuese un mundo, y escribe un libro con mi nombre, visto y sentido desde mi interior. Ese alguien, a quien nunca conoceré, toma incluso retazos de mis diarios, de *La velada en Benicarló*, de mis discurso, y los reproduce como si fuesen calcomanías: trasiegos de la realidad vivida a la ficción. Mi cronista no está siempre de acuerdo conmigo. A veces acordará con mis interlocutores (quizá lo haga esta noche con Negrín); a veces discrepará de ellos y de mí, como yo disiento en ocasiones de mí mismo. Es el lector paciente que yo reclamaba en lo futuro para mis papeles. Pero acaso sea bastante más: mi hermano y mi verdugo. Por hermano, comparte conmigo la existencia revivida. Por verdugo, centra su libro en mi agonía. Su perspectiva me parece tan obvia como justa. Con la vida, padreando en el mundo o en los libros, damos la muerte. Hacerme renacer, aunque sea en una fábula, es obligarme a morir de nuevo. El hombre del espíritu se resigna despectivo. Estremécese, en cambio, el de la carne. Tiembla como si esta muerte novelada fuese otra, bien real por cierto, que quizá me aguarde en Barcelona. Muy pronto, en cuanto mi residencia esté dispuesta, allá regreso con el Gobierno. Cambio de decoración, creo que para el último acto. ¿Estará también *escrito* por mi cronista que esta tragedia mía se desenlace precisamente donde más sufrí, en Barcelona? Quizá no; pero a quien de alacrán está picado, la sombra le espanta. Si tal fuere el caso, sólo cabe callar y conformarse. Punto final, hermano, que el resto es silencio.

Evito los ojos quietos de Julián Borderas y miro la calle, donde llueve de nuevo. Camino de la catedral, pasan presurosas dos monjas, cogidas del brazo bajo uno de esos paraguas grandes, de hortelano francés. Les sonará la lluvia en las cofias almidonadas, como repica en la ventana. Suenan también los yunques de la herrería; pero más bajo que antes, como humedecidos y ablandados. Dijérase que la lluvia traspasa el mundo en estas tardes grises. La siento en los mismos huesos, astillados y estremecidos; en el hongo y el añublo del alma, que crece con el musgo de los muros: musgo verdino, de un matiz casi luciente en la atardecida. Contemplándola, callamos Borderas y yo. Fuma él su pipa, despacioso, reflexivo. Yo entrecruzo las manos sobre la frazada que me abriga las piernas.

—Me equivoqué —le digo—. Creí mi destino sucumbir en Barcelona, pero vine a acabar en este hotel de provincias. Casi lo prefiero, si lo inevitable no se demora, pues el Gobierno de Vichy se desvive por sepultarme. En la espera, me encierro en esta alcoba,

138

con la esperanza de que tenga la delicadeza de morirme de hastío.

—Luis Rodríguez, el enviado mejicano, prosigue las gestiones para trasladarlo a su embajada. Me lo atestiguaron por diversas fuentes, señor Presidente.

—También le contarían entonces por qué registro salióse Pétain la última vez. "No se preocupe usted tanto por estos republicanos españoles —propuso a Rodríguez *Monsieur le Maréchal*—. Su suerte es justa. Cuando el barco se hunde, las ratas se ahogan." Me lo contó Negrín en Pyla y atestiguó luego el propio embajador.

—¿Qué repuso Rodríguez?

—A su decir, replicó que en Méjico la mayoría de sus compatriotas tenían sangre de tales ratas. El mariscal quedóse perplejo. Se le había olvidado la circunstancia. En fin, dejemos esto. No critico a quienes me albergaron, aunque no puedan aguardar la muerte de un anciano, como diría Aníbal. ¿Quiere usted encender la luz, Borderas? Con la mollizna, se anticipó la noche.

Obedece a la chiticalla. Ni aun los pasos se le oyen en la estancia. Muy alto y fornido, un perfil preciso, como acuñado en doblas. Es socialista y terminó la guerra de comisario de ingenieros, según creo. El año 30 estuvo con Galán en su intentona fallida para traer la República. Habla quedo y mira alto, siempre a los ojos. Negrín, en cambio, me rehuía el encaro, como si en las niñas tuviese yo púas. En La Bajol, la tarde que fui a la mina de talco con Rojo y Cipriano, nos cruzamos de pronto con Borderas en un recodo del sendero, apenas emboscados. Andaba solo, las manos a la espalda, entre endrinos y zarzales. Nos miró de hito en hito, inclinóse un poco, prosiguió la paseata sin despegar los labios. Rojo me dijo quién era, y añadió que tenía la mujer presa en la otra zona. Yo lo conocía sólo de nombre. Cipriano citó leyendas, según las cuales había creado Borderas, que es sastre, la enseña de la República.

Al dar la luz, repara en la bandera del batallón presidencial, que en La Bajol me entregaron al despedirlo. Ayer la mandé clavar en la pared, sobre las monterías inglesas y bajo la lámpara.

—Era la insignia de mi batallón, Borderas. La guardo desplegada, hasta que me sirva de mortaja. Es fama que usted le inventó los colores.

—Quizá, señor Presidente —sonríe y me pide licencia para prender la pipa. Se la doy con un gesto. Aun en la guerra exigía a los militares guantes blancos en las audiencias. Todo ello es historia, agua pasada por los ojos ciegos de los puentes, de cuyo runruneo me distrae Borderas—. A mediados de octubre de 1930, Fermín Galán me pidió en Jaca tres banderas republicanas, bajo las cuales pensaba alzarse contra el rey. Nadie conocía los colores. La enseña de la primera República era la bicolor, sin la corona ni la flor de lis en el escudo. Alfonso Rodríguez, a quien todos en Jaca llamábamos Alfonso *Relojero*, conjurado con nosotros, tenía una medalla conmemorativa de la República, acuñada en Cartagena. La cinta era roja, blanca

140

y morada. Averigüé entonces que la banda de los ediles de Madrid llevaba precisamente los mismos colores; pero uno de ellos, también en tiempos de la primera República, propuso sustituir el blanco de los Borbones por el amarillo. No pude investigar más, porque el tiempo urgía, y escogí el rojo, amarillo y morado. Encargué las banderas de algodón y seda, y con ellas sublevóse Galán, en diciembre. A los dos días del fracaso, *El Debate* preguntábase escandalizado de dónde había salido la absurda enseña. El artículo, de hecho, vino a popularizarla.

Calla de nuevo y cada cual enciérrase en su silencio. Él, sumido en no sé qué rumias; yo pensando todavía en la bandera. Me asalta el presagio supitaño de que, en fin de cuentas, no podrán enterrarme arropado en sus pliegues. Lo prohibirá el Gobierno de Vichy, estoy cierto de ello. Aun este último afán me será negado. Para el caso poco importa. Pronto me encararé con la eterna tiniebla. Se me antoja más cierta que todos los colores del mundo, incluido el de la sangre. No comprendo por qué el obispo se empeña en creer en la otra vida, cuando es tan fácil descreer en ésta. El hombre del espíritu no lo alcanza, al menos. El de la carne acaso lo entienda demasiado bien y de ahí su angustia y su pánico. De pronto, me sobresaltan la sirena de una fábrica y el concierto de la lluvia en los cristales.

—Borderas, nos vimos una tarde, en invierno del 39 y en un camino de La Bajol. ¿Lo recuerda?

—Perfectamente, señor Presidente. Iba usted con Rojo y con su cuñado.

—A los pocos días, el 5 de febrero, que era domingo, entramos en Francia de madrugada. Negrín nos acompañó hasta Las Illas. Allí, de súbito, me abrazó inesperadamente al separarnos. Lo sentí temblar debajo del abrigo, sin enternecerme. La idea de no volverlo a ver era el único alivio en aquellas circunstancias. De todos modos, me equivocaba. La antevíspera de mi venida a Montauban, compareció en Pyla-sur-Mer, cuando los alemanes ya estaban a las puertas del pueblo. Venía a ofrecerme un puesto en un bote, para huir a Dover aquella noche. Sólo uno para mí, pues más no cabía en el lanchón. Rehusé, para no separarme de mi mujer; pero me conmovió su desvelo. Al despedirnos, sin embargo, me espetó, en voz baja: "Debes saber que te he detestado siempre. Nunca aborrecí a nadie como a ti, porque nos has perdido. Espero se salven los tuyos, pero a ti te fusilen." Estoy convencido de que decía la verdad.

—También la decía cuando se ofreció a llevarlo a Inglaterra.

—No me cabe duda. Negrín era un ser dostoievskiano: capaz de entregarse a las pasiones más dispares, a la vez y con igual sinceridad. "Es un Karamazov", afirmaba Besteiro, indignado con él, poco antes de la caída de Cataluña. Le pregunté cuál, y ya no supo responderme. Me contó, sin embargo, que, pocos días antes él, Besteiro, había dicho ante la Ejecutiva del partido socialista que Negrín era un comunista, introducido en sus filas como el caballo de Troya. Luego lo sostuvo ante el propio Negrín. Éste se rió y mostróse la mar de afectuoso.

—Negrín y Besteiro se abominaban. De hecho, Negrín, que en el fondo era incapaz de odiar, sólo tenía dos fobias: Besteiro y Jiménez de Asúa —pausa la voz, de suyo tan queda, y dícese a modo de inciso—: Es extraño, señor Presidente, hablo de todos ellos en el pasado, como si hubiesen muerto. Por otra parte, sus recuerdos permanecen tan diáfanos como si cobrasen vida. ¿Le ocurre a usted algo parecido con las memorias?

—No me sucede otra cosa, Borderas.

—A fines de abril del 38, visité la División 43, cercada en el valle del Alto Cinca, de espaldas a Francia. Beltrán, *el Esquinazado*, su comandante, era paisano y amigo mío. Estuvimos juntos en la revuelta de Galán, y juntos escapamos de Jaca, en julio del 36. Iban conmigo a verlo Negrín, Rojo y Máximo de Gracia, el comisario de la división. El viaje nos llevó por los Pirineos franceses, ya muy nevados, a pie y a caballo. Negrín devoraba como un energúmeno y cada mañana, desnudo de cintura para arriba, se hacía arrojar cubos de nieve helada al pecho descubierto, para vigorizarse. Nunca olvidaré la escena: De Gracia tirándole la nieve con todas sus fuerzas, a cubos llenos y Negrín, los puños en la riñonada, riéndose a voz en grito, en aquellos riscos y bajo aquel cielo, que desojaba de azul y de ancho. Había algo de estremecedoramente bárbaro y puro en la estampa: de inocencia animal anterior a la propia existencia del hombre.

—Su inocencia no le impidió urdir mi secuestro en la retirada de Cataluña. Me consta, aunque no pueda ni me importe probarlo. El miércoles, primero de febrero, llegué a La Bajol desde el castillo de Perelada. Antes, Martínez Barrio, quien aún presidía muy orondo las Cortes errantes, me aconsejó refugiarme en Massanet, un pueblecito de aquellos andurriales. Mandé al coronel Parra, jefe entonces de mi batallón presidencial, a reconocerlo. Volvió indignado aquel mismo miércoles, de madrugada. "Allí no puede estar usted de ninguna manera —me dijo—. La casa que le ofrecen es un gran corral, con dos habitaciones y al que se llega por un sendero de fango. El pueblo, a catorce kilómetros de la frontera, no tiene salida. Su destacamento de carabineros es todo un batallón, mandado por un hombre de íntima confianza del doctor Negrín. No vaya usted."

—Para entonces, ya estaban Negrín y Rojo aposentados en Agullana, debajo de La Bajol.

—Negrín en aquel manso, monte arriba. Rojo, con su estado mayor, en una casa que parecía el desvarío modernista de un nuevo rico. Brindóse a desalojarla para mí, no sin reservas: "No se lo aconsejo a usted. El enemigo ya sabe que estamos aquí. La casa se ve demasiado, y no tardarán en bombardearla." Negrín sugirió La Bajol, la última aldehuela antes de entrar en Francia. A Rojo se le ocurrió ofrecerme los furgones del estado mayor. Eran tres y bastante buenos:

uno para cocina, otro para despacho y el último un
vagón con literas. De anochecida, subimos al pueblo.
Parra encontró una casa de dos pisos y ocho metros
de lado, donde se cobijaban dos médicos y un oficial
de carabineros. Canjeamos casa por furgones, con buen
agrado por su parte, y allí estuvimos hasta el domingo.

—La casa era a la salida de la aldea, junto al sendero donde me crucé con Su Excelencia.

—Exactamente. Cerca de allí y en un repecho del
monte, había una gran masía, llamada Can Barris,
donde alojábase una fuerza de carabineros. Custodia-
ban, según me dijeron, los cuadros ocultos en la mina
de talco. Otro destacamento, con servicio y mando in-
dependientes, ocupaba La Bajol. El miércoles por la
noche recabé del jefe del Gobierno la orden de que
desalojasen pueblo y masado, para instalar allí mi
guardia presidencial. El jueves por la mañana, además
de seguir en su sitio los carabineros, se les unía el
batallón de Massanet, recién llegado. Su comandante
no se presentó como debía y Parra dio con él, dormido a pierna suelta en una casa. Llamé a Negrín a
La Agullana. No sabía nada. "Pero usted es el jefe
de esas fuerzas. ¿Quién y por qué las ha enviado aquí?"
Repuso que les ordenaron abandonar Massanet; pero
no trasladarse a La Bajol. "¿Quiere usted hacerme
creer que a una unidad militar le mandan evacuar
un pueblo sin señalarle destino?" Prometió enterarse.
"¡No basta que se entere! —chillé—. Es preciso que se
vayan inmediatamente. No los necesito aquí. Lo que
debe usted hacer con sus guardias es poner retenes

en los caminos que parten de la carretera, para evitar que la riada de fugitivos se desvíe hacia aquí."

—Con los fugitivos nadie sabía qué hacer —dice en voz baja Borderas—. En una reunión que tuvimos en La Agullana, el 8 de febrero, cuando usted, señor Presidente, ya estaba en Francia, Negrín contó las gestiones de Del Vayo, para acoger cincuenta mil hombres. Francia no esperaba más y de ahí los campos de concentración, en las playas alambradas.

—El viernes, al levantarme, supe llegado al pueblo otro destacamento: cincuenta guardias de asalto, esta vez con su teniente. Lo interpelé a gritos. "¿Qué hace usted aquí?" "Me ordenaron ocupar la aldea." Negrín, como de costumbre, nada sabía. Harto de querellarme con él por teléfono, mandé un ayudante a Figueras. En el ínterin, la misma mañana, subieron a La Bajol Martínez Barrio y don Mariano Gómez, Presidente del Supremo. "Usted como eventual sucesor mío y usted como alto dignatario del Estado deben enterarse de mi situación. Estoy a merced de estas gentes. El verdadero Presidente de la República o, mejor dicho, el dueño del Presidente de la República es el comandante de este batallón de carabineros." Los dos se impresionaron mucho. Ignoro qué gestiones llevarían a cabo; pero por la tarde empezó el relevo de aquellas fuerzas por las mías. Al anochecer había concluido y a la tardecica me visitó Rojo, en un respiro de sus agobios. Concerté un paseo con él y Cipriano. En la senda que lleva a la mina, nos cruzamos con usted. Rojo me dijo quién era.

—El señor Presidente parecía más contrariado que afligido.

—Lo estaba. Rojo me dijo que pronto tendría que huir por el puertecito de la montaña. La carretera de Francia iba obstruyéndose poco a poco. Al éxodo contribuía entonces el repliegue del ejército, pues dábase por inminente la caída de Gerona. Aquella oleada humana me hubiera expuesto a serios peligros, al decir e insistir de Rojo. Por otra parte, me desagradaba escapar por el monte. Prefería marcharme, en el coche oficial, con mi séquito. No me concedieron este modesto deseo.

—¿Aquél día se decidió su salida?

—Al siguiente, por la mañana. Fueron a La Bajol a anunciármela, para el alba, Rojo y Negrín. A la vuelta de la masía, donde por la tarde despedí a mi tropa, los hallé en la casa, sentados en un banco de pino ante la lumbre. Invité a Rojo a exponer la situación y habló más de una hora. Había caído Gerona. No teníamos más línea de contención que la establecida ante Figueras, desaparecida a trechos, con anchos boquetes en la defensa. Estábamos sin industria, sin aviación, sin red hospitalaria, sin zona de maniobras posible, a merced de la aviación adversaria. El enemigo podía alcanzar Figueras cuando le apeteciera, según la rapidez de su avance. Quizá lo demorara un tanto, para dar tiempo de entrar en Francia a los huidos. Conseguiríamos defendernos cuatro, ocho, acaso veinte días extremando los sacrificios; pero la derrota era inevitable.

—¿Qué dijo Negrín a todo ello, señor Presidente?

—Negrín callaba. Arrebujado en su impermeable con ferreruelo, de codos en las rodillas, la cabeza humillada y como entelerido, miraba el fuego y arrancábase, en el sobo de las manos, un seco y desagradable crujir de huesos. Deduje yo entonces un argumento al alcance de un niño. Acumulado el poder ofensivo del adversario en Cataluña, la Zona Centro Sur no pudo realizar ninguna operación para distraerlo, salvo el ataque a Extremadura, falto incluso de municiones. Concluida la campaña de Cataluña, poco tardaría en caer aquella zona en cuanto se revolviesen contra ella las fuerzas aquí concentradas. Rojo estuvo de acuerdo conmigo.

—¿Y Negrín?...

—Habló por último sin mirarnos, siempre de cara al fuego, que aromaba la casa con resinas sangradas. "Todavía tenemos recursos para resistir —protestó—, pero cuando un pueblo no quiere defenderse, no hay nada que hacer, como afirman ustedes." Le aconsejé que reuniera al día siguiente, allí o en Francia, al Consejo de ministros y los altos mandos del ejército, para que Rojo les expusiese el mismo informe. Rojo se avino a repetirlo y el propio Negrín asentía a cabezadas. Recuerdo aún, sílaba por sílaba, las reconvenciones que le hice entonces. Después de escuchar al general, el Gobierno adoptaría una resolución y él, Negrín, me la comunicaría. Yo podía conformar con lo dispuesto o rechazarlo. Tal era mi prerrogativa oficial. No obstante, aconsejaba pedir los buenos oficios de Francia e Inglaterra, para obtener la suspensión de las hostilidades y concertar condiciones de paz, de carácter estrictamente humanitario, que avalasen la salida de los jefes y oficiales del ejército, de los políticos y los funcionarios más comprometidos y amenazados. Lo recuerdo muy bien, pues lo repetí muchas veces, aun después de irse Rojo, en la otra hora larga que Negrín pasó conmigo para ultimar el salvamento del tesoro artístico. Prometió cumplir mis consejos, pero todo quedó en agua de borrajas.

—Tres días después de marcharse usted, señor Presidente, la mañana del 8 de febrero, que era muy soleada por cierto. Negrín juntó algunos mandos y comisarios de los ejércitos, en su casa de La Agullana. Allí estaba Rojo, jefe del estado mayor central; Jurado, que acababa de sustituir a Sarabia, al frente de los ejércitos de la región oriental; el coronel Perea, del ejército del Este; Modesto, de los ejércitos del Ebro; Hidalgo de Cisneros, de la aviación; el coronel Fuentes, de artillería; Patricio Azcárate, de ingenieros y de los comisarios, Delage y yo, que lo era también de ingenieros. Negrín abrió la reunión para conceder en seguida la palabra a Rojo, quien expuso el desastre, sin repulgos. A su juicio, carentes los mandos políticos y sindicales de conocimiento militar para resistir cuando aún era posible, abandonaban a sus soldados. La batalla de Cataluña, sin embargo, estaba irremediablemente perdida. Él, Rojo, ofrecíase para irse a donde lo mandaran; pero consideraba al Centro falto de aviación, artillería y vituallas. Si el enemigo atacaba, lo detendríamos allí ocho días escasos.

—¿Cómo acogieron su informe?

—Cada vecino cobijaba en su silencio, como el mochuelo en su olivo. Pregunté entonces a Rojo si había revelado al Gobierno la magnitud de la catástrofe. Repuso que sí, con aire de destemplanza que le alumbraba los anteojos. Terció Negrín, afirmando no era aquél momento para disquisiciones de tal naturaleza. Modesto se arrancó entonces con su dejillo de Andalucía la Baja: "Cuando hazta lo niño de doz año, ce llaman hijo de Negrín, hay que extremá la reziztencia en la Zona Centrá, que puede modificá aún la situación generá." Más no hubo, pues en aquel instante telefonearon a Rojo que el enemigo estaba entrando en Figueras. De haber tenido un revólver (no lo llevé nunca en la guerra), imagino que mato a Negrín, injustamente quizá, pero lo mato. Aquella misma tarde, por consejo de Rojo, entró él en Francia por Le Perthus. Modesto y yo lo hicimos al día siguiente por Cerbère. En una revuelta de la carretera de Port-Bou, que repecha sobre el mar y una sima abierta a pico, detenía el tránsito un camión averiado, que un mozo como de dieciocho años se desesperaba en reparar. En su impaciencia, Modesto lo asesinó de un pistoletazo. Quedó allí tendido, las piernas abiertas y la cabeza partida, bajo unas gaviotas que aleteaban.

Amaina la lluvia y despídese Borderas. Alguien toca el piano con un solo dedo en la anochecida. A esta hora solía venir a verme Pallete. Una gota, una única gota de lluvia cae insistente, una y otra vez, en el alféizar de la ventana. Estoy en la cocina de La Bajol,

150

con Negrín, en otra anochecida, la del 4 de febrero del año pasado. Rojo acaba de regresar a La Agullana. Negrín sigue en el banco de madera, vencido sobre el lar. Nunca lo vi tan derrocado, contemplando abstraído el fuego, como si en aquellas encendajas de brezo y ginesta seca se le consumiera la razón.

—Sé perfectamente que no hará usted nada de lo convenido. Resolvimos en vano como de costumbre.

—Lo que yo haré, señor Presidente, no se lo cuento ni al cuello de mi camisa. Nada se ha perdido aunque perdamos Cataluña. La segunda guerra mundial puede estallar en cualquier momento: en cuanto los alemanes invadan Polonia.

—La contienda en Europa se avecina y Francia será su próxima víctima. Lo tengo escrito, aunque sea obvio el presagio. No obstante, me repugnaría el desearla como precio de nuestra victoria y de nuestra paz.

—A mí, no. ¡Ojalá se desangre el mundo entero mientras nuestro pueblo y la República sobrevivan! No abrigo deseo más ferviente. Será un patriotismo aberrante el mío, pero no concibo otro en estas circunstancias. En fin de cuentas, Europa nos abandonó antes. Sólo le debemos el pacto de no intervención.

—¿Quién se cree ser usted, Negrín? ¿El hombre del destino?

—¿Yo? No, señor, de ninguna manera. Ni siquiera soy político. Me eligieron diputado a Cortes, sin haber pronunciado un solo discurso en pro de mi candidatura. En septiembre del 36, Prieto tuvo que desvivirse para que aceptase la cartera de Hacienda en el ga-

151

binete de Largo. Dimitido Caballero, fue usted quien me escogió como jefe de Gobierno, para asombro mío. Recordará muy bien cuánto se esforzó por convercerme. Lamento lo consiguiese; pero no dimitiré mi cargo antes del triunfo de mi causa. Nuestra victoria, señor Presidente, nunca estuvo más cerca. La guerra mundial la hará posible.

—¡Desvaría usted! ¿No acaba de oír el informe de Rojo? Cataluña está perdida, y en la zona central no resistiremos una semana la próxima ofensiva.

—Rojo se moderó por deferencia a usted. Estuvo recatado y prudente. Le he conocido peores informes. Ayer, por cierto, me proponía la inmediata renuncia a proseguir la lucha, sin pacto ni consulta: una cesión terminante e irrevocable, por impotencia. "Cuando las guerras se pierden, se busca la paz por el camino más digno —insistí—. Carece de objeto sacrificar más hombres, en el cumplimiento de un deber tan ineficaz como salvaje." De no aceptarse su consejo, auguraba una contienda armada, en nuestras propias filas, entre unidades aún dispuestas a batirse y otras inclinadas a someterse.

—Es una posibilidad muy cierta, aunque usted la desestime. Prieto la predijo hace tiempo.

—Sí, señor, la desestimo, porque de hecho no tiene nada de nueva. La zona republicana ha sido una perenne lucha civil, entre intereses políticos, desde julio del 36. Si no nos partimos antes como una granada, si el enemigo no aprovechó nuestros disensos para aplastarnos, no nos resquebrajaremos ni claudicaremos ahora. ¡Que se quiebre antes el mundo por sus propias rajas, a beneficio nuestro!

—Si no se cree el hombre del destino, Negrín, será el hombre de Moscú, como dice Besteiro. No concibo otra explicación a su monstruosa inconsciencia.

—Vuelve a equivocarse de medio a medio. Como Marx, yo también puedo decir que no soy marxista. Llegué al socialismo por médico, no por político. No tengo mayor afecto por la Unión Soviética que por las democracias. Estuve a punto de expulsar una vez a su embajador. Las armas que nos procuró, las pagamos en oro cuando nadie quería vendérnoslas. El último pedido fue a cursarlo, en febrero, Hidalgo de Cisneros a Moscú. Para entonces decían que nuestro crédito estaba agotado. Dudo que sea cierto; pero no me importa. Me apoyo en los comunistas porque necesito la capacidad de sacrificio de sus masas. Ellos y yo somos los únicos dispuestos a defendernos hasta que empiece la guerra en Europa. ¿Comprende usted, señor Presidente? ¡Los únicos!

—¡Es usted un insensato! Mañana, pasado quizá, el enemigo llegará a la frontera. Estamos solos y cercados. No volverá a entrar por los Pirineos ni un hombre, ni un cuchillo, para ayudarnos. Éste es el resultado de su sonada resistencia: de su dictadura, pues no fueron sino despotismo sus gobiernos. Pueden congratularse usted y los comunistas. Han perdido el país y perderán buena parte del Prado si cae una bomba en esta mina de talco. Mi suerte personal me es indiferente, aunque usted me suponga un cobarde. Siempre dije que saldríamos de aquí a pie. Dentro de cien años, habrá mucha gente que no sepa ya quiénes éramos Franco ni yo, pero todo el mundo sabrá quiénes son Velázquez y Goya. Una noche, en Valencia, los periódicos contaban que un bombardeo había abrasado el Prado. Por suerte, el fondo de las nuevas resultó falso, aunque bombas cayeron en las cercanías. No recuerdo haber sentido en mi vida golpe tan fuerte ni dolor comparable. En mi espanto, balbucía una queja que aún ahora repetiría así: "Es demasiado. A tal precio, no." ¿Quemaría usted el museo para salvar la República, Negrín?

—¡Su maldito Prado! Quedará intacto en Ginebra, no pierda cuidado. Lo sé de cierto, aunque más no sepa. Buena parte del museo cruzó en camiones la frontera anoche, y el resto lo hará en cuanto oscurezca. El mundo se inhibe cuando cuatrocientos mil fugitivos, hambrientos y ateridos, suplican refugio en Francia; pero desquíciase por la suerte de unos bodegones. Como médico, no entenderé jamás esta moral. Me pregunta Su Excelencia si prendería fuego al Prado para rescatar la República. No lo sé, sinceramente, quizá no. Puedo jurarle, sin embargo, que lo abrasaría entero, con mis propias manos, para salvar una sola vida, aunque ésta fuese la de usted.

—Merece mi gratitud.

—Quien no merece gran cosa es usted, señor Presidente, aunque vuelvo a jurarle que haría una pira con todos los Goyas, para conservarle una vida, no más preciosa para mí que cualquier otra. Le confesaré,

154

sin embargo, no comprenderlo en absoluto. Usted, el primer magistrado de su país, en estas bárbaras circunstancias, sólo se desvive para que los carabineros le aparten la chusma de La Bajol y para suplicar que lo lleven a Francia en coche oficial. Bien, ¿sabe usted lo ocurrido en Le Perthus hace cinco días, el 30 de enero para ser precisos? Cerca de medio millón de refugiados apiñábase a las puertas del pueblo y al pie de una carretera, repleta de carros, de coches, de mulas, de ambulancias. Los franceses habían prohibido la entrada de vehículos y corría la especie de que el enemigo hallábase en Figueras. No estaba aún ni en Gerona, que por cierto ocupó esta mañana; pero los desdichados lo descreían en su desesperación. Al principio, los gendarmes acogieron a todo el mundo. Al anochecer, cuando rompía a diluviar, Didkowski, el prefecto de los Pirineos Orientales, mudó la orden. Sólo se daba entrada a las mujeres, los niños y los heridos en parihuelas. La tropa restante debía volverse a La Junquera. Estuve en la linde aquella noche con Molesworth, el delegado inglés de la Sociedad de Naciones. *La Garde Mobile* empujaba hacia allí a lisiados, enfermos, hombres que trompicaban y desfallecían de inanición, espectros con las piernas gangrenadas. "¡Dios mío, Negrín, no pueden hacer esto! —exclamó Molesworth—. ¡No pueden rechazar a tantos heridos!" Fue a hablar con Didkowski, en Le Perthus, y volvió al cabo de dos horas. "Pueden", me dijo. En La Junquera, veinte mil refugiados apretujábanse en todas las casas. Los heridos yacían en las calles bajo la lluvia. Doce críos de teta murieron de frío aquella noche. Del Perthus, en una camilla, traían el cadáver de un aviador. Había muerto de bronconeumonía. Pedían un médico a gritos y yo mismo certifiqué la defunción. En Francia, según me dijo Molesworth, a cada hombre le daban un panecillo y un poco de agua sucia. En el castillo de Bellegard, sobre Le Perthus, los gangrenados morían en la paja. Las playas se convirtieron en campos de concentración. Quince alambradas, sin barracones, cantinas, ni hospitales; los mayores en Argelès y Saint-Cyprien. Se llenarán muy pronto, porque hoy abrieron la frontera a todos los huidos.

—¿Qué debo deducir de todo ello, Negrín? ¿Que su Gobierno no previó ni dispuso debidamente la retirada? Desentendióse de estas muchedumbres como se desentendiera de mí. No han servido ustedes para ganar la guerra ni para perderla. En cuanto a su humanidad, permítame que al menos la ponga en duda. En abril, me negué a firmar cuarenta y cinco penas de muerte, decretadas después de la caída de Prieto, por razones jurídicas, humanitarias y políticas. Consigné mi protesta, ante usted y el gabinete, aunque carecía de iniciativa en la materia. Por toda réplica, usted afirmó su resolución como inquebrantable, para ahorrar vidas y amedrentar conspiradores, según me dijo. Me irrité porque la crueldad es siempre inadmisible. Los medios avalan los fines. Los fines no justificarán jamás los medios. En agosto, exactamente el 12 de agosto, Tarradellas me denunció, exasperado, que la víspera fusilaron a cincuenta y ocho hombres. Desde el 18 de julio, cuando pronuncié mi discurso en el Ayuntamiento de Barcelona, pidiendo paz, piedad y perdón, no le había visto a usted, y al cabo de un mes me refregaba cincuenta y ocho muertos. Aguardé en vano su visita, o su llamada, otros tres días. A la anochecida de aquel domingo, pregunté a Giral por teléfono si el Consejo no me adeudaba una explicación sobre las ejecuciones y la dimisión de dos ministros, Aiguadé e Irujo. "¡Je, je! ¡Claro! ¡Pero el Presidente del Gobierno está en Valencia!" "Entonces, alguien hará de cabeza." "Supongo que será Vayo." "Dígale que se ponga al habla conmigo." Una hora después, telefoneaba usted desde Barcelona. Habló con mi secretario para asegurarle que, de insistir yo, iría a verme aquella misma noche. No lo había hecho antes porque llegó fatigadísimo de Valencia a media mañana y ponía en limpio unos decretos para presentármelos al día siguiente. El lunes no me visitó ni me dijo nada.

—No sé si el fin avala los medios, o los medios justifican los fines. En días como éstos, su casuística me parece palabrería, señor Presidente. Creo que ha suplido usted la conciencia por la memoria. Todo lo recuerda y, así, todo lo juzga. Por mi parte, sólo puedo asegurarle que no me arrepiento de haber decretado aquellas ejecuciones, aunque mucho me duelan, pues allí condené a un amigo, como Vayo puede atestiguárselo. Por médico, no taso nada más allá que una vida. Por político, creo, sin embargo, que dos valen más que una. Ejecutando a aquellos hombres, por

157

espionaje, salvé a muchos de los nuestros. Esto es todo.

Levántase bruscamente, sin aguardarme la réplica, que a todas luces desdeña. Yérguese mucho, las manos en los bolsillos del impermeable, pringado de anchas manchas. A veces, recién vuelto de las trincheras, veníase a despachar, sucio de barro seco, indecente. Cuando llega al portón de la cocina, lo llamo y se detiene.

—Negrín...

—Señor Presidente...

—¿A qué hora debemos salir mañana para Francia?

—A las seis, antes del alba.

—¿Por acuerdo del Gobierno?

—Tengo un voto de confianza de todos los ministros para resolver. Yo acompañaré al señor Presidente hasta Las Illas, el primer pueblo francés. Irán además Martínez Barrio, como Presidente de las Cortes, y un ministro. ¿Cuál desea que le escolte?

—Lo mismo me da.

—¿Le parece bien el señor Giral?

—Muy bien.

—Entonces, todo resuelto —sonríese por primera vez, como relamiéndose la ironía contra el cielo del paladar—. Si Su Excelencia lo permite, me retiraré ahora. Estoy rendido.

—Todavía, no, Negrín. Falta precisar el último extremo. Esta mañana estuvo aquí Companys. Por cierto, echaba lumbre contra usted. Dijo que no entraría en Francia mientras yo no entrase, pero ni una hora después. Quería estar informado. No consentiré cruzar la frontera con él, como si fuésemos dos jefes de Estado, en paridad de representación. No le avisen mi salida hasta que yo pase la linde. Después de todo, soy aún el Presidente de la República.

ESTO DEBE DE ACABARSE, porque el obispo y *sœur* Ignace me visitan todos los días. Recobré un poco el habla, que tenía impedida y tartajosa; pero sigo en parte baldado desde el último accidente. Vino también mi amigo el general Hernández Sarabia, desde un pueblecito cerca de Marsella donde reside ahora. Después de nuestra huida de Cataluña, quise llevarlo conmigo a Collonges-sous-Salève; pero no fue posible, porque son once de familia. A la muerte de Pallete, mi mujer y el doctor Pouget querían trasladarme precisamente a la aldea de los Sarabia, para que el clima templado me restaurase un tanto. No resultó hacedero. El Gobierno de Vichy, que antes impidió a Rodríguez atenderme en la embajada de Méjico, niega también su venia para el viaje.

Tendré que morirme en este cuarto, bien pronto por cierto, entre la enseña republicana, los grabados ingleses, la araña y el ventano. En el fondo me alegro, o felicítase en mí el hombre del espíritu, pues les ahorro del espectáculo a los Sarabia. En Marsella viven muy malamente. Quienes distribuyen los fondos de socorro a los refugiados son tan miserables, que a Sarabia no le han dado un céntimo, porque no es comunistoide y sí amigo mío.

Cuando la retirada de Cataluña, Sarabia era allí general jefe del grupo de ejércitos. El 22 de enero del año pasado, un lunes, el Gobierno anuncia en una nota que permanecerá en Barcelona. Aquella misma tarde la abandona. Quienes lo creyeran quédanse en la ciudad y son apresados. También se dejan en Barcelona los archivos secretos del ministerio de Estado y aun los papeles de los servicios de espionaje e información. Huelga pensar en las consecuencias. El miércoles, Rojo le echa a Sarabia el mochuelo de la defensa de Barcelona y se marcha al anochecer. Cuenta Sarabia sólo con un puñado de unidades: cinco grupos de fuerzas de asalto, equivalentes a un batallón; dos batallones de carabineros; uno de retaguardia; otro de defensa de costas; otro de ametralladoras; una sección de blindados y otra de tanques. Total nada. El plan de Rojo prevé, empero, doble defensa: desde el mar a la carretera de Esplugas, a cuenta de Sarabia; por el Tibidabo, Vallvidrera y Font del Lleó, a cargo de Modesto y sus fuerzas del ejército del Ebro. Los guardias de asalto huyen en seguida, citando órdenes de Gobernación, y reaparecen en Ripoll. Caída Barcelona, con el enemigo en Masnou, propone Sarabia relevar el ejército del Ebro, muy castigado y en derrota, por el del Este, de Perea, que se mantiene casi intacto. Destitución inmediata de Sarabia por Rojo y Negrín, y diligencias previas "sobre las responsabilidades de la pérdida de Barcelona". Para ampararlo de ruindades, lo nombro mi ayudante. Su pecado fue, sin duda, contrariar a los comunistas.

Estas y otras desdichas cuento por menudo a monseñor Théas, el obispo, cuando viene esta tarde con *sœur* Ignace. Llueve de nuevo, y ella le lleva el paraguas y quita la capa aguadera, con lazo en el collarín, para retirarse en seguida, pasicorta y presurosa.

—Usted cree en el dolor, señor Presidente, como otros en el diablo, como una abstracción, ajena a los hombres, porque a éstos los niega —me dice el obispo.

—Supongo que Negrín estaría de acuerdo con usted, señor obispo.

—Quizá los dos tengamos razón. Si se esforzara en creer en la realidad de quienes padecen, admitiría también la del mundo.

—¿Este mundo, señor obispo?

—Este mundo, señor Presidente. Si usted lo aceptase con plena certeza, me ayudaría a mí a creer en el otro.

—Lo lamento. Cuanto más me acerco a la muerte, más descree buena parte de mi ser en esta tierra. En cambio, el resto de mí mismo teme por igual las dos vidas: la perenne y la perecedera.

—¿Por igual?

—Supongo. Acaso ésta, de la que sólo quedan los amenes, aterre aún más a aquel que llamo "el hombre de la carne". A mi otro yo, al "hombre del espíritu", la eternidad le merece sólo un respingo de hombros.

Cuando salí de El Pardo, donde en vísperas de la guerra casi me prenden, llevaba conmigo un libro de Maeterlinck, *La Vie des Termites*. Dícese allí que todas las religiones se esfuerzan por ocultar al hombre el mayor de los secretos, para no sumirlo en la desesperanza: mantener eternamente la propia identidad sería el más intolerable de los castigos. Cualquiera de las tres posibilidades —guardar la conciencia hasta la muerte, conservarla inmortal o saberla perecedera a largo plazo—, después de fallecido el cuerpo, me dejan por demás indiferente...

—Porque no admite usted la realidad —atájame impaciente el obispo—. Es preciso tener fe en este mundo y en quienes lo pueblan, para tenerla luego en el cielo y en el infierno. Si no aceptamos la tierra primero, la escatología carece de sentido.

—Usted acepta la tierra, monseñor; pero no cree en la inmortalidad.

—Mi caso es distinto —arrebólase—. Supongo que me aterra porque temo me condene el orgullo de soñarme Papa.

—Yo tengo otras pesadillas. Dos veces, en 1932, soñé su última visita, aquí, en el Hotel du Midi, de Montauban, con diáfana claridad. En mis sueños lo conocí entonces, monseñor, ocho años antes de encontrarnos. Entonces, como hace tres días, decíame usted: "Aunque niegue esta vida, señor Presidente, confiéseme creer en la otra, para que pueda hacerlo yo. Confiéselo, por favor se lo suplico y, si usted me lo pide, aun diré al mundo que nunca confesó."

Las nuevas parecen asombrarlo. Vacila, como si las temiera burlas, aunque parte de su ánimo quizá se incline a aceptarlas. Su capa gascona, colgada en un rincón, gotea sobre el suelo de madera. Pienso en la otra gota, la que caía en el alféizar de la ventana mientras alguien tocaba el piano con un dedo. Pienso en la contera de mi vara de cardenal, sonando en la taracea de la casa de los Baroja, aquel baile de antruejo. Pienso en mí, niño, parado ante el matadero de Alcalá, una mañana llena de esquilas y sol de invierno. Del techo, pende la desolladura de un toro despanzurrado. La carnaza sangra todavía. Siete cañas amarillas sostienen el vientre acanalado, sin tripas ni riñones. Por el costillar, sécase ya la sangre cárdena. Las patas, cortadas a trinchante, parecen cuatro muñones de mendigo. Dos garabatos cuelgan la res de una polea oxidada. La carne muerta huele dulcemente. La sangre cae gota a gota por el ano partido... chipi, chape, chape, chipe... una gota y luego otra.

—Ahora no le pido tanto, señor Presidente —me dice el obispo, barriendo memorias mías—. Sólo le ruego que se esfuerce por creer en esta vida, para ayudarme a mí a hacerlo en la eterna. El mundo no puede ser el infierno de otro planeta.

—Como usted guste, monseñor. Lamento no poder complacerlo, pues poca vida me queda para convertirla en artículo de fe. Por lo demás, las memorias no me conceden tregua para darla por cierta. Como algunos espectros de Dante, estoy condenado a mirar siempre hacia atrás, con la cara vuelta a la espalda.

—A veces, no obstante, también anticipa aconteceres. ¿Previó el final de nuestro debate?

—¿El final de nuestro debate, monseñor?

—Sí, señor Presidente, el final de nuestro pleito.

—Con toda precisión. Usted me convierte. Yo me muero. Las campanas repican y todos somos felices.

—¡No se burle usted! ¡Yo nunca haré espectáculo de su muerte! —indígnase ahora.

—Otros lo harán, monseñor.

Replica pero no lo escucho. Me asalta un ensueño, que sé destinado a realizarse. Es mi entierro civil en el osario de Montauban. No envuelve la caja, cabe al hoyo, la bandera de la República, la de Borderas, sino otra de pliegues blancos y verdes, que parece mejicana. Una neblina, de un gris azulado, algodonosa y húmeda, extiéndese entre los cipreses. El sol amarillea tras los nubarrones, como un ojo de gato cruzado de amianto. Sube un murete, cubierto de yedra de anchas hojas y ramas torcidas como zarcillos, verdea la mirada de un búho inmóvil. Aquí está Lola, encorvada y cabizbaja bajo un velo, que le oculta la faz afilada. A su lado, un hombre entrado en carnes, carrilludo y mostachoso, de rostro encendido y chaqueta de pana lisa. Ella se vuelve y le dice en voz baja: "Quiero sólo una lápida con una cruz, su nombre y dos fechas: 1880-1940. Nada más." Él asiente, muy despacio, y la pana le cruje por la espalda. Vino Rodríguez, el ministro de Méjico, con su entera legación. A un enlutado, de cuello duro, muy blanco y empinado sobre el del gabán, que es de velludo, murmúrale Rodríguez: "Me

165

fregué con las autoridades; pero ni modo, viejo. Prohibieron terminantemente que lo sepultasen arropadito en su bandera, la que tenía en su alcoba. ¿Qué mal hacía a nadie con ello? Dígame usted." El del cuello almidonado, con corbatín de nudo bien prieto y *prêt-à-porter*, no replica. Prosigue Rodríguez. "Presté para el acto la nuestra, la de la legación, por consejo del Presidente Cárdenas. Era un deber de conciencia. «Abríguenlo en nuestra bandera —me aconsejó el general por teléfono— y que descanse en paz. Cuando bajen el ataúd a la hoya, no se olviden de pillarla y devolverla a la legación.» ¿Sabe usted lo que me dijo el difunto la primera vez que lo vi, aquí, en Montauban? ¿No? Bueno, pues, no más se lo cuento, que esto es historia. «Aquí me tiene usted, mi ilustre amigo, un hombre hecho pedazos. Estoy desarraigado, expuesto a cualquier contingencia. Me muero solo, pobre, sin paz ni esperanza. En nadie, salvo en mi mujer, que resignadamente permanece conmigo, encuentro un espíritu generoso, capaz de socorrerme. Por suerte, está usted aquí. Esperaba su llegada con la desesperación que el criminal aguarda su perdón.» Sí, señor, eso me dijo." Calla Rodríguez. Sarabia y Antonio, el criado, apíñanse muy juntos. A su lado, el general Riquelme y el coronel Mena. Sarabia parece a punto de quebrarse, de tan erguido y huesudo. Sostiene un manojo de flores amarillas, que le caen al suelo, cuando desciende la caja en la huesa. Allí permanecen, al borde del hoyo, sin que nadie repare en el ramo. Lola arroja el primer puñado de tierra húmeda, esponjosa, sobre el féretro.

Uno a uno imítanla todos, bajo la mirada del búho en el muro. Mollizna ahora. Rodríguez abre un paraguas chirriante y tabalea el cernidillo sobre la seda combada.

—Señor Presidente, ¿se siente usted mal?

—No me siento peor que otras veces, ilustrísima, si a esto se refiere. Me toma acaso el obispo por desvanecido con los ojos abiertos. Me costó lo mío volverme del propio entierro: de ese fantasear, que pronto devendrá cierto. Resulta curioso que ni aun ahora, cuando me embarga una sensación casi de entono al preverme las postrimerías, no acierte a conjurar mi nombre, aquel que Lola quiere que labren en mi lápida.

—No, señor —insiste el prelado—. Nunca pretendí aprovechar su muerte para publicidad de nadie, ni siquiera de la Iglesia.

—Otros jurarán que me acabó un cáncer de garganta por haber proferido tanta blasfemia. De hecho, monseñor, yo no sé de qué me muero.

—No se muere usted, señor Presidente; pero tampoco puede vivir como vive.

—Quien quiera la vida, la perderá. Lo dice el propio Cristo.

—Cierto; pero quien la niegue la ha perdido para siempre.

—Entonces, la perdí yo. ¡Qué más da! He visto demasiados absurdos en la mía para creer cierto el mundo. Monseñor, pídame usted lo que le plazca: la carne de mis huesos o la luz de mis ojos, porque más

167

no tengo; pero no me suplique que crea en esta tierra para salvarle el alma, porque no puedo. Si no somos el infierno de otro planeta, seremos un sueño de Dios: su descabellado delirio. En un bombardeo de Valencia, mi sobrina apareció en La Pobleta deshecha en llanto. Estaba como loca. No sabía por dónde ni con quién había llegado. Iba con su marido en un autobús cuando estalló cerca una bomba. Él estaba herido, desangrándose en la Casa de Socorro, donde no daban abasto con las víctimas. Ella quiso tomar un taxi y se encontró dentro con un niño decapitado. *Vous me comprenez, monseigneur? Un enfant décapité* —se lo repito varias veces en mi mejor francés. Suspirón, el obispo sacude la cabeza—. No soy hombre religioso. No lo fui desde la infancia. Pero aquel día me dije: hay un Dios y duerme, olvidado de nosotros. Otra mañana aquel otoño, salí al jardín de La Pobleta, a leer a la sombra de un árbol. Imposible. La soberbia plenitud del mediodía me robaba atención y deseo. Era octubre y cedía el calor; pero el sol deslumbraba. Sentíase por todo el paisaje la densidad de la primavera, germinando, floreciendo, aromando a jardines y herbazales. Vínose el perro a hacerme compañía. Acercóse a la alberquilla, derribó un tiesto. Bebía con duros chasquidos de la lengua rosada. Brincó de pronto sobre un arriate y tronchó unos tallos. Quedóse parado frente a mí, mirándome de hito en hito. Le acaricié la cabeza y rosigó de gozo: "¿Qué quieres? ¡Estás flaco! ¿Te echan poco de comer?" Era un cachorro manso y sociable. No alcanzaba cuanto le decía; pero le gustaba que le hablase. No sería el primer caso. Acordes de luz, de silencio y fragancias sucedíanse, abrazándonos al perro y a mí con anchas acoladas. Hay un Dios, me repetía; pero no duerme olvidado de nosotros: nos sueña. Somos su pesadilla. Acaso lo supieran los cartujos, cobijados en otro tiempo en aquel monasterio, y por saberlo precisamente retrajéronse allí. La matanza continuaba entre tanto.

—No tengo mayor respeto por los cartujos que por usted, señor Presidente —replica el obispo.

—¿Por qué? ¿Les envidia su fe en la eternidad?

—Les reprocho, como a usted, el egoísmo. La matanza seguirá siempre. Es ahora mayor que nunca, extendida por toda Europa; pero ni usted ni ellos deben volverle la espalda llamándola incierta.

—Tan falsa como la hermosura de aquel mediodía, como el niño decapitado en el taxi. ¿Cómo juntar elementos tan salvajemente dispares y llamarlos un todo verdadero? ¿Por qué inventar la razón del hombre tan contradictorio como el mundo, para darle sentido? La vida es sueño, sí; pero ni siquiera es nuestro sueño. No puedo obligarme a aceptar como realidad la pesadilla o el infierno ajeno. Mándeme creer en cielos eternos y creeré; pero no me obligue a jurarle la certeza de esta tierra, porque no me avengo a admitir que exista.

—No. Yo no pretendo forzarlo a creer en nada. Sólo quisiera, en estas soledades nuestras de mortales, que me ayudase a dar por cierta la existencia eterna, conciliándose usted con el mundo.

—Puedo mentirle.

—No está usted habituado. No me convencería. Me pregunto, sin embargo, por qué aceptó el gobierno de su país y luego la presidencia de la República, en su escepticismo radical.

—Mi escepticismo, mi descreimiento ante la realidad, empezó muy pronto, en mis años de estudiante con los agustinos de El Escorial, cuando de codos en los pupitres de pino recién barnizado, escuchábamos los salmorejos del padre Isidoro Martín. El fraile era entonces encargado de mantener el orden y todos abusábamos de su impaciencia. Luego le dieron una cátedra y creo que llegó a rector, pero ésa es otra historia. Un día nos cruzamos en el jardín, cerca de aquella fuente de cuatro caños y pilón de granito. Volteaba la campana y en el cielo, con broza en el pico para su nido, ensanchaba el vuelo la cigüeña de la chimenea. En la sala prioral, un fraile mostraba Madrid a unos visitantes, con un catalejo montado en un trípode. El padre Isidoro venía del refectorio y se detuvo a mi lado. "Dios no ha creado el mundo aún —le dije de pronto—; sólo lo sueña." Me miró detenidamente sin replicar y siguió por los claustros hacia su celda. Con los años cambiamos algunas cartas. Me escribió a Barcelona, preso yo allí, en octubre del 34, cuando otros encumbrados por mí a ministerios y embajadas me rehuían como a un gafo. En plena guerra, allá por septiembre del 37, recibí en La Pobleta una nota suya, desde Madrid, solicitando mi protección. Le envié un coche y al comisario de mi escolta, para que fuese a

Valencia con algunos más de sus compañeros. Vino a verme solo, vestido con un terno rojo, muy ajado, y unas botas nuevecitas. "Me gasté cuanto tenía en comparlas, para venir a verle, Excelencia", dijo riendo. Clausurada la universidad, pusieron los frailes un estudio en la calle de la Princesa. Allí se presentó una patrulla, recién estallada la guerra. Los llevaron a la cárcel de San Antón, donde mataron a sesenta de ellos. A él lo juzgaron y absolvieron. Decía lo salvó una carta mía que llevaba en la cartera. Penaba del hígado y en Valencia no podía adietarse. Le tramité la huida a Francia. Al despedirse me sorprendió con su misma pregunta, monseñor Théas: "Hace cuarenta años, vuestra Excelencia me dijo que el mundo no es obra sino sueño de Dios. Si lo cree aún, ¿por qué es Presidente?" "Lo seré mientras imagine posible un arreglo que concluya la guerra —repuse—. Es preciso cumplir con la propia conciencia, aunque no exista." Conmovido, rompió a llorar. "¡Qué el cielo me perdone, señor Presidente, pero a veces pequé pensando en sus palabras! ¡Si Dios nos sueña, será el suyo un sueño de loco!" Todavía hablamos un ratito. Secóse las lágrimas con un pañuelo azul, muy zurcido a torpes puntadas. Desde la ventana, lo vi trasponer el umbral, presuroso, estevado, entre dos hileras de quintos, con su trote cortito de fraile. Se perdió en la plaza, brillante de sol.

Tanta remembranza me fatiga esta tarde. Me ahoga la voz y pesa en los párpados. Lo advierte el obispo, y discretamente se despide. Viene Lola y me ahueca los almohadones con las palmas. Les suplico que

171

me dejen solo, disculpándome en un sueño que no siento. Al marcharse, me dice monseñor Théas:

—Aceptará usted al menos la bendición de un amigo, señor Presidente —traza dos cruces en el aire, bisbisea presurosos latines, me estrecha la mano y se va.

No sé por qué el recuerdo del padre Isidoro trae memorias de hombre bien distinto: José Ortega y Gasset, nuestro filósofo. De él me habla su discípulo José Gaos, rector de la universidad de Madrid, en La Pobleta y el mismo otoño que recibo al fraile. Ortega se exilia en un pueblecito de Holanda, cerca de Leyden, adonde lo llevó Huizinga, al remate de un viaje de conferencias. Allí, desde su ventana, contempla la casa donde viviera Descartes hace tres siglos. Hoy la quinta es manicomio y cada tarde espía el paseo de los locos, entre las tulipas y bajo los manzanos. Gaos no cree que Ortega, cuyo destierro nos daña, peligrase en Madrid. Cualquier Gobierno —asegura— honraríase con un intelectual de su talla y le permitiría servirlo, si se aviniese. De hecho, Giral, ministro de Estado, quiere hacerlo embajador en Viena. A los doce días de guerra, firma Ortega, en *ABC*, una adhesión a la República y al pueblo, "en lucha por sus libertades". Poco después sale, enfermo, para Francia. Cuando mi cuñado se cruza con él en el tren, camino de Alicante, donde Ortega embarca con la familia, está tan revejecido, que a Cipriano le cuesta reconocerlo. Su manifiesto en *ABC* me asombra entonces. No olvidé nunca un artículo suyo de 1917, *El genio de la guerra y la guerra alemana,* donde aseveraba que en tiempo de rencor y degollina, cuando la pasión anega a las multitudes, es un crimen de leso pensamiento que el filósofo hable, porque de hablar tiene que mentir. En su destierro calla ahora, al menos que yo sepa.

Nunca me atrajo gran cosa Ortega, ni el hombre ni su obra, aunque él dedicase grandes elogios a mi reforma del ejército cuando yo era ministro de la Guerra, en el Gobierno provisional de la República. Un año después, almuerzo con él y con Fernando de los Ríos, para debatir el Estatuto de Cataluña y la autonomía de la universidad de Barcelona, a la cual se opone Ortega tenazmente. Hablamos también del ejército. "Mientras yo sea ministro —recuerdo que le digo—, no podrá hacer nada contra la República. Después quizá sea otra cosa." Afirma que al régimen le erramos el rumbo desde el principio. Hace un elogio de los merenderos castizos y de la buena fruta del año. Total, cuatro horas de palique y ningún resultado. Llegó Ortega el último y yo me voy el primero. No consiento que se levanten para acompañarme. Allí lo dejo, perorándole aún a Fernando de ciruelas damascenas y peras mizcleñas, con un cigarro en la boquilla de ámbar que apunta al cielo.

Ortega, como Unamuno, es culpable de mucho juicio temerario sobre el país. Ahora, concluida la guerra, lloverán de nuevo los trataditos para analizarnos la índole. Es pasión nacional hablar de nosotros mismos, incurriendo en desbarro. Así sucedió después del 98. A fuerza de cavilaciones, se pusieron en claro dos hechos fundamentales: aquí (en esta tierra perdida de cuyo nombre no puedo acordarme) escasea la sangre aria y llueve poco. Para tal viaje no preciso alforjas; pero era injusto reducir a Ortega a semejante caricatura. A Collonges-sous-Salève sígueme un camión cargado con mis libros. Entre aquéllos, van sus *Obras completas*, las publicadas el 32. Me acompañaron antes de Madrid a Barcelona, de Barcelona a La Pobleta, de La Pobleta a Barcelona, de allí a Perelada, de Perelada a La Bajol y de La Bajol al exilio. Con otros tomos sueltos de sus escritos, pasan conmigo a Pyla-sur-Mer. Allá las pierdo, cuando huyo de los alemanes en la ambulancia que me lleva a Montauban. Por azar, ignoro cómo vínose conmigo la primera edición de *La rebelión de las masas*, la de 1930. Está ahora aquí, sobre la mesa de noche, al alcance de la mano.

Cabe tal vez abreviarme la semblanza, subrayando los libros que me llevo en estas fugas mías, casi sin percatarlo. Desde El Pardo al Palacio Nacional, en vísperas de la guerra: *La Vie des Termites*, de Maeterlinck. Desde Madrid a la Barcelona de los sucesos de mayo, el *Caín* de Byron. Desde Barcelona al Hotel du Midi, donde agonizo, pasando por Collonges y Pyla por apeaderos, *La rebelión de las masas*, de Ortega. Lentamente le releo esta prosa, tan distinta de la mía, donde la lengua fluye como un regateo por guijarros blancos. "Las ciudades están llenas de gente. Las casas, llenas de inquilinos. Los hoteles, llenos de huéspedes. Los trenes, llenos de viajeros. Los cafés, llenos de consumidores. Los paseos, llenos de transeúntes.

Las salas de los médicos famosos, llenas de enfermos. Los espectáculos, como no sean muy extemporáneos, llenos de espectadores. Las playas, llenas de bañistas. Lo que antes no solía ser problema, empieza a serlo casi de continuo: encontrar sitio." El regato se enturbia de improviso en remansos de inesperada cursilería. Luego prosigue su limpio correr, profundamente encauzado. "Nada más. ¿Cabe hecho más simple, más notorio, más constante en la vida actual? Vamos ahora a punzar el cuerpo trivial de esta observación, y nos sorprenderá ver cómo de él brota un surtidor inesperado, donde la blanca luz del día, de este día, del presente, se descompone en todo su rico cromatismo interior."

La guerra vacía esta Europa que Ortega decía invadida por apiñado gentío. Según me cuentan, París estaba desierto cuando allí entraron los alemanes. En Montauban, paso largas horas junto a la ventana, contemplando las calles despobladas. Sólo la llegada del nuevo obispo atrajo una muchedumbre a la catedral, llena de luces. Ortega, empero, nada supo de multitudes. Las mayores, quizá medio millón, las junté yo con mi discurso del campo de Comillas, el 20 de octubre de 1935, en la campaña que daría el poder al Frente Popular. "Este acto, además, es una destrucción de la leyenda de nuestra inexistencia. Vosotros sabéis que en cuanto un hombre político no va todos los días a los pasillos del Congreso o no se asoma a las columnas de los periódicos, diciéndoles a los reporteros una sarta de estupideces de las que se avergonzaría una castañera, ese político está borrado del mapa nacional. Así resultan luego las sorpresas que resultan. Queda destruida la leyenda de nuestra inexistencia, que al desaparecer de un modo tan concluyente me daría a mí derecho, en nombre vuestro, para volverme a los astrólogos de hace dos años, y preguntarles: «¿Qué? ¿No somos nada en la oposición? ¿Hemos durado más de tres meses?» Yo creo que sí. Y la demostración es tan concluyente (y van a venir otras aún más fuertes), que casi no haría falta añadir palabra más. Baste el hecho mismo de vuestra asamblea, la magnitud de este comicio, al que no ha venido más gente porque no cabe más en este terreno; pero vosotros tenéis la delegación expresa y moral de millones de ciudadanos."

Recuerdo, palabra por palabra, tiradas enteras de aquel discurso. En los repliegues de la memoria, que imagino no sé por qué siempre rojos y húmedos, estará la arenga entera, de la cruz a la fecha. Sin desvivirme, quizá la recuerde toda a la hora de la muerte. Es mi volada más firme en aire de multitudes. Nunca conseguí antes otra más alta y desde entonces despeñóse la República barranca abajo, cada vez más de prisa. Tan grande es el gentío, que la voz llega ya con retraso a los últimos altavoces y allí duplícase. "Ahora, callad... callad; ahora, poned... poned encima de vuestro fervor la losa de un pensamiento grave... grave; callad todos, guardad silencio todos... todos." Crece, prolóngase, atruena la ovación; pero a mí me gana una súbita, absoluta indiferencia. Embárgame el convencimiento de que aquella muchedumbre inmensa no existe. No la creo aún sueño de Dios, o infierno de otro mundo; pero en el mejor de los casos, aquí, en el campo de Comillas, cuando centenares de miles de hombres braman mi nombre (el nombre que no consigo recordar ahora), su realidad y la mía se me antojan bien dudosas. Terminado el discurso, mientras repican aún los aplausos, me cruzo con Cipriano al pie de la tribuna. "¿Qué te ha parecido?", le pregunto. Me mira atónito, como si viese una estantigua. Luego me dice que lo pasmó mi gesto de helado despego. Recuerdo entonces a Fernando de los Ríos, en el coche que por la Carrera de San Jerónimo nos conducía al Parlamento, con el resto del Gobierno provisional, irritado también por mi frialdad ante el clamor: "No sea usted sequerón."

Vuelvo a *La rebelión de las masas*. "El siglo XIX fue esencialmente revolucionario. Lo que tuvo de tal no ha de buscarse en el espectáculo de sus barricadas, que, sin más, no constituyen una revolución, sino en que colocó al hombre medio (a la gran masa social) en condiciones de vida radicalmente opuestas a las que siempre le habían rodeado. Volvió del revés la existencia pública. La revolución no es la sublevación contra el orden preexistente, sino la implantación de un nuevo orden que tergiversa el tradicional. Por ello no hay exageración ninguna en decir que el hombre engendrado por el siglo XIX es, para los efectos de la vida pública, un hombre aparte de todos los demás hombres."

Tres principios, al decir de Ortega, hacen posible ese nuevo mundo, regido y poblado por el hombre-masa: la democracia liberal, la experimentación científica y el industrialismo. A su ver, los dos últimos resúmense en la técnica. No los inventa, claro está, el siglo XIX; pero sí los implanta. Nadie desconoce el hecho; pero Ortega, profeta al revés como le place llamarse, deriva del caso inexorables conclusiones.

"Todo lo que sigue es consecuencia o corolario de esa estructura radical que podría resumirse así: el mundo organizado por el siglo XIX, al producir automáticamente un hombre nuevo, ha metido en él formidables apetitos, poderosos medios de todo orden para satisfacerlos; económicos, corporales (higiene, salud media superior a la de todos los tiempos), civiles y técnicos (entiendo por éstos la enormidad de conocimientos parciales y de eficiencia práctica que hoy tiene el hombre medio y de que siempre careció en el pasado). Después de haber metido en él todas estas potencias, el siglo XIX lo ha abandonado a sí mismo, y entonces siguiendo el hombre medio su índole natural, se ha cerrado dentro de sí. De esta suerte, nos encontramos con una masa más fuerte que la de ninguna época, pero, a diferencia de la tradicional, hermetizada en sí misma, incapaz de atender a nada ni a nadie, creyendo que se basta; en suma, indócil."

Acertará en todos sus presagios, menos en el último. Del hombre medio, aupado en masa por la tecnología, será la tierra cuando vuelva la paz; pero no creo entonces su índole indócil sino sumisa. La guerra devendrá mundial. Tarde o temprano, este año o acaso el próximo, Hitler atacará a Rusia y pronto intervendrán en el conflicto los Estados Unidos y el Japón. El mundo se sangrará a conciencia y quizá no sea mala solución la de Ortega: volverle la espalda, de cara a un manicomio que habitara hace siglos el redescubridor de la razón. Posiblemente nosotros, los intelectuales, sólo servimos para encararnos con la demencia sin comprenderla, cuando pasea bajo los manzanos floridos.

No me caben dudas acerca de quién perderá pronto esta guerra y quién la ganará a la larga. Dentro de tres, cuatro, quizá cinco años, el fascismo, esta rebeldía de la guardia pretoriana de la plutocracia, será vencido. Dentro de veinte, acordada una paz de compromiso entre el marxismo y el capitalismo, las masas de hombres medios, descritos por Ortega y multiplicadas al socaire de una tecnología sin precedentes, ganarán el mundo.

A través de sistemas de información hoy aún imprevisibles, esta clase media triunfante abarcará infinitamente más que sus antepasados de toda otra época. Su perspectiva, casi absoluta dentro de nuestros obligados límites, se hallará paradójicamente en razón directa a una indiferencia casi total. De hecho, el hombre-masa de aquella era tecnológica habrá perdido la facultad de percibir al prójimo, porque antes perdiera la de mirarse en su interior. De obvias resultas, olvidará por un lado la compasión, que trajo el cristianismo, y por otro la conciencia, descubierta de nuevo

179

por Lutero. Misericordia y conciencia, dicho sea de paso, fúndense en el sentido básico de la justicia. Son, de este modo, la negación del fascismo. De las cenizas de aquéllas, retoñará éste, desprovisto ya de innecesaria violencia, en un mundo acomodaticio, deshumanizado, antiintelectual, incapaz incluso de reconocerse.

No alcanzaré el próximo acto de la tragicomedia. No me duelen prendas al admitirlo. "Sólo el teatro existe. La vida es fingida", le dije a Cipriano a la vuelta del mitin en el campo de Comillas. Me equivoqué. Ni siquiera el teatro existe, aunque parezca mentira. Ironías tan inmensas y a la vez tan burdas no pueden ser ciertas, en modo alguno, aunque nos empecinemos en llamarlas historia. Poco a poco, confrontado con la gran greguería, comprendo el destino que me puso por viático en las huidas estos tres libros: *La rebelión de las masas*, *La Vie des Termites* y *Caín*. De masas de clase media, negación de toda exigencia propia, será el reino de la Tierra, proclama Ortega. El hombre carece de identidad, asiente Maeterlinck: su esencia, como la del universo, confúndese en la de Dios. Déjame morir aquí —implora Caín a Lucifer—, pues concebir a quienes sólo sufren largos años y perecen no es dar la vida, sino la muerte. No obstante, la réplica del diablo es para mí inolvidable. "Piensa, resiste y forma un mundo interior / en tu pecho, donde se quiebre lo externo. / Así estarás más próximo a la naturaleza espiritual / y triunfarás en la guerra contigo mismo."

Aunque yo rechace el mundo, para sinsabor del

180

obispo que no puede creer en los cielos, no consigo negar por completo al otro, al prójimo a mi imagen y semejanza que siempre hallo en mi interior. Incluso en este abandono, es mi perenne acompañante, mi hermano encadenado y mi enemigo el que perdurará cuando yo muera. Entre tanto, conmigo convive casi siempre en guerra civil. La guerra, en fin de cuentas, no se reduce a cuerpos de ejércitos y batallas. Combates y tropas son la demostración externa de algo mucho más hondo, más vasto, más grande. Tal es decir: el encuentro sangriento de dos riadas de sentimientos, de dos órdenes morales que crecen, se encrespan y se acometen. Nadie pudo calcular nunca la resultante de su abrazo bestial y fraterno. No, nadie, nunca, ni en los pueblos, ni en los hombres: ni en mi tierra ni en mí mismo.

DESDE EL 9 DE FEBRERO estoy en nuestra Embajada en París. La víspera, de anochecida, me vengo de Collonges-sous-Salève, con Cipriano y el comandante Parra. Como aquel pueblo cae más cerca de Ginebra que de Bellegarde, allí tomamos el expreso de Francia, después de cruzar la frontera. Sarabia, que dejó a su familia en Marsella, nos espera en la *gare* de Lyon, a la mañana siguiente, con el embajador Marcelino Pascua y un funcionario del Quai d'Orsay, en misión malhumorada y protocolaria.

Tampoco está de mejor talante Pascua, a quien conozco bastante. Es médico, como Negrín, y además su protegido. Le enoja mi presencia en la Embajada y no me oculta su desdén. Tenía en Madrid un perro siberiano llamado *Barbitas*, y cada día telefoneaba desde París, inquiriendo por el can. En un viaje se lo trajo y armó inenarrable marimorena en el expreso, cuando el revisor quiso llevárselo de su compartimiento, pese a ser Pascua embajador. A voces, salióse éste con la suya, y acaso sea su gesta nuestra mejor victoria diplomática en toda la guerra.

182

Antes de París, fue Pascua plenipotenciario en Moscú y de allí viene el *Barbas*. En sus viajes a Valencia, me visitaba en La Pobleta y siempre lo hallé entonces diferente y lúcido. En verano del 37, me aseguraba que Stalin carecía de propósito especial sobre nosotros. En un par de ocasiones se lo había reiterado el propio dictador. Nuestra tierra, en su opinión, no estaba apercibida para comunismo, ni era propicia a imponérselo. Aun adoptándolo, sería aquí efímera experiencia, rodeado el país de otros burgueses y hostiles. El afán soviético cifrábase en mantener la paz, pues sabían de sobra que la guerra comprometía su régimen, aún no reafirmado. Apenas contaban con escuadra y proponíanse construirla. La aviación era excelente. El ejército, vasto y disciplinado, no estaba libre de disensiones. Fusilando al mariscal Tukhatchevski, daba Stalin una prueba de vigor y de audacia; pero admitía a los ojos del mundo grave oposición a su Gobierno.

Stalin estaba dispuesto a abastecernos de material de guerra mientras un bloqueo más riguroso, en cuya posibilidad descreía, no lo impidiese. Nos apremiaba, empero, a avivar la producción, para reducir el ruinoso gasto soviético, que al ver de Pascua sería pronto intolerable. "A mí me parece —le dije—, en contra de lo que por ahí se cree, que la cooperación rusa tiene un límite, que no es el posible bloqueo, sino la amistad oficial inglesa. Opino que la U.R.S.S. no hará en favor nuestro nada que enturbie sus relaciones con Inglaterra ni comprometa su posición política ante sus amistades occidentales." "Esto no ofrece ninguna duda —asintió Pascua—. Para la U.R.S.S., nuestra guerra es baza menor. Stalin sospecha que Inglaterra desea ver a la Unión Soviética, Alemania e Italia metidas aquí de bruces, quebrantándose militarmente. Por su parte, no está dispuesto a acceder, y sí a extremar la prudencia."

Ahora, en la Embajada, Pascua me rehúye e incordia. En sus reales diplomáticos rehúsa alojar a Cipriano; sólo admite a Sarabia y a Parra como ayudantes míos. A poco, hospeda allí a Álvarez del Vayo y al embajador en Londres, Pablo de Azcárate, recién llegados, mientras mi cuñado se cobija en un hotel. Por las mañanas Cipriano me recoge temprano y en un coche oficial, cedido por Pascua de mala gana, recorremos las calles de mis mocedades de estudiante con prebenda. Un día vamos hasta Saint-Denis, a ver la catedral y el panteón de los reyes. Al siguiente, *Le Matin* exhibe una foto mía en primera plana y debajo un delicioso *entrefilet*: "Después de quemar las iglesias de su tierra, recréase en la contemplación de nuestro Saint-Denis." Indígnase Cipriano, muy aspaventero. Yo me encojo de hombros.

Pasa el tiempo y Negrín no comparece, aunque aquí acordamos encontrarnos. Alívianme los tedios en la tertulia de las tardes, cuando por la Embajada recalan Giral, Casares, Largo Caballero, Martínez Barrio y los antiguos ministros Augusto Barcia y Antonio de Lara, para compartir un chocolatito claro, a la parisiense, con pastas de hojaldre. Noto de pronto que envejecemos, pues nos oscurece sin advertirlo, llegada la noche, y seguimos la charla, olvidados de las luces. En la penumbra, brillan siempre los claros ojos azules de Largo, admirados y recelosos. Les leo una carta de Negrín, donde suplica me traslade a Madrid, pues reina allí, según él, ánimo numantino. Todos convienen conmigo en lo disparatado del ruego en estas circunstancias. Las protestas de Largo son las más sonadas. Las de Martínez Barrio, que heredaría la Presidencia si yo dimitiese, las más reticentes.

Aquella misma noche, en los amenes de la cena, me visita Del Vayo con la misma embajada. Insiste en exigirme la presencia en Madrid, junto a mi pueblo y a la cabeza de la causa común. A él, ministro de Estado, el Gabinete y el propio Negrín le animan a quedarse en París, pero regresa.

—Como ministro de Estado, precisamente, no debiera volver usted a un frente con los días contados. Su puesto está aquí, esforzándose por inducir a los Gobiernos de Francia e Inglaterra a mediar con el enemigo para precaver represalias.

—Inglaterra y Francia se disponen al reconocimiento de Franco, y usted sin duda previene su dimisión tan pronto como lo anuncien. Mi trabajo como diplomático ha concluido. Todo me llama a la Zona Central, donde prosigue la lucha. Usted debiera imitarme, señor Presidente.

—¿Dónde está ahora el general Rojo?

—Aquí, en Francia; creo que se niega a reintegrarse al estado mayor.

—Sabe perfectamente, mejor que nosotros si cabe, perdida la guerra.

—En todo caso, y aun suponiéndolo cierto, ¿qué puede pasarle a Su Excelencia en Madrid?

—No sea impertinente, Del Vayo. A mí nada, como a usted tampoco. En última instancia, tendríamos nosotros un aeroplano. Pero ¿y los demás? ¿Los que se quedan?

—Bien, si usted no me acompaña, me iré solo a que me corten la cabeza —sonríese con vanidosa tristura y me tiende la mano—. Estoy seguro de que el señor Presidente admitirá conmigo que, incluso en el fracaso, nuestro admirable pueblo no ha sido vencido.

—Nuestro pueblo será tan admirable como usted quiera, como todos los pueblos, en fin de cuentas. Nunca supe a ciencia cierta qué significan encomios como el suyo. Nuestro pueblo, sin embargo, es una cantera. Para sacar de allí una estatua, es preciso labrar la piedra. Entre nosotros está todo siempre por hacer, porque nos limitamos a repetir lo hecho. Nuestro porvenir es impredecible, precisamente porque el presente suele copiar el pasado.

A la mañana siguiente coinciden en la Embajada los generales Rojo e Hidalgo de Cisneros. Jefe de las fuerzas aéreas, es comunista éste, aunque venido de requetés vitorianos de alcurnia y descendiente de virreyes. Hacen antesala para ver a Pascua, quien concede entre tanto larga audiencia a un ministro francés. A través de Parra, los invito a mis habitaciones y pido su parecer sobre el desastre. Despáchase Rojo en los mismos términos que lo hiciera en La Bajol. Hidalgo de Cisneros, más reticente, juzga posible la resistencia en la Zona Central, si Francia permite el traslado allí del ejército del Ebro, huido de Cataluña. Es Hidalgo hombre aún joven, enjuto, encanecido y nervioso. De talla y rasgos muy patricios, fuma constantemente y habla con voz titubeante.

—Para mí, la opinión de ustedes tiene en estos momentos suma importancia —les digo—. Son los suyos los pareceres del jefe del estado mayor y del jefe de la aviación de la República. Creo que no tendrán inconveniente en darme por escrito cuanto han manifestado aquí, de palabra.

Rojo manifiesta su acuerdo, con gesto de fatiga, como si a aquellas alturas su dictamen se le hiciera del todo baladí. Al día siguiente discúlpase, sin embargo, por carta y no envía el informe. Vacila Hidalgo; pero promete el suyo. Después de hablar con Pascua, dícese dispuesto a cursar el documento "por conducto reglamentario", a través del ministerio de Defensa, que, naturalmente, preside Negrín. Lo despacho a cajas destempladas y, muy erguido en su delgadez, aírase el hombre. Al despedirse, estalla:

—Le recuerdo y remito, señor Presidente, a sus propias palabras en uno de los últimos consejos de ministros que presidió. Según me las citaron, fueron parecidas a éstas: "¿Cuándo se va a expulsar de la comunidad nacional a los señores que están en el extranjero, ajenos a nuestra tragedia? ¿Necesitamos todavía esperar más tiempo para retirarles una condición

187

que han perdido?" ¿Me equivoco, Excelencia, o tales fueron, en verdad, sus preguntas?

Ni le replico, por dignidad. De espaldas a él, contemplo la calle, donde cae aguanieve. Silenciosamente, retírase Ignacio Hidalgo de Cisneros. No es la suya la única impertinencia con que me toca pechar estos días. El servicio, en la Embajada, demórase o desaparece a la hora de atenderme. Parra y Sarabia no me ofrecen ninguna explicación, ni yo se la reclamo. Es Cipriano quien me informa de la protesta de unos ordenanzas, padres de soldados en Madrid, quienes me niegan todo cuidado por juzgarme un desertor. Con grandes trabajos, el propio Pascua consigue hacerlos mudar de actitud, aunque no de parecer. Más me duele la enemiga de esos lacayos que la de Hidalgo de Cisneros. Pascua no me ahorra la suya. En una cena, esas cenas de la Embajada donde abundan los vinos añejos, almacenados de antiguo en la bodega, pero escasea ya la vianda, hace inesperada y rimbombante crítica de lo que él llama "la huella asiática de la Unión Soviética". Servilismo y halago increíbles. Resignación ante enormes afrentas. Cuenta la entrada de Stalin en la gran asamblea, donde se aprueba el proyecto constitucional. Cinco minutos de aplausos. Concluida la ovación, inicia otra el ministro y miembro del Soviet Supremo, Lazar Kaganovitch. Y, al terminarse, emprende la tercera el Presidente de la República. Todo a mayor gloria de Stalin, "padre de los pueblos", quien acoge impasible las palmadas, a un tris del tedio. Tanta adulación, replico, achicaríase junto a la prodigada a Negrín si

188

ganase la guerra. Casi merece la pena perderla para no presenciarlo. Pascua farfulla una disculpa y abandona la mesa. No vuelve a compartirla con nosotros.

El mismo Giral se indigna con mis críticas a Negrín, en la tertulia de la tarde y sale también de estampía, en un repentón. De inmediato, con idéntica brusquedad, lo recuerdo en el Palacio Nacional, aquel día de agosto del 36, en que asaltaron la Cárcel Modelo, para asesinar tantos presos. Lloraba Giral, jefe de Gobierno entonces, ante los Tiépolos de las paredes tapizadas de amarillo. Me llevé las manos al cuello y le grité a chillidos, que debieron de oírse en la propia antecámara: "¡Esto no, esto no! Me asquea la sangre. Estoy hasta aquí. ¡Nos ahogará a todos!" No le dura ahora el enfado. Vuelve al día siguiente, más sumiso, y quéjase de unas declaraciones hechas en Collonges-sous-Salève por la mujer de Cipriano, diciendo a la prensa que, a poder yo, apalabrara la paz. Replico, encogiéndome de hombros, que cuando tantos que deberían hablar callan, disculpo indiscreciones de familiares, al afirmar verdades que además no me perjudican.

Poco a poco, entramos de cabeza en las postrimerías. Monsieur Jules Henry, último embajador nominal de Francia cerca de la República, cita a Cipriano en el bar de un hotel y dícele que el ministro de Estado inglés, lord Halifax, ofrece en vano sus oficios a Negrín para negociar la paz. Consciente de su fuerza, afirma en su cable Negrín que cree el Gobierno de la República del todo innecesaria la intervención extranjera en la guerra civil. Entre tanto, Bonnet, el titular francés de Negocios Extranjeros, pide a Del Vayo unas listas de gentes políticamente comprometidas, que debieran escapar a Francia, en previsión de un armisticio. Demóralas Vayo y al cabo las niega, alegando que exceden en mucho los diez mil nombres primero acordados. Henry asegura a Cipriano que, el martes siguiente, un diputado preguntará en la Cámara cuándo reconoce Francia a Franco y el Gobierno tomará en consideración su demanda. Para el lunes 27 de febrero anuncia Henry, cariacontecido y en un cuchicheo, el reconocimiento oficial de Burgos por Inglaterra y Francia. El domingo volveré a Collonges después del concierto de Weingartner en la Ópera Cómica, para el cual ya adquirimos billete. A la mañana siguiente, redactaré mi dimisión.

Aquel mismo día, mientras Cipriano me cuenta su entrevista con el embajador, llega Méndez Aspe, nuestro ministro de Hacienda. Es la primera visita que me dispensa. Tuve que salir de Cataluña sin haber conseguido del Centro Oficial de Contratación de Moneda el cambio en francos de mi último sueldo, aunque en La Bajol Méndez Aspe y yo fuésemos casi vecinos: vivía él en la mina de talco, con parte del Prado, y yo en la última casa del pueblo. En abril del 38 y en previsión del corte del frente del Este por Vinaroz, llevaron los cuadros de Valencia a Perelada. Allí estaban en grave peligro de bombardeo, pues en los jardines del castillo había un parque de material de guerra y faltaban requisitos para la conservación de las pinturas. Exasperado, por mi parte, hablé de ello con Méndez Aspe, después de mi discurso en el Ayuntamiento de Barcelona, el 18 de julio de aquel año: "¿Puede usted descansar en paz, con el Prado en la conciencia?" Me juró que no.

—El Gobierno propone a Su Excelencia la firma de dos decretos —díceme ahora—: uno, enajenando todos los bienes muebles e inmuebles del Estado, en el extranjero, a una sociedad anónima. Otro, vendiendo a la U.R.S.S. y a buen precio barcos nuestros, retenidos en la Unión Soviética, en garantía de deudas por el material de guerra allí adquirido.

—El segundo decreto se lo firmo en seguida. En fin de cuentas, si Rusia iba a posesionarse de los buques de todos modos, más vale se avenga a pagarnos estos millones, por la diferencia entre nuestra deuda y el valor de los barcos. El primer decreto rehúso firmarlo. No quiero pasar a última hora por ladrón de unos bienes que pertenecen al país, sea cual sea el Gobierno que reconozca el extranjero.

—Con los recursos de la venta se establecería un fondo de ayuda a los refugiados.

—No me convencerá usted. Si me avengo a firmar, mi aquiescencia es por demás inútil. ¿Cree usted de veras que Francia avalaría la venta del edificio de nuestra Embajada en París, en vísperas de su reconocimiento del Gobierno de Franco?

—El doctor Negrín me encarga le pregunte, muy confidencialmente, si Su Excelencia sigue dispuesto a dimitir la presidencia en caso de producirse ese reconocimiento.

—No caben confidencias cuando el secreteo es a voces, Méndez Aspe. El lunes, Inglaterra y Francia darán por bueno el Régimen de Burgos. El lunes renunciaré a mi magistratura. La mantuve, con la inútil esperanza de servirme de ella para ajustar una paz en condiciones humanitarias. El reconocimiento de Franco por las democracias me priva de toda representación jurídica internacional para hacerme oír de los gobiernos extranjeros. Ya no soy nadie.

—¿Y antes de dimitir se niega a firmar el primer decreto?

—Absolutamente.

El domingo por la mañana, preparo un equipaje cada vez más reducido y recojo mi último sueldo, tras buenos debates con la tesorería de la Embajada. Obstínanse, aunque no lo consiento, en pagarme en *billetes de Negrín* (pronto serán papel mojado), en vez de francos franceses. Por la tarde, con Cipriano, Sarabia y Parra, asisto al concierto de Weingartner, medio hundidos en las sombras de un palco. Es mi último día en París. Con lúcido desapego, el hombre del espíritu presiente que no volveré nunca más. Pronto, aunque no antes de lo que Negrín espera, empezará la guerra europea y estarán aquí los alemanes. El hombre de la carne retráese y solloza sin lágrimas, entrañas adentro. Evoca el pasado distante, con la misma nitidez que el del espíritu presagia el porvenir. Mi primer viaje a París. Otoño de 1910 o de 1911. Primera vuelta por los muelles. Rue Royale, la Madeleine, *les boulevards*. Un cielo alto y blanco. El Teatro de Cluny junto a mi fonda. ¿Dónde echar estas cartas? No me decido a entrar en el Olympia. Mal tiempo. Deshójanse en la lluvia los castaños de Indias. El señor Congosto y sus gafas de concha. El obrero que pide ingresar en un hospital, y no le admiten porque no tiene domicilio. *Mr. le Consul*: "No tengo nada que darle a usted; ¡como no le dé esta levita que llevo puesta!" Los aplausos me avientan los recuerdos. Weingartner sube al podio. Saluda muy rígido al público, los brazos pegados al cuerpo. ¡Cómo encaneció en estos años! Tiene la cabeza blanca por completo: de una blancura rizosa, de vellón lavado y puesto a secar al sol.

Lueñas y cercanas suenan las primeras flautas. Bandadas de pájaros revolotean, en piular unánime. La brisa peina los prados. Grandes nubes, preñadas de lluvia y de negrura, oscurecen el sol. De pronto, con la misma impensada presteza, deshácense a jirones: fúndense en el azul brillante. La *Pastoral* devuélveme al jardín del Luxemburgo, en aquel domingo de treinta años atrás. La amiga de los gorriones. Comen en su mano. El camarero me da un peso falso. Barrès y los suyos depositan coronas en la tumba de Turena y visitan la de Napoleón. Barrès: "¡Vamos a beber un vaso de gloria!" Público endomingado por la tarde en la plaza de la Concordia. Louvre. Gentío. Cedo y me voy. Un Greco y el *Niño mendigo*, de Murillo. Plaza del Carrousel. Las estatuas. Paseo hasta los Inválidos. Entre las nubes aparece un sol como una naranja.

193

Empieza el segundo movimiento. Beethoven, sordo como una tapia, tendido de costado en la pradera y el mentón en la mano, deléitase en la contemplación de la luz que tamizan los bosques. Todo es claro y luciente. Salta el arroyo por el lecho de guijarros pulidos. El tiempo irrevocable deshílase en la música. Tengo de nuevo treinta años. En un pronto inexplicable, perseguido por la soledad, tomo el metro y huyo a Notre-Dame. Es la hora de las vísperas. *D'abord, au sens étymologique du mot*, precísase el predicador. Apoyado en una columna, me embebo en el espectáculo: la iglesia gótica, el coro, el órgano. Cedo a la estética de las emociones. Tan de tarde en tarde, no son peligrosas.

Empieza la danza de los pastores en el tercer movimiento. Toca un alegre airecillo un oboe y un pesado piporro replica siempre con dos únicas notas, en clave de *fa*, solemnes, grotescas. El baile cobra ahora súbita viveza. Llegan faunos, de duras pezuñas, que chafan la hierba cenceña y chisporrotean en los cantos del camino. Bullen, brincan, ríen las mozas desmelenadas. De pronto, estalla la tronada seca. Retumba en los cielos y huyen los pastores. No puedo zafarme de mi abandono, de pardal alcalaíno, en esta noche espaciosa y templada de París. La soledad llénase de estrellas sobre los muelles ahora despoblados. De pechos en el Pont Neuf, miro correr lentísimo el Sena. De espaldas a la baranda, corcovado y esquelético, las manos en la boca del estómago, aparécese el obrero: "¿Usted no me reconoce?"

Ruge el viento. Corbachadas de lluvia abofetean los encinares. Silbos de flautín anuncian mayor tormenta. Diluvia ahora y los vendavales barren la ramada. El zigzag de los relámpagos precede a otros truenos. Dijérase una tempestad en la tierra aún tierna y recién parida. Como un pedrusco, suena el cuerpo en el Sena. Caerá de cabeza, salpicando la noche. Todos los rumores de las sombras, lo que brinca, lo que surca, lo que horada, enmudecen repentinamente y prosiguen luego su tenue concierto. Ni rastro del suicida en el agua. Libre de mi tullidez, me abalanzo sobre la baranda. Con voz de ido, bisbiséole al río: "Micho, micho, micho, la levita, la levita de Congosto."

Todo sonríe ahora. Cesó la tormenta. Reaparecen los pastores. A voces, por los cerros, llaman a sus rebaños. Los torrentes se adelgazan y resplandecen los cielos. En la calma, suenan de nuevo flautines, pipiritañas y campanilleos. La paz, plena y tibia, se funde poco a poco, en el silencio. De súbito aúllo. Es el mío un solo bramido, de cara al cielo estrellado, que llena la noche entera. Un grito sin ecos, perdido en el firmamento impasible como el muerto en el agua. Quedé abandonado en un París desierto: solo con el Sena, que corre mansamente bajo los puentes hacia tenues alamedas que pronto iluminará el amanecer.

Desde la Ópera Cómica vamos a la estación. No fue Pascua a despedirme; pero sí lo hizo Giral. En el andén, me reconoce un viejo vasco, y silenciosamente se quita la boina. No le respondo al saludo... Apenas arrancado el tren, vemos desde el ventano una estrella fugaz, que cruza los cielos y piérdese hacia poniente. Por la mañana, no nos apeamos en Ginebra, sino en Bellegarde, para rehuir a los periodistas. Allí nos espera Santos con el coche, como convinimos, y nos lleva a Collonges. Es un día diáfano y transparente: una amanecida de cristal de roca. Pero ya las primeras brumas embóscanse en lo alto del Salève. En la estación, compra Cipriano los periódicos de la madrugada. Anuncian todos, en primera plana, el reconocimiento de Burgos por Francia e Inglaterra. No me molesto en hojearlos. En La Prasle, como llaman a mi casa saboyana, me aguarda un correo de Negrín con urgentísima misiva suya. Una vez más apresúrase a confirmarme lo ya sabido. En nombre del Gobierno, me conmina a presentarme en Madrid y ofrece su renuncia si la estimo necesaria. Rompo la carta a pedazos bien chicos, en presencia del mensajero, sin mirarlo siquiera, y me encierro en el despacho para pergeñar la dimisión a la presidencia: "Ocurrida la derrota militar de la República, he cumplido el deber de recomendar y proponer al Gobierno..." Tacho de un plumazo y empiezo de nuevo: "Desde que el jefe del Estado Mayor Central, director responsable de las operaciones militares, me hizo saber, delante del Presidente del Consejo de Ministros, que la guerra estaba perdida para la República sin remedio alguno..."

Desde entonces, sí, desde entonces, repito por última vez, me esforcé, dentro de las obvias limitaciones del exilio, por alcanzar una paz en términos humanitarios, que ahorrase nuevos sacrificios. Nada conseguí. El reconocimiento de un gobierno legal en Burgos, por parte de Francia e Inglaterra, me priva de representación jurídica. (Casi sin percatarlo, repito palabra por palabra cuanto dijera a Méndez Aspe.) Desaparecido además el aparato político del Estado, Parlamento y partidos, carezco de órganos consultivos y de acción para ejercer la presidencia de la República aun de modo nominal. No presenté mi dimisión al entrar en Francia, repito, con la infundada esperanza de aprovechar estas semanas en bien de la paz. La renuncia, en dos copias y por un propio de la Embajada, va dirigida a Martínez Barrio, quien hereda mi magistratura como Presidente de las Cortes, "a fin de que Vuestra Excelencia se digne a darle la tramitación que sea procedente". La otra copia es para José Giral, en representación del Gobierno y a sus señas en París: 5 rue de Châtillon.

—Ya verás —le digo a Cipriano— por qué se empeñaba Martínez Barrio en que yo no rehusase la presidencia, aun viviendo en París. No quería verse en este aprieto. Tampoco él regresará a Madrid, claro, aunque sea ahora Presidente de la República, mientras no elijan, ignoro cómo, a mi sucesor.

Al día siguiente, cuando la renuncia obra en poder de Giral y Martínez Barrio, reúno a los corresponsales extranjeros y se la leo en francés. La misma mañana llega un telegrama de Negrín, con saludos d l Gobierno y testimonio de gratitud por mi función cumplida. Guardo el billete, en tres dobleces, en un bolsillo del chaleco. Fotos de la jornada en los diarios, me muestran calmo, casi sonriente y descubierto en el balcón de La Prasle, aunque muy pálido. En *La Dépêche*, de Toulouse, aquella semana, Rojo publica una carta abierta protestando no haber sido nunca "director responsable de las operaciones militares", aunque así lo escribía yo en mi dimisión. Encárgase Parra de desenojarlo por teléfono. Rehúso hablar con él y me olvido, por desprecio, de su atufo.

Partidos los corresponsales, me quedo a solas con Lawrence Fernsworth, quien lo fue del *Times* en nuestra guerra. Lo conozco de antiguo, simpatizo con él y le concedo una entrevista para la posteridad, pues no haré más declaraciones públicas, por fatiga y por respeto a mi condición de exiliado político. Hablamos más del pasado que del porvenir, que nada tiene de incierto, en tiempos tan revueltos pero predecibles. Quiere saber lo acaecido en el Palacio Nacional, la noche del 18 al 19 de julio de 1936. Se lo detallo.

—Di la guerra por inevitable y también por perdida aquella madrugada, cuando fracasó el Gabinete de Martínez Barrio. El pueblo estaba en la calle y extendíase el conflicto. Cada hora volvíalo más irrevocable. Si los militares hubiesen pactado con nosotros, los terratenientes lo hubieran hecho también. Les repetí a todos que nada, absolutamente nada, avalaba una catástrofe tan grande. Todo el mundo, sin embargo, quería matar. Somos así a veces y nadie puede detenernos entonces. Empezó la guerra y, aunque al principio vencimos en Madrid, en Barcelona, en las grandes ciudades, no dudé nunca del desenlace. El enemigo era poderoso y sabía cierta su victoria. Como Presidente de la República, mi deber estaba al frente del Gobierno. Allí permanecí. No cabía obrar de otro modo.

—Yo viví en Barcelona la misma madrugada: la del 19 de julio —rememora Fernsworth—. Subí a pie por las Ramblas, crucé la plaza de Cataluña y recorrí el paseo de Gracia, hasta la Diagonal. Llegué al Cinco de Oros casi con el alba y el primer tiroteo. Alrededor del obelisco a Pi y Margall, petardeaban ya las primeras descargas. Diríase una verbena tardía, a no ser por las voces de los animales, que convertían en infierno la barahúnda. Un cachorro invisible, encadenado, sabe Dios dónde, atorábase a ladridos. Gañía aún mucho después, concluida la matanza en el cruce. Bandadas de vencejos descendían chiando a las aceras, remontábanse de nuevo a los tejados. Más altas, aleteaban palomas asustadas. Refugiado en el quicial de una puerta cerrada, vi en el centro del arroyo a un basurero desesperado por arrastrar a su penco relinchante, parado allí con el carro. A pie o a la jineta, los guardias de asalto, los "panzudos", correteaban por doquier. Disparaban desde los portones y las puertas de las tiendas, parapetados en caballos moribundos, aún coceantes, y acuclillados al pie del monumento. Medíanse con tropas venidas por la Diagonal y con fusileros ocultos en los terrados. El Cinco de Oros era un alboroto de tiros, de piadas, de relinchos y ladridos. Así comenzó la guerra para mí.

Se marcha Fernsworth y permanezco solo largo rato, al pie del balcón, contemplando el Salève a través de los cristales, medio enturbiados por el anochecer. Por la pradera, camino de la arboleda, pasa Nascimento, embozado en una bufanda roja de punto. Con dos dedos hundidos hasta el gaznate, silba a su perro, y el canelo lo sigue corriendo. Buena parte del monte, nieves, pedregales y abetos prietos, está ya enfoscada por las sombras; pero el último resol le enciende aún la ladera.

Pienso a la vez en mi renuncia y en el concierto de ayer. En la paz, al cabo de la tormenta, Beethoven crea un mundo intacto, perfecto para un Dios, que es sólo el hombre. También Jorge Guillén, en poemas suyos como *Las doce en el reloj*, ofrécese idéntico regalo, no por poeta, supongo, sino por hijo de mujer, cuando dícese centro de todo alrededor, en el mediodía clarísimo. Para humanizar de tal modo la música en su sordera, para creer con tal fe en el hombre, debió de redescubrirlo sin duda Beethoven en su interior: en el dramático descenso al centro de sí mismo. Aldous Huxley proclama ser Dios el hallazgo del músico sordo, en uno de sus cuartetos tardíos: el *helige Dankgesang*. Tal es para Huxley la sola prueba verdadera de la existencia divina, pues Beethoven es el único ser capaz de expresar su conocimiento. Todo esto podría ser cierto; pero el sarcasmo del caso sálese por otro registro: quien no existe no es Dios, sino el hombre.

Dimitido, no perdí nada con mi renuncia. No tiene más realidad la República que presidí y rehusé, que la que mañana historiarán en palabras. Si el mundo no es el infierno de otro planeta, o la pesadilla de Dios, será el sueño del demonio. Tercamente repítelo en mí el hijo del espíritu, aunque el de la carne resístese a aceptarlo. En última instancia, subraya, aunque el hombre no sea, será cierto su sufrimiento. ¿Cómo negar el padecer, cuando su absurdo resulta tan manifiesto y evidente? Es la propia insensatez del penar, replica en mí el del espíritu, lo que me lleva a no creer en el hombre y de rechazo en el mundo. ("Usted cree en el dolor, señor Presidente, como otros en el diablo, como una abstracción, ajena a los hombres, porque a éstos los niega.")

Oscureció ya. El Salève se hunde en la noche y tiritan en el cielo las estrellas. Desde ayer me repito en vano, sin particulares emociones, las mismas palabras. "Desde que el jefe del Estado Mayor Central, director responsable de las operaciones militares, me hizo saber, delante del Presidente del Consejo de Ministros, que la guerra estaba perdida para la República, sin remedio alguno..." No, con mi dimisión no renuncié a nada, porque nada existe. Llaman a la puerta del despacho. Pido que me dejen solo. Llegada la noche, acalláronse el viento y los bisbiseos del bosque. Un silencio perfecto envuelve La Prasle. La luna agranda la montaña y le platea los lomos. No puedo librarme de un sentimiento bien extraño: el de haber vivido antes este preciso instante. En otras palabras, todo, absolutamente todo, esta paz, esta quietud y mi propia indiferencia, me sabe a vieja memoria: a cosa sabida.

Si el mundo es el sueño de Dios o del demonio, quizá fuera soñado igual otras veces. Habría así una infinidad de diecinueves de julio, de campañas del Norte, de Brunetes, de Belchites, de asedios de Teruel, de batallas del Ebro y de caídas de Barcelona, idénticos a sí mismos: con una sola guerra civil por balance, eternamente igual a sí misma y siempre perdida por nosotros. El universo sería un caos, repetido y ensamblado con las mismas piezas y por las mismas fisuras.

Quisiera dialogar acerca de todo esto con Indalecio Prieto. Quizá comprendiera mis sentimientos sin compartirlos de lleno. Tal vez le asaltara a él idéntica sensación de *dejà vu* a escala universal, y siempre dentro de ajena pesadilla. De todos los hombres de la República, entre aquellos a quienes les tocó defenderla en la guerra, acaso él y yo éramos los más generosos, porque desde el principio la supimos derrotada. De hecho, fue hablando con Prieto, en enero de 1938 y después de nuestra toma de Teruel, cuando me asaltó por primera vez el convencimiento de revivir una vieja agonía. "¿Cuánto tardaremos en perder esta plaza, que tanto nos costó ganar?", le pregunté. "No mucho —repuso fríamente—. El contraataque enemigo será rápido y victorioso; pero mi objetivo es de estrategia política. Una victoria como ésta, si bien breve, al año y medio de estallada la guerra, es excelente base de apoyo para intentar una paz negociada." "No la conseguiremos —me sorprendí replicando—. La hemos perdido ya, como perderemos Teruel, en otro infierno parecido a éste." Me miró de hito en hito, con sus brillantes ojillos miopes y se encogió de hombros, con lento respingo de obeso: "Tal vez tenga usted razón, señor Presidente."

En los sucesos de Casas Viejas, señores diputados, por mucho que se hurgue, no se encontrará un atisbo de responsabilidad para el Gobierno. En Casas Viejas no ha ocurrido, que sepamos, sino lo que tenía que ocurrir. *(Crécense rumores y protestas de la minoría, hasta fundirse en una sola ola de voces que parece empinarse para abofetearme con la cresta. Grita a la vez sus contraprotestas la mayoría.)* Pero ¿no tengo yo derecho a hablar, o qué? Planteado un conflicto de rebeldía a mano armada contra la sociedad y contra el Estado, lo que ha ocurrido en Casas Viejas era absolutamente inevitable, y yo quisiera saber quién era el hombre que, puesto en el Ministerio de la Gobernación o en la Presidencia del Consejo de Ministros, o en cualquier otro sitio donde ejerciese autoridad, hubiera encontrado un procedimiento para que las cosas se deslizaran en Casas Viejas de distinta manera a como se han deslizado. Quisiera que me dieran la receta para conocerla.

... Donde los servicios de información del Gobierno funcionan con normalidad, con extensión y con profundidad, como sucede en las grandes capitales, en los grandes núcleos urbanos, en los grandes centros industriales, una política de previsión y un adelantamiento a los sucesos es posible; pero ¿cómo se puede adivinar que, en el risco de una sierra, unos pobres hombres hambrientos, maltratados por la desgracia, trabajados por propagandas disolventes e infecciosas, llevados allí por quienes después no tienen el coraje de decir al Gobierno: "yo soy quien los ha inducido a la rebelión y aquí estoy yo para responder de mis culpas", van a producir estos hechos? (Encréspanse las minorías, con nuevas protestas.) De esas gentes envenenadas por su propia y desgraciada miseria, que la República no ha creado; perdidas en su propia ignorancia, que la República no ha creado tampoco; de esas pobres gentes, sobre las cuales nuestro corazón se apiada, porque nosotros somos tan viejos civilizados como pueda serlo el más sentimental de la Cámara, y nada hay más doloroso para nosotros que saber que los agentes de la autoridad, en el cumplimiento de su deber, hayan tenido que sacrificar vidas de conciudadanos; de esas gentes, repito, no podía el Gobierno sospechar, ni atisbar siquiera a cien leguas, que iban a realizar un movimiento de esa naturaleza en unos riscos perdidos de la provincia de Cádiz.

... No hubo más remedio que acabarlo. ¿De qué manera? De la única manera posible. Horas enteras estuvo parlamentando la fuerza pública con los sitiados de Casas Viejas —¡horas enteras!—, y llegó un momento en que no hubo más remedio que reducirlos por la fuerza. ¿Es que es posible, señores diputados, tomando un barrio o las casas de un pueblo a tiro limpio, es que es posible discernir si se van a hacer pocas o muchas víctimas? ¿Es que es posible que la fuerza pública haya dado mayores demostraciones de disciplina que las que ha dado en esta ocasión, dejándose sacrificar sin repeler agresiones, agotando hasta última hora la resistencia en el cumplimiento de su deber? ¿Se puede pedir más? Y llegó el momento en que no hubo más remedio, para impedir males mayores, que reducir por la fuerza el levantamiento de aquel pueblo. Y las fuerzas entraron vivamente, violentamente, en Casas Viejas y acabaron con la rebelión. Nosotros deploramos que haya habido víctimas en Casas Viejas; lo deploramos y lo deploraremos siempre, como que haya habido víctimas entre los servidores del Estado. Pero ¿es que no está en el deber de un gobernante, cuando llega un caso de éstos, en que la opinión pública está pendiente de su acción, reclamándole unos y otros la rápida extinción de un incendio social; no está en la obligación del gobernante sobreponerse a sus íntimos sentimientos de piedad, de humanidad y de compasión por el prójimo y cumplir estricta y severamente con lo que es su deber?

Éste es todo el secreto de lo de Casas Viejas.

En verdad disto de saber aún hoy, 2 de febrero de 1933, lo ocurrido exactamente en Casas Viejas. En la Cámara, un diputado radical, Guerra del Río, defiende una proposición de censura al Gobierno, desde la hipótesis de que rehuimos aposta debatir los sucesos. Casares, ministro de la Gobernación, convalece en Ronda, y yo, Presidente del Consejo, inquiero de Carlos Esplá, su subsecretario, lo allí acaecido. La madrugada del 11 de enero, en aquel pueblecito de la provincia de Cádiz, cerca de Medina Sidonia, unas docenas desdichados atacan a la guardia civil, en nombre del comunismo libertario, causándole bajas. El gobernador de Cádiz envía doce guardias de asalto, armados sólo de pistolas. Trece horas permanecen en las afueras, sin poder entrar en el pueblo, y caen otros dos números. De prolongarse la algarada, puede prender por toda la provincia, y hay noticia, a mayor abundamiento, de una posible revuelta anarquista por todo el país. El cabecilla Curro Cruz, a quien dicen *el Seisdedos*, parapétase con los suyos en su cabaña. Horas enteras intímanlo a rendirse. Al cabo, toman e incendian el chozo. En el fuego mueren *el Seisdedos* y sus hijos.

207

—En Casas Viejas no ha ocurrido, que sepamos, sino lo que tenía que ocurrir.

Hacia el 12 de febrero; empieza a amagar la seria posibilidad de que allí sucedieran hechos aún más dolorosos. El juez instructor de la causa muestra el sumario a Mariano Granados, inspector de tribunales, por orden del Gobierno. Granados me visita, con gesto fosco y contristado, en el palacio de Buenavista.

—Sí, hay testimonios bastantes para inducir a la sospecha de que allí ha sucedido algo muy grave. Parece que, arrasado el barracón del *Seisdedos,* la guardia de asalto fusiló a diversos campesinos indefensos.

—¿Cuántos?

—Quince o veinte. Aún no se sabe con certeza el número. Aterrada la gente, negábase a hablar al principio. Por eso los primeros diputados y periodistas que fueron a Casas Viejas recibieron la callada por respuesta. Ahora hacen declaraciones espantosas. Escuche ésta —lee lentamente, un si es no es engolado el tonillo—: "María Cruz García. De cuarenta y tres años. Diez hijos, y con el que le mataron once. Su hijo muerto se llamaba Andrés, de veinte años. Que su hijo estaba en la casa de su abuelo, junto con el hijo de Isabel Montiano; que al pobrecito también lo mataron. Que a las claras del día 12 llegaron los guardias de asalto y se llevaron a su hijo y al de Isabel, y ante sus lamentos les dijeron que no se asustaran, que era para tomarles declaración: que no les pasaba nada. Que viendo que tardaban, su cuñada Isabel fue hacia la choza del *Seisdedos,* donde había visto que los llevaban, y los vio «tiraítos de espalda», y que volvió y le dijo a ella llorando: «¡Nos los han matao, nos los han matao!» Que fueron otra vez a la choza y no había guardia alguno, y allí había «ríos de sangre que se bebían los perros»."

—¡Todo casa con los informes que recibí últimamente! Se lo confío con toda sinceridad, Granados; hasta ahora me obstiné en negarlo. Si me hubieran dicho que en Casas Viejas fusilaron indebidamente a un hombre, me habría inclinado a darlo por cierto. Pero al confesarme que los muertos eran quizá veinte, la aberración me pareció tan grande, que me dije: esto es increíble. Me repugna lo monstruoso. Supongo caben grados de receptividad ante el horror. El mío debe de ser muy bajo, pues por compasión o por miedo soy incapaz de imaginarlo.

Es preciso recordar, señores diputados, que en aquellos días de enero se forjaba en toda la provincia de Cádiz un movimiento de rebeldía de gran magnitud. Los habitantes de Casas Viejas, gentes cuya situación económica, moral e intelectual advertirían a las claras aquellos diputados que visitaron el pueblo después de los sucesos, recibieron órdenes de Sevilla y aun de otras poblaciones más cercanas, como San Fernando, de contribuir a la implantación del comunismo libertario, que les anunciaban proclamado por todo el país. Dirigidos por Curro Cruz, *el Seisdedos*, un aceitunero de setenta años, el mejor cazador del pueblo, a quien dicen "el libertario", y por sus hijos, los insurrectos conminaron a la guardia civil con la rendición. El *Seisdedos* llegó a las puertas del cuartel y, según noticias que nosotros tenemos, gritó al sargento que se había declarado el comunismo y que si se rendían no les ocurriría nada; pero de hacerse fuertes, morirían.

Negóse a ceder el sargento y al alba del 11 de enero, se atacó el cuartel de la guardia civil. Fue muerto el sargento y herido un número al parecer a tiros del propio *Seisdedos*. Quedaron allí sólo dos guardias hábiles, quienes pidieron apoyo a Medina Sidonia. Del pueblo inmediato, San Fernando, fue un refuerzo de la guardia de asalto, al mando del teniente Gregorio Fernández Artal, que no pudo dominar la situación en Casas Viejas y estuvo largas horas sufriendo el fuego de los revoltosos. Según informes más recientes, refugióse esta fuerza en el cuartel de la guardia civil o en una hostería o posada, desde donde recabaron socorros. Fue entonces cuando desde Jerez salió el capitán Manuel Rojas, con cincuenta hombres, camino de Casas Viejas. Al pasar por Medina Sidonia, el alcalde de este pueblo le suplicó repetidas veces que no siguiese el viaje. Tenía noticias de que la situación de Casas Viejas era tal que no llevaba Rojas hombres bastantes para dominarla. Temía además una revuelta en la propia Medina Sidonia e invitaba y requería a los de asalto a quedarse allí para prevenirla o dominarla. El capitán Rojas dejó en Medina Sidonia una docena de hombres y prosiguió su camino hacia Casas Viejas. Se encontró con la carretera cortada por diferentes sitios, salvó aquellos obstáculos, llegó a Casas Viejas y entró en el pueblo a viva fuerza. Redujo Rojas la rebelión y quedó sólo el foco de la choza del *Seisdedos*. El relato de los hechos ocurridos en torno a la casa del *Seisdedos* se ha hecho tal número de veces, que me parece ocioso el repetirlo. Todo el mundo lo conoce. Todo el mundo sabe cómo fueron el asedio, los intentos de ataque a viva fuerza, su fracaso, el recurso de prender fuego a la cabaña, el incendio y, al cabo, el final de la rebelión y el sometimiento absoluto de los rebeldes, muertos *el Seisdedos* y los suyos. Todo esto está comprobado por diversos testimonios. Mis noticias, señores diputados, proceden de las declaraciones del teniente Fernández Artal, del atestado de la Comandancia de la guardia civil y del relato del propio capitán Rojas.

El chozo del *Seisdedos* en Casas Viejas es un cubil, aunque no en verdad de los peores. Según rezan los informes del suceso, la vivienda, cuadrangular, de tres metros de lado y tres de altura, la construyó el aceitunero cavando una hoya de un metro, como es costumbre del pueblo. Con la tierra que extrajo argamasó un trenzado de ramas secas: el techo de su guarida. Una cerca de piedras jalbegadas hizo las veces de muros, mientras unos altozanos, sembrados de chumberas, ponían la cabaña al socaire del levante. Dentro, una cama de hierro, donde su difunta le parió los tres hijos y la hija: Francisco, Pedro, José María y Francisca Cruz. José María murió joven y dejó viuda. Francisca está casada con José Silva y tienen dos hijos, Mariquilla, de diecisiete años, y un niño de diez. Dentro también, dos escopetas de las que allí dicen zorreras, de un solo cañón y fuego central, cargados los cartuchos con tres balines bastante gordos.

A la llegada de Rojas con su compañía, el *Seisdedos* se refugió en el chozo con los dos hijos, la hija, la nuera, el yerno, los nietezuelos, un primo y vecino, Francisco Lago, la hija de éste, Paca Lago, de dieciocho años, y una vecina: Josefa Franco. Intentaron los guardias la primera acometida. Un asalto llegó a golpear la puerta a culatazos. Según testimonio de Mariquilla Silva, quien sobrevive a los sucesos, la abrieron de par en par su padre y su abuelo y dispararon a bocajarro. El guardia cayó muerto. Arrastraron su cadáver y su máuser y volvieron a cerrar. Dijo *el Seisdedos* entonces: "Esto está perdío."

A las dos horas de fuego, un par de números trataron de penetrar en la choza por un boquete que daba a un corralillo. Los recibieron las descargas de los "libertarios". Botó uno herido, libró el otro por las tapias. "¡No tiréis más! ¡Acercaos y habladles, que se entregarán!", aullaba el guardia caído en la corraliza. Envió entonces Rojas a un preso esposado, Manuel Quijada, a parlamentar con el *Seisdedos*. No cedía el viejo. Sólo pidió que respetasen la salida de las mujeres y el niño. Negáronse los de asalto y no hubo trato. Reanudóse el fuego cuando Quijada emprendía la vuelta. Lo acabaron seis balas de máuser, según los autos. Entrada la noche. oíase aún al de asalto derrengado de un balazo en el cortil. "¡Asaltad la choza! ¿Qué esperáis? ¿Qué esperáis? ¡Me estoy desangrando!" Calló antes de medianoche. Murióse exangüe, con las manos en la ingle traspasada.

En la oscuridad, desalojó Rojas las chozas aledañas. De la de *Seisdedos* venía aún fuego de zorreras y muy de tarde en tarde también del máuser del guardia muerto; después, sólo esparcidas perdigonadas. Pedro Cruz murió por entonces, con la cabeza hendida de un balazo. Josefa Franco agonizaba con los pechos destripados a tiros. A voces, concertó *el Seisdedos* otra tregua. Consintió Rojas la salida del niño; pero no la de Mariquilla. Cuando el zagal cruzaba la corraliza a la luz de los linternones de los asaltos, dice gritábanse los guardias: "¡No tiréis! ¡No tiréis, que es un chico!" Mariquilla procuróse entonces la huida espoleada por su abuelo. Viéronla los números y reanudaron el fuego. Por milagro no le dieron. En la fuga, refugióse tras un borrico que cayó acribillado, rebuznando y coceando en las tinieblas. El asalto a quien creían muerto profirió un largo chillido, que confundióse con el roznar del asno agonizante. Luego, silencio y de nuevo el tiroteo.

Empeñóse Rojas en concluir el asedio antes de amanecer. Emplazó una ametralladora y mandó arrojar bombas de mano sobre la enramada de la techumbre que pronto cuarteóse entre crujidos. Dos granadas partieron el muro; pero los de la choza no cedían. Un par de guardias, José Sánchez y Manuel Martínez, apresurábanse a montar los peines de la ametralladora, a la luz de una lámpara, cuando recibieron una perdigonada en las manos y en las quijadas, apenas iluminados. Al filo del alba, venían de la guarida alaridos y chillidos de mujer. Los de asalto presumieron a todos los sitiados heridos y aprestáronse a quemarlos vivos. Arrojaron brazadas de encendajas, paquetes de algodón y leños rociados con gasolina al techo despachurrado y los prendieron a bombazos. Ardió la casilla con la mañana recién despuntada. Dentro rugían aullidos y blasfemias, que también recogen los autos. Bramando, con las ropas encendidas, salieron Paca Lago y su padre. Los abatió la ametralladora. A ella, en mitad del cortil, junto al borrico. A él, a la puerta. Dentro consumíanse *el Seisdedos,* los suyos y los muertos.

En los sucesos de Casas Viejas, señores diputados, por mucho que se hurgue, no se encontrará un atisbo de responsabilidad para el Gobierno. En Casas Viejas no ha ocurrido, que sepamos, sino lo que tenía que ocurrir.

214

Para el Gobierno, sin embargo, el drama de Casas Viejas empieza precisamente ahora. Los muertos no entierran a los muertos y otros surgen en el pueblo, amén de los tres guardias y los abrasados. De improviso, entre crecientes rumores, el teniente Fernández Artal declara que, amanecido el 12 de enero, el capitán Rojas ordenó un registro del villorrio, llevóse a la casa del *Seisdedos*, aún humeante, catorce detenidos, los confrontó con el cadáver del guardia y, ante las protestas de Artal, los fusiló allí mismo, "para ejemplarizar". Luego, a media mañana, los de asalto volvieron a Jerez, dejando un retén en Casas Viejas. En el Parlamento, Diego Martínez Barrio dice al Gobierno "enlodado, maldecido por la historia, entre vergüenza, lágrimas y sangre".

Cinco capitanes de las fuerzas de asalto, del cuartel de Pontejos, suscriben un acta, declarando a su vez que el 8 de enero les cursó una orden Arturo Menéndez, director general de Orden Público, conminándolos a "no hacer heridos ni prisioneros entre los sediciosos". Rojas, cuñado de Sarabia, niega primero la consigna o afirma al menos no recordarla. Luego desdícese y la da por cierta. Menéndez solloza en mi despacho. Recúsalo todo, entre repetidos juramentos y puñadas a los pechos. Asegura que se hará con el acta de los capitanes para quemarla. "No cometa usted tal disparate —atajo irritado—. Se lo prohíbo terminantemente. Este documento se volvería peligrosísimo en cuanto usted lo mandase destruir."

Una noche, entre buenos titubeos, pues el riesgo es mucho, recibo a las once al capitán Rojas. Cabe adivinar la malicia general si se divulgase la entrevista. De entrada, me atestigua la veracidad del acta de los cinco capitanes. Lo jura por su honor, sin más preámbulo.

—Pero ¿hubo esa orden?

—Sí, señor.

—¿Y usted, al prometer que se haría responsable de todo a qué se refería?

—A lo ocurrido en Casas Viejas, tomando para mí la culpa, si la hubo, y callándome esa orden.

—¿Y qué sucedió en Casas Viejas?

—Ya lo he contado.

—He leído la copia de su relación. ¿Tiene algo que añadir a cuanto allí se dice?

—No, señor. Tal vez algún detalle...

—¿No hubo fusilamientos?

—No los hubo. Fuimos duros, crueles si se quiere, forzados por las circunstancias. A quien corría y no levantaba las manos a nuestra intimación, le hacíamos fuego; al que se asomaba a una ventana le disparábamos; cuando nos tiroteaban desde las chumberas, respondimos con las ametralladoras. Eso es todo.

—¿Recibió usted una orden telegráfica en Casas Viejas?

216

—Sí, señor.

—¿Qué decía?

—Que acabásemos aquella misma noche con la casa del *Seisdedos*.

—¿Conserva usted la orden?

—No, señor.

—¿Por qué?

—Se la devolví a quien me la entregó.

—Esto no parece convincente.

—Lo comprendo, pero es la verdad.

—¿Y no es cierto que mandase usted *razziar* el pueblo, como lo afirma el teniente Artal?

—Es falso.

—¿No registró usted las casas, no apresó a catorce hombres, no los mandó fusilar ante la casa quemada?

—No, señor. ¡Es falso, es falso, es falso! ¡Artal miente! Los prisioneros los entregamos al juzgado.

—¿Por qué está ahora tan *decaído*, según declara, el teniente Artal?

—Lo ignoro. Lo estaba también la noche de los sucesos. Quería encamarse y tuve que reprenderle.

Varias veces le pregunto por los fusilamientos. Los niega siempre, en tono desapasionado y rutinario. Sólo conmuévese en una ocasión: cuando confiesa que fueron duros y crueles, obligados por las circunstancias.

Señores diputados, cuando yo dije que en Casas Viejas ocurrió lo que tenía que ocurrir, estaba refiriéndome a todo lo que dependía de las instrucciones del Gobierno. Después ha venido este estado pasional, fundado en las denuncias o en las acusaciones de hechos producidos posteriormente al sofocamiento de la rebelión de Casas Viejas. La máxima imprudencia por parte del Gobierno sería dar por buenas semejantes acusaciones sin más pruebas. Eso, nosotros no lo podíamos hacer. Hemos tenido sólo el cuidado de afirmar, como es justo, que todos los que se han atenido a las instrucciones del Gobierno, han cumplido con su deber y que la fuerza pública, en general, ha cumplido con su deber, sin ninguna extralimitación, y ha tenido víctimas, que son también dignas de lástima; y que si hubiera habido una extralimitación de esta orden, habría que hacer primero las siguientes cosas: demostrarla de un modo indubitado, demostrarla fríamente. Después, determinar quién es el causante de este hecho y, después, individualizar la responsabilidad en uno, en diez, o en veinte, pero nominalmente. Ni para el ataque ni para la defensa pueden admitirse responsabilidades de orden colectivo. Responsabilidades de orden colectivo, en este género de infracciones, no son admisibles en buena justicia ni, por tanto, en buena política. El Gobierno no se cruzó de brazos en ningún momento y ha estado siempre sobre la pista de lo que allí ha podido ocurrir, por sus órganos naturales de información. Y cuando por los órganos naturales de información ha aparecido un indicio o varios indicios de que en Casas Viejas pudiera haber ocurrido algo que fuese anormal, es cuando el Gobierno ha podido tomar en serio semejante desgracia.

El 5 de marzo me requieren con urgencia Granados y el abogado fiscal que interviene en el sumario de Casas Viejas. Es domingo. Me recreo los ocios a solas y en el balcón, contemplando el silencio de la calle de Serrano, cuando llegan los letrados, cariacontecidos y nerviosísimos. Anoche, avaló Rojas ante el juzgado especial la declaración de Artal y confesó haber fusilado doce presos, frente a la casa del *Seisdedos*. Al Gobierno dícelo ignorante de su crimen; pero insiste en que Arturo Menéndez le mandó aplicar la ley de fugas, al despedirlo en la estación de Atocha, y a la vuelta le exigió callar lo ocurrido ante el ministro.

¿Qué clase de hombre es el tal Rojas, que ha estado negando durante dos meses los fusilamientos, incluso ante mí mismo ("No los hubo; fuimos duros, crueles si se quiere, forzados por las circunstancias") y aún ayer negaba, mientras disponíase a firmar esta declaración? Lo recuerdo la noche de nuestro encuentro en el ministerio: le ralea el pelo en una cabecita alargada y estrecha como un cacahuete; tiene anchas cejas negras, muy separadas, y un bigotillo delgado, de mozo de botica. No parece inteligente. Ante la copia de su declaración, que me trae Granados, huelgan comentarios. Lleva los detenidos a la casa. Les muestra el cadáver del de asalto caído en el corralillo y el cuerpo de su compañero, en las ruinas de la choza. "Como la situación era muy grave, yo estaba completamente nervioso y las órdenes que tenía eran muy severas, advertí que uno de los prisioneros miró al guardia que estaba en la corraliza y le dijo a otro una cosa, y me miró de una forma..., que, en total, no me pude contener de la insolencia, le disparé e inmediatamente dispararon todos y cayeron los que estaban allí mirando al guardia que estaba quemado. Y luego hicimos lo mismo con los otros que no habían bajado a ver al guardia muerto, que me parece que eran otros dos. Así cumplía lo que me habían mandado y defendía a la República de la anarquía que se levantaba en todos lados del país."

Destituimos a Arturo Menéndez y a propuesta de Prieto lo sustituimos por Manuel Andrés, gobernador de Zaragoza. Casares, aún febril y derrostrado, vuelve de Ronda y le da posesión. Menéndez viene a despedirse. Niega todo acuerdo con Rojas y repasa sus servicios y su lealtad. No creo yo que los excesos de Rojas en Casas Viejas se hicieran con su anuencia. Necesitaré que me convenzan de ello. Con todo, mi duda, o mi sospecha, es si Rojas se lo contó todo después y Menéndez callóse el delito. ¿Cuándo se ha enterado? ¿Por la declaración de Artal? Esto es lo que importa descubrir ahora; pero me temo que nunca logremos averiguarlo.

Informo también al Consejo de la confesión de Rojas. Acordamos que yo cuente mañana en las Cortes la verdad sobre los fusilamientos, antes de que lo haga la comisión parlamentaria, a su vuelta de Casas Viejas. Nosotros no vamos a dimitir. Superado el trance, nos conviene despejar el ambiente provocando la cuestión de confianza. Para mi pesadumbre, Largo manifiesta que de plantearse la crisis, los tres ministros socialistas tienen decidido retirarse definitivamente del poder. "Nada —dice Prieto—, que no nos reenganchamos." La renuncia del Gobierno, arguyo, significaría la ruina de la reforma agraria, un retroceso en la política de conciliación con Cataluña, el predominio de unos generales y otros militares hasta ahora sojuzgados y una era de cohechos y mercedes, a la vieja usanza. Mientras les hablo, me invade un escarabajeo de miedo del gaznate al alma. Oscura, pero obstinadamente, presiento condenada la República.

Se habló también, señores diputados, de la presencia de un delegado gubernativo en Casas Viejas durante los sucesos. Jamás ha ido allí un delegado del Gobierno. Se podrá discutir si era, en efecto, un delegado del gobernador de Cádiz; lo he visto calificado de las dos maneras en los autos; pero si ese señor, como aseguran ahora su señoría y el capitán Rojas, ha presenciado los hechos, él sabrá los motivos que haya tenido para hacerse encubridor de semejante delito.

Si ese señor delegado, o lo que fuese, del gobernador ha estado en Casas Viejas y ha visto estos hechos y no se los ha contado, él sabrá por qué delinque al callarse; y si se lo ha dicho al gobernador y éste, por lo que sea (cosa que me abstengo de calificar), no ha informado al Gobierno, será el gobernador el que tenga que responder de su silencio.

El debate de Casas Viejas, devenido escándalo, se encona políticamente primero y languidece después. Dimite el gobernador de Cádiz. Arturo Menéndez es procesado y detenido en las prisiones militares, donde lo encarcelan tabique por medio con Rojas. Absuélvenlo al cabo. Nunca estaré cierto de si se enteró a la vez que nosotros de los fusilamientos, o los conocía antes. En este particular no puedo pronunciarme. Miguel Maura me habla de orgías y borracheras en la dirección general, en tiempos de Menéndez. Me aconseja la renuncia del Consejo, sin mayor tardanza.

El general Fanjul, diputado agrario, visita Casas Viejas por su cuenta y vuelve tronando contra el Gabinete. "En Casas Viejas se interpretaron con todo rigor, con execrable rigidez, las órdenes terminantes del Presidente del Consejo y del ministro de Gobernación, que deberían reconocer sus yerros y dimitir." Exime incluso de responsabilidad a la guardia de asalto (después de cuarenta días de conocer los hechos el Gobierno, sin haber tomado medidas), para gravarla entera a cargo nuestro.

Bartolomé Barba, un capitán del estado mayor, me

solicita venia para comparecer ante la comisión. Le recuerdo el artículo 329 del Código militar, referente a las faltas graves del oficial que emita opiniones públicas sobre actos del Gobierno, de las autoridades y jefes militares. "Yo no le autorizo ni desautorizo a usted para ir a declarar; haga usted lo que quiera; usted conoce sus deberes de militar y obra bajo su responsabilidad." En mayo del año siguiente, juzgan a Rojas en Cádiz. Allí afirma Barba que, en vísperas de Casas Viejas y en oculta confidencia, uno de mis ayudantes le había dado órdenes mías: "Ni heridos, ni prisioneros. Los tiros a la barriga." En julio de 1935, jura que fui yo mismo y a solas el autor de la consigna. Otras confidencias, no menos quiméricas, revela Rojas en su causa. Verbigracia: la sigilosa oferta de un millón, a cargo de Sarabia, por precio de su silencio. En el proceso, explica Menéndez el derecho de cualquier oficial de policía a exigir por escrito las órdenes que crea ilegales. Rojas no replica al caso. El tribunal lo condena a 21 años. Sálvase el Gobierno, pero la República se verá abocada a mayores catástrofes. Lo advierto a solas con toda certeza.

Pero ya esto se ha desvanecido, señores diputados; ya hemos llegado a una conclusión; ya ha ido una comisión parlamentaria a Casas Viejas a averiguar la verdad de lo allí sucedido y ha vuelto sabiendo esa verdad, y además, sabiendo que lo que allí ha sucedido no ocurrió por culpa del Gobierno. Y, una vez averiguado esto, ¡ah! nuestra posición es completamente distinta y, más que nuestra posición, nuestra manera de afrontar el asunto y de comparecer ante las Cortes; porque ya nadie puede honradamente poner en discusión si los sucesos punibles de Casas Viejas se deben o no a instrucciones u órdenes del Gobierno; eso está ya fuera de duda, como lo está, por lo tanto, la respetabilidad personal y moral del ministerio. Nosotros tenemos una libertad de movimientos y una seguridad de réplica, de las que hasta ahora carecíamos por las razones que acabo de exponer, pero que hemos recobrado plenamente.

En mi fuero íntimo, sé sin embargo que Casas Viejas es una pesadilla de la cual nunca despertaremos. Los hechos, empero, parecen bien reales: de puro vívidos, en su horror, se me antojan precisamente mal sueño. Este mal y este espanto no pueden ser ciertos, me repito al releer las declaraciones del pueblo a la comisión parlamentaria. Semana y media después del incendio y la matanza, pasan las mujeres en lo alto de la torrentera, asustando a cantazos la perrada hambrienta que husmea la casa. Diez días permanecen en las ruinas de la choza fusilados y abrasados, y allí acuden los perros, arrufando y ladrando a disputarse a dentelladas el churre y la carne de los muertos.

Hay otro horror, el de la miseria, que precede la

mortandad. La oposición de derecha e izquierda, desde el general Fanjul a Eduardo Ortega y Gasset, hermano del filósofo y uno de los jabalíes de las Cortes, de cabellera muy rizosa y dantoniana, denúncianlo para su provecho político, sin que por ello pueda yo negarlo. Casas Viejas es rico en locos que dementó el hambre. De quinientos hombres, sólo ciento tienen allí trabajo, junto a 80.000 hectáreas de pastos para toros de lidia, cercados con pilotes y alambre espinoso. El subsidio de parados, "la limosna" como lo llaman, les da para sopas de ajo sin huevo una vez al día, si la familia no es muy numerosa. El pan vale en Casas Viejas cinco céntimos menos que en Medina Sidonia: noventa céntimos el kilo y medio, que venden en hogazas. De mozo, *el Seisdedos* segaba en verano e iba a la "seituna" en invierno. Los jornales eran entonces la comida y dos reales. Si el bracero no se avenía al trato, pagábanle el importe de la comida: otro real. Ahora, en los olivares, hay estipendios de 6,50; pero a las gentes de Casas Viejas les están vedados. La ley de términos municipales, de "fronteras" llámanla allá, les prohíbe trabajar en ajenos municipios, precisa e irónicamente para impedir abusos en la contrata de peonaje a bajo sueldo. Estos hechos no pueden olvidarse. Si circunscribimos y condenamos el odio y la violencia, ignorándoles sistemáticamente las causas, sólo eternizamos el maniqueísmo.

Este horror absoluto, de raíces hundidas de antiguo en la miseria, no puede ser cierto. O vivimos en un universo de apariencias, o estamos ciegos, aunque na-

225

die se sueñe desojado en sus pesadillas. Mi repudio metafísico de la realidad viene siempre de origen moral. Descreo en la tierra y en la vida, porque rechazo la autenticidad del mal que nos agobia. Al cabo, empero, cuando casi me juraría cierta la irrealidad del mundo, me advierto siempre incapaz de negar la existencia del dolor humano. Ante éste, sin embargo, vivimos (o viví yo al menos) con los ojos quebrados. Releo las entradas de mi diario para el 11 y el 12 de enero y advierto ahora, sólo ahora, mi espantosa ceguera. "Se han mandado muchos guardias con órdenes muy severas. Casares espera acabarlo todo esta misma noche." Y al día siguiente: "Casares me contó la conclusión de la rebeldía de Casas Viejas, de Cádiz. Han hecho una carnicería, con bajas en los dos bandos. Fernando de los Ríos me dice que lo ocurrido en Casas Viejas era muy necesario, dada la situación del campo andaluz y los antecedentes anarquistas de la provincia de Cádiz. Por su parte, Largo Caballero declara que mientras dure la refriega el rigor es inexcusable."

No podía presumir, reducido todo a palabras, cuanto en verdad sucediera. "Fuimos duros, crueles si se quiere, forzados por las circunstancias", decíame el capitán Rojas, cuando aún desmentía los fusilamientos. Esto tanto puede significar que se apaleó a un perro como que se pasó a cuchillo a medio pueblo, aunque yo lo ignorase todavía. El horror, de hecho, crécese siempre de forma implacable e imperceptible, como la yedra venenosa. Trepa hasta cubrir todo nuestro horizonte moral y yo entonces, repito, no puedo menos de descreer en el mundo como en mí mismo. Y, sin embargo, la realidad me cohíbe, reclama sus fueros, manifiesta su existencia y a través de los terrores del hombre de la carne en mí presiente incluso mayores y bien cercanas matanzas. Nos devoraremos como tigres, en nombre de abstracciones que son ideas puras. En verdad, a mayor gloria de las virtudes más desinteresadas, de la abnegación, de la justicia, de la fraternidad, de la fe, del amor al país, tocaremos a rebato e iremos al mutuo degüello. Nos ahogará la sangre, me dice estremecido el hombre de la carne, esa misma sangre que iban a beber entre pedradas los perros de Casas Viejas, vertida pronto a riadas y a torrentes. ¡No! ¡Yo no quiero creerlo! ¡No quiero acordarme de este futuro tan próximo y tan inevitable! ¡Prefiero negar el universo, sí, el universo entero, por insensato!

Quizá la piedad por todos, misericordia aun por los verdugos, sea mi única salvaguardia contra la locura. (Si no es la insania la sola realidad cierta en esta pesadilla.) ¡Habrá tanto que compadecer en nuestro desastre! El hombre del espíritu en mí sonríese, empero, y sacude la cabeza. "¿Para qué?", me pregunta. "¿Para qué, seas quien seas (soy aquel de cuyo nombre no puedo acordarme), sirve tu inútil conmiseración por tus semejantes? ¿Para qué? Dime. Presidirás un gobierno, quizá aun el Estado; pero no conseguirás nunca convertir tu piedad en obras, porque en esta tierra de Caín (la del nombre que tampoco recuerdo), nadie, nadie, nadie hizo nunca nada por nadie.

Tres

—SEÑOR OBISPO, me acabo y ya murió en mí el hombre de la carne. Sólo sobrevive el del espíritu; pero aun a éste lo aterra hoy la muerte. Monseñor, quiero confesarme. Temo una eternidad de tinieblas y de desmemoria: el olvido y la ceguera por siempre jamás.

—Rehúso confesarlo, señor Presidente, porque no puedo absolverlo. Motivada por el miedo, su confesión saldría del todo inválida. Debe creer primero en el mundo, antes de aceptar la vida perdurable sólo por terror al vacío.

—Usted no me absuelve porque envidia mi fe en la inmortalidad, aun entre mis dudas.

—Quizá, no lo sé de cierto. Pero usted tampoco está en su juicio al implorarme la absolución sólo por pánico. Así podría proceder el hombre de la carne; nunca el del espíritu, de hallarse en sus cabales.

—¿Por qué es usted tan francés, monseñor? ¿Por qué tiene tal fe supersticiosa en la razón?

—A través de usted, debe reconocerse a sí mismo, señor Presidente, y reconocer el mundo.

—¿Por qué iba a hacerlo, cuando ni siquiera recuerdo mi nombre o el de mi país? ¿Cómo me llamo, señor obispo? ¿Cómo llaman a mi tierra?

—No puedo decírselo. Debe esforzarse por precisarlo solo. Únicamente así, al precio de ese afán, conseguirá admitir su realidad y la del mundo. En cuanto sepa quién es y de dónde procede, sabrá a la tierra tan cierta como usted mismo. Sólo entonces creeré verdadera su fe en la vida eterna y quizá llegue a compartirla cuando lo absuelva de toda culpa.

—¿No pensó nunca que acaso yo estuve siempre loco, monseñor? Antes de la guerra, había un farmacéutico del Hospital Civil de Gerona, físicamente idéntico a mí. Pasábamos por más pariguales que los propios mellizos, y tales lenguas se hacían de nuestra semejanza, que un día, presidiendo yo el Gobierno, delegué en Cipriano para invitarlo a una audiencia privada. Volvió de Gerona muy contrariado. El farmacéutico era monárquico requeté, de lo más encastillado, con boina encarnadina en el perchero de la rebotica y un rencor implacable contra mi persona y mi política. Negábase en redondo a verme y casi despidió a Cipriano a cajas destempladas, resentido por su insistencia. El parecido, al decir de mi cuñado, era tan acabado como increíble. Nos espejábamos la figura, los rasgos y aun la voz, la palidez y las propias verrugas. Quise olvidarme del doble irascible, cuando un día vínome Cipriano con una carta suya, escrita, para mayor asombro, en letra chica, picuda y corrida, en todo igual a la mía. Disculpábase allí de mala gana por su encalabrinamiento y aveníase a verme cuando le cuadrase al "Presidente del Consejo". Lo recibí una noche, sobre las once y en el palacio de Buenavista, tan de ocultis como antes me viera allí con el capitán Rojas.

—¿El capitán Rojas?

—Esa es otra historia, monseñor. Volvamos al boticario. Nos miramos largamente y mirándolo no podía dar crédito a cuanto viera: léase a mí mismo. En él repetíanse aun mis gestos y contemplábame yo con más cumplido detalle que en un espejo de luna. Tan acabado resultaba el parecido que, atisbándole los ojos, me decía: "no existes", sin saber a ciencia cierta si me refería a él o a mí mismo. "Yo seré tu caricatura —exclamó de pronto, al cabo de exasperante silencio, en tono idéntico al mío, sin que el tuteo me hiriese ni pasmara—; pero tú estás loco y yo no. Tu insania es el poder y el poder no existe." "Nada existe —asentí—, ni tú ni yo ni el poder. El universo entero es la pesadilla de un desconocido." "Tú sí eres —insistió—, y eres precisamente por estar enajenado. Sólo la insania es cierta. Siendo de veras, interpretas ficticios papeles en la farsa de la historia. Ahora te vistes de Presidente del Consejo, mañana acaso presidas la República: todo es burla y humo, quizá sueño ajeno como tú dices." "¿Por qué te hiciste carlista? Si en nada crees, ¿cómo reivindicas un pasado, que yo supongo muerto?" Se encogió de hombros. "Tanto me daba ser requeté como anarquista, restaurar el poder como destruirlo porque siempre lo supe inexistente. Entre la acracia y el carlismo, decidí mi fe política a

233

cara y cruz. Ganó la tradición. Tal vez por envidiarte la locura, que a ti te llevó a la presidencia, opté por cualquiera de aquellos extremos que tu poder desmienten." "Te equivocaste al juzgarnos —lo atajé—. Quizá yo sea un comediante, como dices; pero tú eres el ido. Debieras sustituirme al frente del Consejo. Somos tan idénticos que nadie advertiría el trastrueco." Sacudió la cabeza "No, no, cada cual debe ocupar su puesto en la farándula. A ti, y sólo a ti corresponde el poder, porque en los hondones de la conciencia lo crees aún cierto, si bien afirmas en vano que de raza te viene el desapego y que toda vanidad te la echaste a la espalda." Levantóse de súbito y se fue sin despedirse. Nunca más volví a verlo.

—¿Cómo se llamaba el farmacéutico de Gerona, señor Presidente?

—Manuel Azaña.

—¿Está usted seguro?

—Por completo. Irónicamente olvidé mi nombre, pero no el suyo. Ignoro qué habrá sido de él.

Calla el obispo y mírame a los ojos, con tranquila dilación. Estúdiase luego las manos cruzadas en el regazo ensotanado. El sol, venido por el ventano, le enciende en destellos violetas la gorda amatista del anillo.

—No está usted loco, señor Presidente —bisbisea al fin—. Pedí a su esposa alguno de sus libros, para conocerlo mejor, y me prestó el volumen de sus cuatro discursos en la guerra civil.

—Dos pronuncié en Valencia, uno en Madrid y otro en Barcelona. Lo recuerdo muy bien, porque entonces negábame sistemáticamente a hablar. Hacerlo en tiempo de guerra es mentir, escribió Ortega, con toda razón en otra época. Me plegué a ello sólo en aquellas ocasiones, amén de otra más, a los pocos días de estallado el conflicto.

—Leí sus discursos con gran trabajo. Con todo, creo haberlos comprendido. Distan de ser la obra de un loco, aunque usted ahora apunte lo contrario. En el primero, el de Valencia en enero del 37, si no yerro, llamaba usted aborrecible y funesta toda guerra civil, incluso para quien la gana. Un cínico creería acaso tópico pacifista su declaración. A mí me parece muy sensata.

—Afirmaba allí, para consumo de mi pueblo, que no transigiríamos nunca en poner en tela de juicio la autoridad de la República o la legitimidad del Régimen para limitar la guerra ni aun para extinguirla. En mi fuero íntimo, creía sin embargo que nada, assolutamente nada, justificaba tales estragos. También cerré el discurso manifestando mi fe en la victoria, como era de rigor. Estaba muy lejos de sentirla, convencido de antemano de nuestro desastre. En otras circunstancias, antes de la contienda, dije que alguien debía dejar de fusilar en nuestro desdichado país (aquel de cuyo nombre no puedo acordarme), y me ofrecí a hacerlo. Al cabo de la alocución, pensé que irónicamente fusilaba entonces todo el mundo menos yo. Lo hacían en nombre de creencias propias, que al ver de cada bando avalaban cualquier medio de imponerlas. Escribían la propia verdad con sangre ajena, mientras yo mentía, dando por ganada una guerra que siempre supuse perdida. No sé si dentro de muchos años cesarán de fusilarse los míos. Pero estoy seguro de que aun entonces les mentirán sus dirigentes respecto al porvenir como lo hacía yo.

—No mentía usted, señor Presidente, cuando aseguraba ajena la victoria porque, en el orden personal, no se triunfa nunca contra compatriotas.

—Es cierto, monseñor, así concluí aquel día. También dije, si mal no recuerdo, que con nuestra victoria consumiríase mi vida, porque nadie había sufrido más que yo por los míos. Ahora hemos perdido, y me muero de todos modos. Para el caso resulta lo mismo porque todo es nada.

—El 18 de julio del 37 volvió usted a hablar en Valencia.

—A requerimiento del Gobierno, por ser aquél día señalado. Yo no quería hacerlo. Me convenció Prieto. "Esto se va al carajo de todos modos —rezongaba—. Dígale usted al país que del odio y el pánico vienen todas sus desdichas." Asentí e insistió Prieto. "Proclámelo entonces en voz bien alta. Poco importa que nadie lo escuche, porque no es mejor callar inútilmente que hablar en vano."

—Algo dijo usted en aquel discurso que no puedo olvidar: su comparanza del rencor político y el teológico.

—En efecto, monseñor. Aseveré que el odio, el odio político, mucho más fuerte que el teológico o hermano gemelo suyo, trae el exterminio del adversario, para ahorrar quebraderos de cabeza en quienes pretenden gobernar.

—Es cierto. Por ser hombre de la Iglesia, debo admitirlo.

—Es cierto y no lo es, como razonaría cualquier enajenado. La verdad absoluta resulta siempre un absurdo, que supera las consideraciones morales de orden parcial. Observe, por ejemplo, nuestro caso. El miedo a una revolución lanzó a los rebeldes a un levantamiento, que provocó precisamente cuanto ellos querían impedir. La revolución, a su vez, fue incapaz de detentar el poder y sólo sirvió para hacernos perder la guerra. A la vista de tales contradicciones, la locura es la única sensatez, y el resto, el mundo todo, es burlería sangrienta. Por demente, sin duda, afirmé yo siempre que ninguna política podía fundarse en el exterminio del enemigo. No sólo porque moralmente es una abominación, sino porque además es del todo irrealizable. La sangre injustamente vertida por el odio, con propósito de exterminio, renace y retoña en frutos de maldición. Maldición no sobre quienes la derramaron, sino, absurda y desdichadamente, sobre el propio país que la ha absorbido para colmo de su desventura.

—Entre tanta sangre, cuente usted, señor Presidente, la de la Iglesia —replica en voz baja el obispo.

—No la ignoré cuando proclamaba la inutilidad del exterminio. Jamás quise disculparla alegando los fusilamientos del enemigo, nunca denunciados por la misma Iglesia. La sangre derramada por unos no lava precisamente la vertida por otros.

—¿Cuánto clero se asesinó en la zona republicana, señor Presidente?

—Sólo el tiempo lo dirá, monseñor. Quizá unos seis mil. En algunos casos, como el del obispo de Gerona, doctor Cartanyà, se le dio por muerto cuando la Generalidad lo había embarcado para Italia. Otros doce o trece obispos, sin embargo, fueron sacrificados.

—A veces me abochorno de serlo y estar vivo.

—¿Por qué, monseñor? ¿Cuándo admitirá que si en la conciencia somos responsables por todos los hombres, somos a la vez inocentes de cualquier delito, por ser el universo entero sueño de Dios o del demonio? El propio Cristo llegó acaso a presentirlo cuando pedía que los muertos sepultaran a los muertos.

—Aunque sea obispo de su Iglesia, no abono del todo ese precepto, señor Presidente. Si se trata de absolver a los asesinos, entonces estoy de completo acuerdo, pues no hay crimen más vano que la venganza. Si, por el contrario, se nos ordena olvidarnos de los muertos para desvivirnos sólo en vivir, yo difiero.

—Lo perderá el orgullo, monseñor. Arderá usted en el último círculo del infierno.

—Lo prefiero al limbo de la indiferencia. Olvidarse de los muertos es desentenderse de nosotros mismos. En otras palabras, señor Presidente, equivale a ignorar aposta por qué vivimos cuando pudieron sacrificarnos en su lugar.

—Vicariamente, yo he fenecido un poco con cada víctima, sin que por ello me sienta más inocente que los muertos o menos culpable que sus verdugos. Por lo demás, importa poco quién perezca o sobreviva. Si alentamos, o creemos alentar en sueño ajeno, sólo un azar absurdo, como el que gobierna toda pesadilla, determina las sombras que perduran o perecen.

—¡No! ¡No, y mil veces no! —exáltase ahora el obispo, apuñando los brazos de la poltrona—. Negar la realidad del mundo es desdecir la libertad, señor Presidente.

—¿Por qué no, monseñor? La libertad es el mayor descabello. No somos libres de rehusar el nacimiento ni la muerte. Unamuno quería eternizarse, con su chaleco puesto y su perro a la vera. "Yo —le dije una vez— sólo reclamaría el derecho a decidir mi concepción." Por cierto, monseñor, si me diesen a optar entre reencarnarme como fui, con idéntica vida e historia, o no volver a ser, ignoro de veras cómo determinaría mi sino. Supongo que muchos muertos se verían en parejo dilema. Lo cual prueba de forma incuestionable que la libertad no existe y es además del todo innecesaria.

—Nos ofuscamos en disputas bizantinas —protesta el obispo—. ¿A quién, si no a Dios, puede importarle nuestra resurrección en medio de tantas catástrofes colectivas? Como bien dijo Pío XI a monseñor Cardjin: "El mayor de los escándalos del siglo XIX es que la Iglesia ha perdido la clase obrera." En el XX, desde luego, no quiso encontrarla.

—No creo yo que tal sea el caso en mi país. En las llamas de las iglesias abrasadas establecen una extraña dialéctica incendiarios e incendiados. Sólo así se explican la destrucción, con sangre a veces, siempre sin lucro: la quema de las alhajas con los altares; los templos en ocasiones incendiados repetidamente. Mediaba en todo ello un paradójico, pero a mi ver evidente, afán purificador. Hace treinta años lo advirtió perfectamente Maragall. La Iglesia vive de la persecución porque nació en ella, escribía en 1909. Su mayor peligro radica en la paz, que la enerva y corrompe. Por eso es instinto del pueblo, de nuestro pueblo al menos, destruirla cuando la ve triunfante, precisamente para volverla a su estado natural. Cristo dijo a sus discípulos que serían siempre perseguidos. Cuando no lo son por la autoridad, con quien comparten el poder, degüéllalos el pueblo para rescatarlos en su pureza consustancial.

—¿Quién era Maragall, señor Presidente?

—Un poeta catalán y católico.

—A mí todo esto me parece terriblemente extraño. *Du sang, de la volupté et de la mort!* Resulta incluso razonable, de una forma bárbara y bella; pero poco plausible.

—A mí, por el contrario, se me antoja muy convincente y poco razonable. A la vista de tamañas contradicciones, sólo la demencia cobra sentido. Si usted estuviese ido, monseñor, creería en la eternidad, que es la vida verdadera y la última insania. Con la razón, metódica y francesa, no conseguirá comprenderla jamás.

—¿Lo logró usted acaso en su locura?

—No por completo. Para desdicha mía, debo estar en parte cuerdo, pues no alcanzo a creer por entero en la eternidad, como no pude crear nunca una verdadera obra de arte.

—¿Qué tiene que ver una cosa con la otra?

—Todo, monseñor. Sólo el arte y la enajenación existen. No me cansaré nunca de repetírselo.

—Está bien, dejemos esto. Usted se siente tentado a creer en la vida perdurable; yo a descreerla. Pero ¿qué ocurriría si la eternidad fuese algo por entero distinto a como la imaginamos o tememos?

—¿Algo por entero distinto a como la imaginamos o tememos?

—Precisamente, ¿no supuso nunca confundidas memoria e inmortalidad? Conciba por un momento la existencia eterna, reducida a un solo recuerdo. En su caso, el del 19 de julio en Madrid, o el del 3 de mayo en Barcelona. En el mío, el de la pesadilla, donde me sueño Papa.

—La perennidad sería entonces un interminable examen de conciencia. Existir muerto por siempre jamás, para evocar lo soñado o lo vivido.

—Por cuanto a usted atañe, señor Presidente, su inmortalidad se reduciría a hacer la historia eterna.

—No a hacerla, sino a observarla, monseñor. En aquellas ocasiones, en julio del 36, en Madrid, o en mayo del año siguiente en Barcelona, me limité a

241

contemplarla y a sufrirla. Un papel desairado, si usted quiere, aunque corresponda al de las masas, siempre llamadas a padecerla: hambrientas, despavoridas, bombardeadas en la retaguardia, carne de cañón en las trincheras.

—¿A través de su martirio aprendió a aceptar el dolor como única realidad, señor Presidente?

—El dolor, sí; pero no las masas propiamente dichas. Éstas siguieron pareciéndome tan inexistentes como el mundo mismo. En La Bajol, pedí en vano a Negrín, para escándalo suyo, que apartase de mi camino a las multitudes fugitivas. No eran para mí sino sombras soñadas, como la propia tierra, aunque su suplicio estuviese paradójica y extrañamente vivo.

—¡Sí, sí, me lo contó usted en otras ocasiones! —ataja el obispo, impaciente y como turbado por mi inhumanidad—. Volvamos a la historia.

—La historia, monseñor, no existe porque el mundo no es. Se reduce a un punto de vista sobre la nada.

—¿Un punto de vista sobre la nada, señor Presidente?

—Dos, por mejor decirlo. Uno, propio de quienes la limitan a las vidas de sus dirigentes, que Negrín diría con razón exclusivismo capitalista. Otro, parejo a cuanto Unamuno dio en llamar "intrahistoria", fuera una versión colectiva de los aconteceres, según masas o pueblos, más cercana a la sociología o a la antropología que a la historia tradicional. Lógicamente los dos conceptos, el de la multiplicidad o la individualidad de la historia, no debieran excluirse. Al contrario, cabría fundirlos en una especie de experiencia total, donde cupieran multitudes y personalidades, arte y política, credos y precios, armas y letras, hechos y esperanzas. En otras palabras, nada, porque todo es sueño.

—¡Y si no lo fuese, señor Presidente! ¡Y si no lo fuese!

—Debe serlo, monseñor. Creo que puedo probárselo.

—¿Puede usted?

—Así lo imagino, al menos. Repare usted en que este concepto de la historia, como experiencia absoluta del pasado, equivale sencillamente a la literatura. Ésta, a su vez, no es ni más ni menos que la síntesis de idéntica experiencia en supuestos fingidos.

—¡Nos perdemos en un mar de palabras!

—De ningún modo. Nos aproximamos a las últimas verdades, las que prueban la inexistencia de todo. Tomémonos a nosotros dos, a modo de ejemplos. Usted, monseñor Pierre Marie Théas, obispo de Tarbes y de Lourdes. Yo, el doble del farmacéutico de Gerona, alguien de cuyo nombre no alcanzo a acordarme. En este Hotel du Midi y de Montauban, no dialogamos como dos seres vivos, que a la vez y por añadidura fuesen personajes históricos, sino como protagonistas de ficción. ¿Hacemos historia o hacemos literatura, monseñor? Quizá poco importe el distingo, si literatura e historia resultan crónicas, en distinto idioma, de la misma experiencia humana total. En otras palabras, como una vez se lo sugerí a Negrín, ¿no seremos meras criaturas de una fábula que trasciende? O, al revés, ¿no serán las criaturas de esta fábula monseñor Pierre Marie Théas, *évêque de Tarbes et de Lourdes,* y el doble de aquel farmacéutico de Gerona llamado Manuel Azaña?

—¡No! ¡No! —encalabrínase el obispo—. Existimos. ¡Somos reales! Por serlo, enloqueció usted de miedo, en su agonía, desesperándose por vivir. Por serlo, anhelo yo la inmortalidad, aunque tema condenarme por orgulloso... ¡Condenarme!... Bien, debo hacerle una confesión, señor Presidente.

—¿Una confesión? ¿Usted a mí? —pregúntole atónito. El obispo barre la ironía en el aire con un ademán. Nervioso, pasea la vista por las monterías de la pared.

—Prefiero la condena eterna a la nada —admite al cabo.

—¿La nada? Si no somos nadie, monseñor —sonrío.

—¡Sí, señor Presidente! ¡Sí lo somos y aún lo seríamos si estuviésemos destinados a no ser en la otra vida!

—Reniega usted, monseñor.

—No blasfema quien afirma la vida, sólo quien la niega. Si yo fuese Dios, el único pecado que no le absolvería en confesión a un muerto sería el suicidio. Usted, señor Presidente, en sus sufrimientos de estos últimos años, ¿pensó matarse alguna vez?

—Nunca se me ocurrió, a decir verdad. El hombre de la carne en mí temía demasiado para imaginarlo.

—El hombre de la carne murió ahora; pero el del

244

espíritu sigue aferrándose a la vida como a un clavo ardiente, aunque no crea en el mundo.

—Es cierto...

—Tan cierto como el propio mundo, como nosotros, alentando en éste. Comemos, defecamos, soñamos, amamos, desesperamos y esperamos. Somos una pizca de materia viva: una caña pensante, acaso con el alma inmortal.

—¿A quién habla usted, monseñor? ¿A mí?

—¿A quién si no a usted? —mírame asombrado.

—¿No habrá alguien más en esta alcoba?

—¿Quién?

—Digamos alguien que nos sueña.

—No. Alguien a quien soñamos todos y por eso debe existir y habernos creado —replica el obispo—: Dios, por crearnos, y hombre, a nuestra imagen y semejanza, por soñarlo nosotros, seres de hueso y alma.

—O acaso hombre a su vez soñado. Hombre así a nuestra semejanza e imagen, por ser nosotros criaturas de ficción.

—¿Por qué se obstina en llamarnos de este modo?

—Porque tales son nuestras señas de identidad, monseñor. No tenemos otras. Estoy convencido de que esta tarde de otoño, y nosotros enquistados en sus horas, somos parte de una novela, pergeñada dentro de muchos años, como en otra ocasión me persuadí de que mis disputas con Negrín eran sólo escenas de un drama aún no escrito.

—¿Se burla usted de mí?

—De ningún modo, monseñor. Dentro de mucho

245

tiempo, casi medio siglo, alguien a quien desconoceremos escribe, muy lejos de aquí, nuestros debates. Somos los personajes de su conseja: una fábula titulada con mi nombre, si no yerro, aquel nombre que olvidé para siempre.

—¿Y no tenemos otra existencia, señor Presidente?

—Tampoco la tiene él, nuestro hacedor o cronista. Es a su vez parte del sueño interminable, ya sea de Dios o del demonio, que en el espacio decimos mundo y en el tiempo historia. Nos resurge las vidas, quizá con la inútil esperanza de detener ilusoriamente el gran sueño en nuestros días.

—¿Por qué escogería tiempos tan trágicos como éstos?

—No tiene opción, monseñor. Es hombre de mi habla y de mi tierra. La gente de mi sangre vivirá muchos, muchísimos años con la cabeza vuelta hacia atrás y la mirada fija en esta guerra, tratando en vano de explicársela.

—¿Por qué nos recrearía en una obra literaria y no en otra histórica?

—Desde dentro de la historia, advirtió acaso cuán trágicamente real era la ficción y cuán ficticios devenían hechos y credos.

—Aunque fuésemos meros personajes de novela, reclamaríamos la auténtica existencia, en nuestro fuero interno —córtame el obispo, mal domeñado un arrebato de exaltación—. ¡Querríamos vivir, ser reales!

—Pero no lo somos, monseñor. No tenemos más entidad que la de lo soñado en el sueño.

—Un sueño donde el sufrimiento seguiría siendo cierto, según su propia admisión.

—Eso, sí. El dolor nos es común a todos y estoy seguro de que trasciende el sueño.

—Casi me convenció usted en su desvarío.

—¿De veras?

—Sí; pero todavía me niego a creerlo. No somos caracteres ficticios, señor Presidente, sino criaturas de barro y de esperanza.

—No parece usted muy convencido.

—Lo estoy, amigo mío. Si fuésemos personajes de novela, ¿cómo terminaría nuestro soñador esta trágica farsa?

—El final me parece evidente e irrevocable. Yo muero bien pronto. Usted me sobrevive.

—¿Nada más?

—Sí, sí lo hay; pero esto basta en nuestro pleito.

—¿Y usted se resigna, señor Presidente?

—No, no me resigno. Se lo dije esta misma tarde. Ahora que feneció en mí el hombre de la carne, el del espíritu teme a su vez la nada y su vacío. Por eso le suplico que me confiese y me absuelva. Me culparé contrito de ser un sueño en un sueño.

—No disparate. Le repito, señor Presidente, que no puedo absolverlo si sólo por miedo se confiesa. Antes de poner en tela de juicio la vida eterna, debe aceptar la realidad del mundo.

—Apeemos toda hipocresía, monseñor, o terminaremos jurando sinceramente las mayores mentiras. Se le da un ardite que yo no crea en el mundo. Casi me

atrevería a asegurarle que su fe en la tierra es pareja
a la mía. Usted no me absuelve porque no me perdona
el temor a la nada. ¡Quiere que crea en la inmortalidad
para ayudarle a creer a usted! Para no sentirse tan
aislado y perdido en su condición de parido perecedero y destinado a morir solo. Para que no vuelva a tor-
turarlo su sueño de ser Papa: aquel que por arrogancia quizá lo condene al infierno de la nada, si existe
la inmortalidad. ¿No es cierto todo eso, monseñor?

—¡No, señor! ¡No lo es, y usted no tiene derecho
a perseguirme de este modo!

—¿Perseguirlo? ¿Qué daño puede hacerle un mori-
bundo, que incluso olvidó su nombre, señor obispo de
Tarbes y de Lourdes? ¿Acaso va a abandonarme ahora?

—No, señor Presidente, no lo abandono, pero le
ruego que cambiemos de conversación.

—Perfectamente, hablemos de mí entonces. ¿Cómo
me llamo? ¿Cómo llaman a la tierra donde presidí la
República?

Vacila, restriégase las manos que palidecen y crujen, para sonrosarse en seguida por los nudillos. Levántase de pronto, con mucho runrún de ropas talares
y párase, de espaldas a mí, ante la ventana.

—No —bisbisea—. No puedo decírselo todavía.

—¿Cómo me llamo? —repito casi en un grito—.
¿Cómo dicen a la tierra donde presidí la República?

—No puedo decírselo.

—Claro que no puede. Se lo impide un pavor su-
persticioso, que inútilmente trata de acallarse entrañas adentro.

—Acaso.

—Cierto sin duda alguna. Por razones que la razón no alcanza, teme que muera en cuanto recuerde mi nombre o el de mi país. Sería un buen final para nuestra novela. Bueno; pero poco convincente. Las cosas no ocurren así en la ficción, monseñor, sólo en la realidad: en la vida misma.

—Quizá —admite en voz aún más baja.

—Si usted calla, hablaré yo entonces. De hecho, sólo empecé a resumirme la postura. No creo en el mundo; pero temo el no ser, después de la muerte: el no ser soñado, o como le plazca llamarlo. Me aterra de hecho, y este dolor, que siento bien cierto, trasciende y confúndese con el sufrimiento universal.

—El dolor de un sueño.

—Exactamente. Esto es la historia por otro nombre: el dolor de un sueño. Un padecer tan real como la propia existencia del soñador de todo, sea éste Dios o el diablo. Ayúdeme a arrastrar mi congoja en estas últimas horas. Socórrame en esta soledad, en nombre de nuestra aflicción común, aunque usted sea sólo una sombra como yo mismo.

—Pero ¿cómo auxiliarlo? ¿Cómo?

—Absolviéndome de toda culpa, para librarme del terror de las tinieblas sin fin, de la nada inacabable.

Se encoge de hombros y le suena por la espalda la seda de la sotana. Sin volverse, replica:

—¿Cómo iba a hacerlo, si yo mismo dudo de la inmortalidad? Crea usted en este mundo y acaso así me ayude a creer en el otro.

—Estamos donde empezamos.

—Exactamente, señor Presidente.

Se hace un silencio de tarde decantada, mientras llega espaciosa la noche. Luego un reloj da horas y repican los martillos en la herrería. Siéntase de nuevo el obispo a mi cabecera, y saca de la bocamanga un pañuelo aromado a espliego de cómoda provinciana, donde las sábanas de hilo perfúmanse con membrillos. Suénase con la cabeza vuelta hacia el muro, y pregunta en un murmurio:

—Usted dijo antes que dentro del sueño de Dios o del diablo, éramos nosotros la pesadilla de un novelista.

—En efecto.

—¿Cómo lo dedujo, señor Presidente?

—No lo deduje. Lo soñé anoche.

Tose. Acaríciase la frente sonrosada con las puntas de las uñas sin padrastros. Ensimismado, sacude la cabeza, con un gesto de mal sufrido escepticismo.

—Es todo muy extraño —admite al fin.

—¿Por qué, monseñor?

—Casi no sé cómo explicárselo. Parece un trabalenguas que de pronto se convierte en laberinto —antes de que prosiga, adivino cuanto va a decirme. Lo presagio casi palabra por palabra, con la certeza que se prevé la caída de la piedra en el aire y las ondas abiertas a su paso en el agua—. Yo soñé que usted soñaba que alguien nos convertía en personajes de su novela. ¿Qué significa todo esto, señor Presidente? ¿Quiénes somos y dónde estamos?

ME VISITAN EN PEDRALBES, cariacontecidos y circunspectos, Diego Abad de Santillán y Vicente Guarner. Los tiempos, a no dudarlo, les justifican la adustez, pues el desastre se avecina por doquiera. Se hundió el frente de Aragón en marzo. El 4 de abril caía Lérida y el 15 el enemigo alcanzaba el Mediterráneo, por Vinaroz. Partieron la zona oriental y penetraron en Cataluña. Suyas son ya las centrales eléctricas de Tremp, que proveen de energía a esta zona. Un contraataque en aquel sector terminó, como todos, con nuestras fuerzas diezmadas en nuevo fracaso. En junio, perdimos Castellón y frustróse otra ofensiva en Extremadura. Burgos dijo que sólo avalaría la rendición incondicional, y el Nuncio presentó credenciales a Franco. El 18 de julio, hablé yo en el Ayuntamiento de Barcelona: "El daño ya está causado; ya no tiene remedio. Todos los intereses nacionales son solidarios, y, donde uno se quiebra los demás se precipitan en pos de la ruina, y lo mismo le alcanza al proletario que al burgués; al republicano que al fascista; a todos igual." Concluí pidiendo Paz, Piedad y Perdón. Por entonces, y en las fortificaciones de la Sierra de Espadán, detuvimos su ataque en el sector de Viver, cuando ya daban por caída a Valencia. Ahora vocéase por los cafés otro "sigiloso" empellón nuestro en el Ebro. Santos, mi secretario, me dice que en las Ramblas vio camiones cargados de barcas, camino de la estación de Francia. Será de nuevo la historia de siempre: un suceso jaleado que pronto acusa otra retirada. Entre tanto: más sangre, más dolor, más muerte.

Santillán es el teórico de la F.A.I., leonés, creo, aunque trasplantado mucho tiempo a Argentina. Le conozco el libro *El organismo económico de la revolución*, los expedientes policiacos y los años de cárcel que le enguijarran el camino. Fue consejero de la Generalidad en el 36, cuando los libertarios eran amos de Cataluña. Con Federica Montseny y García Oliver, medió en los sucesos de mayo, en pro de un alto el fuego. Desde entonces vive retraído y, según me dicen, insatisfecho con nuestra política de guerra. En septiembre de 1936, lo recibí con Sandino, uno de los militares que nos fueron fieles, en Madrid y en aquella terrible sala blanca que veía a la Puerta de Oriente. Compareció vestido de miliciano con la pistola al cinto; pero no dijo casi nada. Sandino tuvo salidas inesperadas en hombre de suyo tímido. Afirmó que cuatro mil milicianos de la C.N.T. apercibían su marcha a Madrid para llevarse el oro del Banco. "¿Por cuenta de la Generalidad?" No; pero el oro tenía que depositarse en Barcelona. Vista la gravedad de las circunstancias y como solo remedio al desastre, debía yo hacerme dictador absoluto, para gobernar guerra y política. Traté de probarle que el plan era una insensatez. A Guarner lo conozco desde hace más de veinte años. Sería por la otoñada del 16 cuando coincidimos en la cacharrería del Ateneo. Mílite y catalán, aunque nacido en Mahón o en Palma, me dijo que el rey lo exhortó una vez a ser buen oficial. De cadete y en Toledo, almorzaba los domingos con Barroso, Luis Serrano, Puente Bahamonde y su primo Francisco Franco. Estuvo en África y habla el árabe. Cuando yo era ministro de la Guerra, me propuso un ejército, remedo del suizo, con instrucción militar sin abandono de las propias ocupaciones, formando la infantería en los pueblos, y la artillería, tanques, zapadores, transmisiones y aviación en las capitales. Pedía también el reemplazo de la guardia civil por fuerzas motorizadas y blindadas, que fuesen a la vez elementos de exploración de las grandes unidades. "¡Qué horror!", recuerdo le dije. "¡Suprimir la guardia civil! Esto es un dislate." Desde entonces y hasta hoy, cuando se presenta con guantes blancos, no volví a verlo. Al comienzo de la guerra, era jefe superior de Orden Público en Barcelona. Fue luego subsecretario de Defensa de la Generalidad, en la *concelleria* de Sandino, y jefe de operaciones del Estado Mayor central. Dimitido por malquerencia de los comunistas, con quienes llévase a matar, dirige ahora la Escuela de Estado Mayor, en el antiguo casón de los escolapios de Sarriá.

Después de breves deferencias con estos dos hombres que me desprecian o detestan, decido embregarme sin otro preámbulo.

—¿Por qué está con nosotros? —le espeto a Santillán—. Es anarquista, no republicano. La República no le debe nada ni usted a ella.

—Las cárceles de la monarquía eran más acogedoras que las de la República —replica con delgada sonrisa, los ojos acerados tras las gruesas gafas—. No creo en la bondad de ningún Gobierno; pero el civil es menos dispendioso que el militar. Por añadidura, estaba en juego la instauración de un régimen totalitario. Para los anarquistas no cupo alternativa. Por otra parte, es cierto que nada debo a la República. La única ley que usted no pudo aplicarme, señor Presidente, fue la de vagos y maleantes.

—Ustedes intentaron destruir la República apenas proclamada, sin concederle tiempo ni opción para realizar sus reformas. En enero de 1933, cuando la desdicha de Casas Viejas, preparaban una revuelta por todo el país. El porvenir, Santillán, no se abre con bombas de mano. Así sólo se arruina el presente. Entre tanto, pedía yo que alguien dejase de fusilar en esta tierra, y decidí empezar yo mismo.

—Por usted lo hizo la guardia de asalto en Casas Viejas.

—No por mí, sino a pesar mío —me embravezco y domeño—. No creerá lo de "los tiros a la barriga".

—No, lo lo creo; pero el problema trasciende a las palabras. El miedo trae la injusticia y donde hay injusticia existe violencia. Ustedes lo sabían todo acer-

254

ca de la revolución francesa; pero sentían un pánico cerval a la revolución. Su terror sólo valió para fomentarla. Su Gobierno, señor Presidente, fue extremista en los tratos con la Iglesia y reaccionario en la supuesta reforma agraria.

—Su revolución no salió menos ficticia cuando creyeron realizarla. Aquí, en Barcelona, nos remató una causa, perdida de antemano. No consiguieron hacerse de lleno con el poder y reemplazar un orden por otro. Limitáronse, por impotencia endémica y nacional, a subvertir el viejo, mientras delincuentes por vocación les pringaban el nombre con sus crímenes. Como es costumbre de la tierra, todo se redujo a fusilar de nuevo en nombre de la propia justicia.

—A la semana de empezada la contienda, pronuncié una conferencia en el local de la C.N.T.-F.A.I. La titulé "No quería la prisión para mí y no la quiero para mis enemigos", para que nadie se llamase a engaño. Condenaría siempre a quien atentara contra la sociedad, dije allí, pero ¿puede pagar su falta este delincuente encarcelado o ejecutado? Pedí a aquellos anarquistas, compañeros míos, que suprimiesen las prisiones, tan innecesarias antes como entonces, cuando los perseguidos de ayer nos convertíamos, sin empacho, en jueces y carceleros. Les supliqué sin rebozo que no implantasen la pena de muerte si no deseaban perpetuarla como sistema. No quise cuartel para el enemigo, pero repudié todas las ejecuciones como fruto de repugnante crueldad. No obstante, repliqué a las denuncias comunistas cuando cargaban toda la sangre inocente a cuenta de la C.N.T. y el P.O.U.M. Cualquier partido antifascista, para desdicha de todos, desde el *Estat Català* al P.O.U.M, incluidos el P.S.U.C. y la *Esquerra*, tenían entre los suyos asesinos y bandidos como los nuestros.

—Eso es cierto. Hace cerca de un año me visitó en La Pobleta Bosch Gimpera, el *conceller* de Justicia de la Generalidad y rector de la Universidad de Barcelona. Del patronato de ésta, dijo querer hablarme con urgente empeño; pero adiviné en él otro propósito. No tardó en manifestarlo cumplidamente. En Barcelona se había instituido un juzgado especial para investigar los crímenes del principio de la guerra. Recibiéronse denuncias, descubriéronse fosas clandestinas, practicáronse detenciones. "Mientras ello recaía en gentes de la F.A.I., todos felices —confesóme Bosch—. Pero en varios casos encausaron también a miembros del Partido Socialista Unificado de Cataluña. Vidiella, el *conceller* de Trabajo que allí milita, puso el grito en el cielo. Tronó en el Consejo y dijo que los sumarios no podían proseguir, porque encarroñaban y procesaban la propia revolución. No se adoptó acuerdo alguno; pero Vidiella, en una nota para la prensa, pronuncióse, por su cuenta, en nombre del Gabinete. La censura consultó al delegado de Orden Público, éste a Companys. Companys desautorizó la publicación; pero el delegado, a apremios e instancias de Vidiella, avaló el escrito e imprimióse en la prensa. Allí, y en nombre del Consejo, manifestaba Vidiella a "los familiares de algunos revolucionarios y antifascistas detenidos" que sus deudos, presos en virtud de los sumarios, serían pronto liberados.

—Para entonces escribía yo: "lo mismo que no se alcanza vivir sin pan y sin sal, no se puede vivir sin libertad y sin justicia" —replica Santillán—. Por justicia afirmo aún al hombre y creo en el prójimo, aunque sea mi enemigo. Para mí no es una entidad abstracta ni un monstruo vivo, sino imagen de mi propia carne.

—En eso estaríamos de acuerdo. En parecidas palabras lo aseveraba yo en mi discurso del 18 de julio, quizá el último que pronunciaré en mi vida: en una guerra civil no se triunfa sobre compatriotas.

—El exterminio de los vencidos es siempre imposible. Tarde o temprano resurgen entre los vencedores al compartir la sangre y la lengua. Esto es lo que el marxismo no comprende al proclamar la lucha de clases. Las revoluciones han sido en toda época combates fratricidas entre unos esclavos que querían quebrar sus cadenas y otros pagados para remacharlas. Un proletariado revolucionario por naturaleza es mero mito. De ser cierto, desdeciría de los obreros y campesinos vueltos verdugos. Sobre la clase como ideal, se cimientan las cárceles de toda dictadura, incluida la del proletariado. Del pánico, en última instancia, deriva tal exclusivismo: eterno terror del prójimo, en defensa de los propios privilegios.

—Y de todo ello ¿qué resuelve usted?

—Los problemas nacionales exigen soluciones también de índole nacional —responde Santillán—. La to-

257

lerancia es el solo medio de convivencia entre "los dos países" ahora enfrentados dentro del nuestro. De la beligerancia de este par de herencias históricas, brotaron ciertos intelectuales que pretendieron situarse en limbos equidistantes de ambos extremos: un Martínez de la Rosa, con su Estatuto Real, en el siglo pasado, o usted, señor Presidente, con su Constitución de 1931. Tanto hoy como en días de Martínez de la Rosa, esos intentos están de antemano condenados a no satisfacer a nadie, ni a los unos ni a los otros. A mayor abundancia, sólo sirven para promover la guerra civil que pretendían evitar.

—Nadie se esforzó más que yo por cancelarla, una vez empezada —replico enojado—. Si bien cuanto hice resultó vano, lo admito. Aunque mi malogro fuese absoluto, como acaso lo sea bien pronto, mayor sería el fracaso de su revolución abortada. De ustedes es la campaña contra la formación de un ejército regular, sometido a la disciplina del Estado, porque tal ejército, decían, iba a ser el instrumento de la contrarrevolución. En el territorio dependiente del Gobierno, caían frailes, curas, patronos, militares culpados de "fascismo" y políticos de significación derechista. Juzgamos la licitud o la ilicitud de una guerra según los designios que persigue; pero las atrocidades cometidas por el resentimiento homicida no pueden someterse a tal criterio. No es menester apelar a él para reprobarlas ni es válido invocarlo para absolverlas. Como le dije una vez a Negrín, ese primitivismo de los instintos desdice la política, la suprime, la expulsa. No es dudoso que tales crímenes y desmanes causaron un quebranto irreparable a la confianza que el Gobierno tuviese en el extranjero, para una gestión útil en pro de la paz.

—Al dominarse el movimiento militar en las grandes ciudades, sobre todo en Barcelona, los partidos y organizaciones imaginaron la lucha ganada o poco menos —tercia Vicente Guarner—. Empezó entonces una política suicida en la retaguardia. Olvidando la guerra, nuestro fin primordial, cada bandería se apresuró a ocultar armas para prevalecer en la paz, que creía inmediata, con grave deterioro de los frentes desguarnecidos, donde todo fusil resultaría imprescindible.

—Todo esto, por desdicha, es de sobra sabido —le atajo.

—Desde luego, señor Presidente —prosigue Guarner—. Pero tales errores estaban en parte corregidos cuando ulceróse la salud militar con otro mal irreparable. Un partido, el comunista, antes de escasa fuerza, amparado por la política de la Unión Soviética inició una intensa propaganda, en las trincheras y en las instituciones de orden público, con el cebo de ascensos y cargos, para procurarse neófitos de poco limpios antecedentes y escasa valía. En resumen, pretendíase y preténdese convertir el ejército en hechura del partido.

—Tampoco ahora me descubre usted nada nuevo.

—Posiblemente; pero puedo ratificárselo con lastimosos ejemplos. En Sariñena, y en el frente de Aragón, en junio del año pasado, un comisario político me propuso el generalato a cambio de mi ingreso en el comunismo. Al mes, y en la batalla de Brunete, volvió a ofrecérmelo el propio José Díaz, secretario general del P.C. "Comunistizaron", como se dice hoy, el entero frente de Aragón, prescindiendo de quienes desacatábamos el partido. Poco consiguieron a la vista de batallas como la de Belchite y de desastres como el de esta primavera. Por cierto que, llegados a Manresa los soldados fugitivos de aquel descalabro, les daban quince días de permiso en Barcelona, si se hacían comunistas. Como la pertenencia al partido no proporciona patente de aptitud, dotóse al ejército, a ciencia y paciencia de sus dirigentes, de buen número de mandos incapaces de dirigir, como a veces se les confiaron, grandes unidades. En algunas, pese a la existencia de tribunales militares adecuados, llegóse a fusilamientos clandestinos contra toda ley de guerra.

—Algún día se explicará la tragedia del militar profesional afecto a la República.

—Esa tragedia empieza por el comisariato —me interrumpe Guarner—. Un oficial ha de ser a la vez jefe, administrador y maestro de la tropa. Debe excluirse de las filas a quien no cumpla tales condiciones; pero nada se gana con ponerle de espolique un comisario, para que las realice, o deje de realizarlas, a su vez. El comisariato sólo empece la campaña con su proselitismo. Crea además una gigantesca maquinaria burocrática, sin manifiesta utilidad. Nos quejábamos antes de un efectivo de 22.000 oficiales. Contamos ahora con 45.000 más otros tantos comisarios. Entre comisarios, auxiliares, personal dedicado a servicios supuestamente industriales, afectos a administración civil o industrias de guerra, carabineros y Servicio de Investigación Militar, quedan fuera de filas más de un treinta por ciento de las levas. Después de Brunete, me encargaron Prieto y Rojo un informe sobre los efectivos de las brigadas internacionales. Acredité la existencia de 21.500 hombres, de los cuales menos de 9.000 estaban en los frentes de batalla. Los demás se repartían entre sanatorios en las playas, talleres de vestuario y de granadas, redacciones de periódicos en diversos idiomas y varios centros políticos y administrativos en Albacete.

"Por otra parte, la ayuda soviética no debería hipotecarnos la personalidad nacional. Sus técnicos son de mayor o menor valía y discreción; pero algunos exigen obediencia a nuestros oficiales e influyen abiertamente a la hora de dotar mandos y estados mayores con afiliados al comunismo. En prueba de ello, señor Presidente, existen, como usted sabe, divisiones enteras de esta ideología, con superior armamento, hospitales y equipos quirúrgicos propios y, sobre todo, manos libres entre los jefes para procurarse elementos de toda índole. Ése es el secreto de que resistan más que otras unidades análogas. Operaciones militares, traducidas luego en desastres, corrieron a cargo de los consejeros rusos, a quienes debe solicitarse apoyo material o moral, pero nunca confiarles la dirección de las compañas.

—Perfectamente, Guarner, ¿qué remedios aconseja

usted, a sabiendas de mi incapacidad para procurárselos?

—Ante todo, señor Presidente, un cambio radical en las operaciones militares y en la política de guerra. Mientras no se proceda a la retirada de voluntarios, que propicia el Comité de No Intervención, deberán nombrarse jefes nacionales en las brigadas extranjeras. Los consejeros soviéticos pasarán a ser miembros de los estados mayores, bajo nuestra dirección, y los intérpretes los facilitará el Gobierno.

—Todo me parece consecuente aunque tardío. Mucho me temo hayamos entrado en un proceso de desvirtuación nacional, por completo irrevocable en lo militar y en lo político. Prosiga, por favor.

—Resulta imperativo el restablecimiento de la disciplina en toda su pureza, emparejada al castigo de la ineptitud de los mandos, sea cual fuere el partido que los ampare. Sanciónese a quien pistola en mano obligue a un grupo de artillería a tirar a cadencia superior a la permitida por el material, inutilizando varias piezas; a quien robe o saquee; a quien fusile ilegalmente, y a quien rehúse capacitarse para el mando que desempeñe.

—O para el caso, detente.

—O para el caso, detente, sí, señor. Urge también precisar las funciones del comisariato, para que no mermen nunca las responsabilidades propias del mando. Exigimos a la vez la reforma inmediata del servicio de investigación militar. Cúlpanlo con razón de inútil crueldad, mientras el espionaje enemigo campa por sus respetos en nuestra zona. El terror es siempre un oprobio y una arma desfavorable. La elección de agentes ignorantes sólo conduce a justificar sueldos por mero chismorreo. Por último, señor Presidente, la política militar tiene que ser de carácter exclusivamente técnico. Debe establecerse unidad de acción y de voluntad, para mayor eficiencia. Me refiero concretamente al empleo de fuerzas, elección de sistemas de guerra y teatros de operaciones, con independencia de idearios partidistas y aspiraciones de clase.

—¿Y todo esto, amigo Guarner, para perder igualmente la guerra?

Tarda lo suyo en contestarme. Presintió el replicato y sopesa la respuesta. Habla ahora despacio, como midiendo cada palabra con pie de rey, al cabo de larga pausa.

—Señor Presidente, una solución victoriosa, estrictamente militar, no se divisa hoy por hoy. No es dable imaginarla teniendo en cuenta medios, dificultades, errores y haciendo la guerra con padres de familia o verdaderos niños. Con todo, mientras quepa en la frontera el espacio de un pañuelo por donde pueda pasar una pistola para el ejército, soy partidario de proseguir la lucha.

—Perfectamente, le agradezco la franqueza y aun la comparto en los medios. Creo, no obstante, que discrepamos en los fines. A mi entender, sólo cabe resistir para concertar una paz justa. Cuando la realidad se vuelva del todo inexorable, debemos entregarnos y sucumbir.

No replica; pero tampoco apea la mirada ante mi encaro, erguido el ancho torso bajo la ajustada guerrera, las manos, enguantadas, inmóviles en los brazos de la silla poltrona, tapizada de rojo cereza. Quiebra el silencio Santillán:

—Recurrimos a la Presidencia de la República porque no podemos apelar al Gobierno, donde los sindicalistas carecen ahora de ministros. No cabe tampoco dirigirse al Parlamento, o a los partidos, dominados todos por la política del doctor Negrín. Queremos que nos sepa tan ajenos al servilismo, como inhibidos de responsabilidad en el desastre.

—Todos somos culpables de todo en esta guerra, Santillán. ¿Qué reformas propone usted en nombre de su organización?

—En el orden político, un Gobierno de significación nacional, no sambenitado como éste por su dependencia de la Unión Soviética, y compuesto de ministros ajenos a las presentes irresponsabilidades. Reclamamos también una política de solvencia financiera, opuesta al despotismo y la clandestinidad hoy imperantes. En el orden militar, nombramiento de un general jefe de los ejércitos de la República, previa remoción de los altos mandos actuales, a los dos años de derrotas; cese inmediato de todo proselitismo partidista entre la tropa, y empleo adecuado de oficiales postergados y perseguidos por su independencia ante el comunismo; llamada a filas, en los cuadros del ejército regular, de cuantos miembros de las fuerzas de orden público estén comprendidos en edad de levas y

saneamiento administrativo de las industrias de guerra, para su mejor rendimiento.

—Perfectamente —acorto—. ¿Qué me aconsejan hacer ustedes?

—Asuma poderes absolutos, señor Presidente, como
se lo propuso Sandino en 1936 —responde Santillán.

—Como a Sandino entonces, le diré que desvaría.
A efectos prácticos y notorios, tales facultades se las
arrogó ya Negrín. "Usted no me destituye —me dijo
hace poco—. Si lo intenta, lo mandaré apresar, porque el país entero me apoya y sólo ante el país respondo." Soy un Presidente nominal y desvalido. Si no
lo fuese, también rehusaría convertirme en dictador.
Para mí la República era un régimen válido porque
exigía sólo una entrega parcial del hombre a la realidad política. En otras palabras, permitía un sano fondo de escepticismo en las propias creencias: una duda
perenne y metódica ante las realizaciones, donde poner
a prueba los idearios. Ustedes requieren ahora que asuma poderes totalitarios. Eso es para mí del todo irrealizable, porque no puedo dejar de ser quien soy.

—Entonces —afirma Guarner en voz queda—, tenemos la guerra irremediablemente perdida.

—Vencer o ser vencidos son meros estados de ánimo —arguyo—. En otra ocasión, también se lo expuse
a Negrín. Creo fue Francisco Manuel de Melo quien
escribió que de todas las desdichas de la contienda
civil la peor es, con mucho, la victoria.

—Desde entonces pasaron tres siglos —dice Santillán.

—Pasaron tres siglos, pero su verdad es todavía cierta, porque el futuro en este país suele parecerse al pasado —murmuro súbitamente exhausto—. Vivir aquí es volverse a bañar en la misma agua vieja que no mueve molino. Los del 98 repitiéronlo hasta la saciedad y, de joven, me sublevaba su pesimismo. Ahora lo comparto con creces.

—También escribió Bernal Díaz del Castillo: matarás y matarte han y matarán a quien te matase —asiente Guarner—. Lo cual, de hecho, viene a ser lo dicho por Francisco Manuel de Melo, a escala universal. El propio señor Presidente me descubrió el aforismo hace muchos años, en la biblioteca del Ateneo.

—Precisamente, precisamente —corroboro fatigado—. En otras palabras, víctimas y verdugos son intercambiables. Todo depende de quien detente el poder y las armas. Goya, un sifilítico y nuestro moralista más alto, lo advirtió a las claras. En el segundo grabado de *Los desastres de la guerra,* un pelotón de infantes franceses, bayoneta calada, cierra contra dos guerrilleros, de los cuales uno agoniza vomitando sangre. El título de la plancha es bien sabido: *Con razón o sin ella.* En la siguiente, los guerrilleros apuñalan y despedazan a hachazos los franceses caídos. *Lo mismo,* aclara Goya impaciente.

—El terror no puede reducirse a tan fáciles esquemas, al menos en nuestra época —protesta Santillán—. Si Goya tuviese razón, en su pesimismo tan parecido por cierto al de usted, señor Presidente, yo preferiría estar con las víctimas, quienesquiera que fuesen.

—Un egoísmo del todo inaceptable —opongo—. Ser víctima únicamente, en un mundo maniqueo como el nuestro, resulta fácil en exceso. Sin contar, claro está, con la manifiesta tendencia de los crucificados a convertirse en perseguidores, si sobreviven su sacrificio. Goya, en cambio, alienta y muere por igual en los inmolados y en sus asesinos. Todos en él son culpados y absueltos a la vez por su ira y su piedad.

—Es tan fácil morir sin haber muerto como matar sólo de pensamiento —interviene Guarner, sombrío—. Goya el hombre desmerece al lado del artista. Pintó sin reparos el retrato de Palafox y el de José I, el rey invasor. Cualquiera de los dos bandos tenía razones para encarcelarlo al menos.

—Quizá sea mérito de los dos el no haberlo hecho —desdigo—. Por otra parte, no admito al artista superior al hombre en el caso de Goya, pese a su grandeza creadora. En *Los fusilamientos del 3 de mayo*, políticamente está con el pelotón; como pintor, sin embargo, identifícase con los ejecutados y sobre todo con el descamisado que aúlla su verdad, ante la muerte; humanamente, sin embargo, comparte a un tiempo la suerte moral de los muertos y la de sus verdugos. En el horror de la guerra, aprende que es un asesino: su propio asesino. Con los invasores, Goya se fusila, degüella y viola. Con los invadidos, se ejecuta a la piedra, a la pica. Como todas las ideologías, la Ilustración, *la clarté rayonnante*, acaba en los patíbulos de los guerrilleros y Goya es allí el húsar que, abrazado a las piernas de un ahorcado, en la plancha más bestial de toda la serie, tira del muerto para regocijo de sus compañeros.

—Si la Ilustración, aquel fruto del despotismo ilustrado y del optimismo aristócrata del XVIII, concluye en las horcas de los guerrilleros —prosigue Santillán—, el pueblo le proporciona un epílogo no menos sarcástico, al final de la guerra. Gritará "¡Vivan las cadenas!" y aceptará sin chistar a los Cien mil hijos de San Luis, cuando Fernando VII los importe de la misma Francia, para defensa de su absolutismo. Sin embargo, ésta no es razón para renegar de él.

—Quizá no lo sea para renegar; pero sí para descreer en su misma existencia —lo interrumpo—. Cuando examinamos la realidad nacional, todo se reduce a sangre y a absurdos, como si viviésemos una pesadilla interminable. Personalmente, estoy harto de soñar, Santillán. Sólo quiero dormir en paz. Ya no puedo más.

—¡No tiene usted derecho a la descreencia, ni tampoco a la inhibición, señor Presidente! Guarner y yo vinimos a hacérselo comprender. Cuando, confrontados con la historia, fallan todos nuestros presupuestos por inconsecuentes, queda siempre incólume la conciencia individual, con su intrínseco sentido de la justicia. Tal fue el caso de Goya. Usted lo expone con toda claridad; pero rehúsa hacerse partícipe de su casuística.

—¡Oh, no me inhibo del todo! En verdad, tengo un solo afán, que no vacilaría en decir obsesivo. Es el salvamento del Prado, aunque, a estas alturas, les suene mi desvío a blasfemia.

268

—Quizá no haya yerro ni aberración en su actitud —interviene Guarner—. Mas equivoca sus prioridades, señor Presidente. Estudié armonía mientras me preparaba para la Escuela de guerra y fui contertulio de Lorca, en el Café Alameda, de Granada. Pero creo que no se hizo el hombre para el arte, sino el arte para el hombre.

—No estaría yo tan seguro, coronel. El año pasado, José Gaos me enseñó unas fotografías del mural que expuso Picasso en la exposición internacional de París. *Guernica* llaman al cuadro. Es meditada simbiosis de expresionismo y cubismo a la hora de la ira, que la palabra oficial esfuérzase en vano por referir al público. Recuerdo de pe a pa y no sé por qué, acaso por lo vanas, las notas al pie de las réplicas: *Le grand peintre espagnol Pablo Picasso, créateur du Cubisme, et qui influença si puissamment l'art plastique contemporain, a voulu exprimer dans cette œuvre la désagrégation du monde en proie aux horreurs de la guerre.* ¿Conocen ustedes las reproducciones?

—He visto algunas —asiente Guarner mientras Santillán sacude la cabeza—. No me gusta allí el cuadro. Quizá influya en su aprecio el tamaño, y *Guernica* sea uno de esos grandes murales que no admite achique.

—Tal vez. A mí tampoco me gustaron. Las había olvidado incluso cuando me ocurrió algo bien insólito: empecé a soñar con el cuadro. Noche sí y noche también, puebla aún mis pesadillas. Imagínese usted, Santillán, una pintura en blancos, grises y negros, con grandes pegotes, como diarios emplastados, que se cre-

269

ce en un mal sueño hasta cubrir todo horizonte. Allí, en la prieta penumbra, bajo el ojo de un sol con una bombilla por pupila y sobre un fondo de ruinas y llamas como dientes, nueve figuras, decapitadas y despedazadas alrededor de una lámpara de aceite, que sostiene un brazo asomado por un ventano. Dormido, se me aparecen las tres mujeres, una de ellas con un niño muerto en brazos; el guerrero degollado, tendido en tierra con los brazos abiertos; el toro, balas por orejas y un ojo en el morrillo; el pájaro, casi oculto en la sombra y el penco con una pica en las entrañas. Braman, rugen, lloran, chillan y relinchan, mientras los contemplo aterrado, incapaz de despertar.

—¿Qué le dicen sus gritos? —pregunta Santillán.

—Lo ignoro, como no sabremos nunca lo que aúlla el descamisado de Goya ante el pelotón. Sólo puedo presumirlo en mi ensueño. Creo me dicen que por monstruos los destruyen y monstruos los veo yo, aunque ellos son seres vivos a mi imagen y semejanza. Todo testigo del cuadro compartiría así el punto de vista del verdugo y el testimonio de inocencia de las víctimas —mientras les hablo asáltame la desconcertante sensación de expresar palabras e ideas ajenas: de alguien a quien nunca conoceré; de libros suyos aún no escritos. Con un esfuerzo me sobrepongo a tal angustia—. Únicamente el arte alcanza a manifestar tan cumplidas paradojas morales. Por ende, creo que sólo existen el arte y la locura.

—¿La locura? —inquiere de nuevo Santillán.

—¿Por qué no? Me refiero a la auténtica, claro, la

de los verdaderos orates: no a la vesania de quienes a mayor gloria de la razón nos devoramos como bestias famélicas. Ustedes conocen, de nombre por lo menos, un pueblecito cercano a Madrid: Ciempozuelos. Hay allí o había dos manicomios de idos furiosos. Ciempozuelos quedó entre las líneas, en tierra de nadie, sin que los unos pudieran conservarlo ni los otros ocuparlo. Quizá continúe lo mismo. Un conocido mío, destacado en las inmediaciones, acertó a introducirse solo en el lugar. Todo el vecindario, salvo los dementes, había huido. Éstos, quebrantando su encierro, se adueñaron del pueblo. Se gritaban libres y eran felices. Yo, señores, tengo a veces otro sueño, distinto al de *Guernica*: un sueño de paz si éste lo es de guerra. Veo una maravillosa bacanal en Ciempozuelos, una orgía inenarrable entre los enajenados y las pinturas. Por campos y calles, locos y locas retozan y fornican con las infantas de Velázquez, con los majos, las majas, los fusilados y los coraceros de Goya, aun, ¿por qué no?, con los monstruos de Picasso. Despierto dichoso entonces, con la esperanza que de tal coyuntura del arte y la locura venga una sangre más limpia y una casta más justa en esta desdichada tierra.

17 DE NOVIEMBRE DE 1938.

Lo del Ebro ha concluido con otro repliegue. Perdimos la batalla más larga y sangrienta de la guerra. Sólo aguardamos ahora el tiro de gracia. Antes de fin de año, sucumbirá Cataluña y llegará al cabo nuestro remate.

Caída la Sierra de Caballs, teóricamente inexpugnable, no cabía sostenerse en el frente. Como siempre también, escasearon mandos subalternos competentes. Sarabia me cuenta que Rojo avaló la retirada a Modesto cuando la juzgase conveniente. "Un modo, como otro cualquiera, de esquivar su propia responsabilidad", apostilla. Anteayer, a las seis de la tarde, empezó el paso a la orilla izquierda. A Sarabia no se lo anunciaron hasta las tres de la madrugada, aunque Modesto le confesó haberlo decidido diez días antes. Gracias a Sarabia, salvóse la artillería que horas después habría sido copada. No se perdió un hombre ni un fusil. Ayer, a las cuatro y media de la madrugada, volaron en Flix el último puente de hierro, zanjando las orillas. En la derecha, nos sostuvimos ciento quince días. Sarabia, empero, insiste en la inutilidad de toda la operación, siempre falta de porvenir a su juicio.

El enemigo cuenta ahora con siete u ocho divisiones libres, ante Cataluña desguarnecida. Hemos perdido más de 3.000 muertos; 31.000 heridos; 75 aviones de caza y 8 de bombardeo. Cree Sarabia caerán sobre la cabeza de puente en el Segre, donde nuestro ataque a primeros de mes cundió poco, por falta de empuje, aunque tomamos Soses, Aytona y Serós. La situación internacional es bien acerba para nosotros después de Munich. Mi obsesión por alcanzar una paz negociada, o en su defecto un alto el fuego, a través de las democracias, resulta un sueño en el sueño. Este noviembre licenciamos también las brigadas internacionales, a propuesta de Negrín en Ginebra. De aquéllas cuéntame Sarabia una historia estremecedora, velada siempre por obvias razones. En las retiradas de primavera, ante el pánico y la indisciplina de nuestras tropas, el comunista André Morty, mandamás de aquellas tropas, formó un batallón de la Catorce Brigada francobelga, y solicitó voluntarios para dejarse fusilar, a modo de ejemplo. Tres o cuatro ofreciéronse al punto y fueron ejecutados sin tardanza.

Por la tarde, reunión del Consejo en Pedralbes, que al cabo pudieron calentar. Fuertes y razonadas consideraciones mías sobre el despojo realizado por la Generalidad con los bienes del Estado. Me extiendo y acaloro, aunque nunca trascienda mi ira. Mientras subsista la legalidad, es preciso acatarla sin queja. Representación de la República; cómo se debe gobernar en Cataluña y con qué leyes; derechos de cada uno, etcétera, etc. El ministro de Hacienda aporta datos. Según sus cálculos, la Generalidad adeuda al Estado doscientos millones. José Moix, el nuevo titular del Trabajo, catalán y del P.S.U.C., califica "magistral" mi perorata y afirma, contra el parecer de su colega en Hacienda, ser la cuestión harto compleja para resumirse en cifras. Negrín asegura compartir de lleno mi doctrina, sin proponerse arruinar a la Generalidad. Las cuentas no se rindieron antes, por dilaciones ajenas al Gobierno. Entre grulladas, repite el imperativo de ajustar la conducta política a las circunstancias. Él no malquiere las regiones autónomas. Si en la paz se reforma la Constitución y los catalanes pretenden separarse, les apoyará la demanda. "Ahí no llego yo", atájolo. Me asombra su salida de pie de banco, pues aún ayer, muy encocorado, decíame todo lo contrario: "No estoy haciendo la guerra para que retoñe en Barcelona un separatismo pueblerino. Lucho por la República y por el país; por su grandeza y para su grandeza. Yerran de medio a medio quienes suponen otra cosa. Aquí no hay más que una nación. ¡Nadie se llame a engaño! Esta sorda y persistente campaña separatista es intolerable. Debe cortarse de raíz, si pretenden que yo siga al frente del Gobierno, pues la mía es una política nacional."

A la salida, espéranme en la antesala dos consejeros de la Generalidad, Carlos Pi y Sunyer y Bosch Gimpera. De entrada, declárame Pi su representación oficiosa:

—Tenemos mucho que contarle, señor Presidente. Si no es abuso el nuestro, le rogamos nos conceda una hora.

—Aunque sean dos.

—Deliberamos con Companys los republicanos del Gobierno catalán, y traemos la representación de todos. No vino el Presidente, para evitar infundios y hablillas; pero si usted lo juzga pertinente, lo hará inmediatamente.

—Veremos. ¿Hablaron ustedes con el Presidente del Consejo de cuanto quieren exponerme ahora?

—Lo hicimos y en vano —asiente Bosch—, apenas constituido el presente Gobierno de la Generalidad, después de los sucesos de mayo.

—El actual Consejo de Cataluña debía presidir una vuelta a la autoridad y vigorizar el espíritu del pueblo —prosigue Pi—. Tal significa por lo menos la presencia de Bosch en Justicia y la mía en Cultura. Deseábamos un acuerdo con la República, en cuanto atañe a guerra y política, dentro de la presente situación catalana. No lo conseguimos jamás, por culpas que nadie puede retraernos.

—Recién jurado el Consejo, cuando el Gobierno de la República hallábase aún en Valencia, fuimos allá Pi y Sunyer y yo, por mandato de Companys, para discutir con el doctor Negrín la convivencia en la guerra —precisa Bosch Gimpera—. Huelga añadirle, señor Presidente, que nada esclarecimos. Para hablar con mayor holgura, Negrín, muy cordial aquella tarde, nos llevó a una playa cercana y allí, paseando cabe a la mar, nos brindó largas y cumplidas recetas para zarzuelas, que aprecia bien cebolladas. En menos de nada, diéronse a seguirnos para vitorearlo las autoridades y otras gentes del pueblo y sólo hubo oportunidad de cambiar cumplidos y buenos deseos.

—Otra visita, casi inmediata, de Tarradellas, Sbert v Comorera no tuvo mejor fortuna —dice Pi y Sunyer—. Desde el traslado del Gobierno de la República a Barcelona, la situación es cada vez más intolerable. Se lleva a cabo una política de vejaciones a la Generalidad. La represión contra Cataluña parece, de hecho, único aglutinante del Poder central, en otros aspectos tan inseguro.

—Companys no consigue que el doctor Negrín lo escuche —apoya Bosch a Pi y Sunyer—. Desde el cese de Prieto en el ministerio de Defensa, que ahora preside el propio jefe de Gobierno, ni siquiera le envían los partes de guerra antes de publicarlos. El ministro de Gobernación, Paulino Gómez, arrógase atribuciones de la Generalidad. Arbitrariamente requisa viviendas para funcionarios del Estado y para los carabineros que custodian la frontera, provocando conflictos sin número en aquellos pueblos.

—Crecen la alarma y la desconfianza entre los republicanos catalanes —insiste Pi—. ¿Qué se pretende, señor Presidente? ¿Abolir la Generalidad? Háblase ya de un gobernador general para toda Cataluña. Menguando sus poderes, Cataluña se verá privada de su régimen al concluir la guerra. Así, nuestros hombres en el frente ignoran por qué se baten.

—Si me disculpa la interrupción, le citaré la prensa barcelonesa, donde léese a menudo que Cataluña asiste a la guerra como país aparte. "País neutral", dícense algunos, bien lo sabe usted —no puedo menos de atajarlo.

—¿Neutral? Si tiene ciento cincuenta mil hijos en filas...

—Un despropósito merece otro; pero dejemos esto. Prosiga, se lo ruego.

—La importancia de Cataluña, antes de la guerra, era relativa a la extensión del territorio nacional. Menguado éste ahora, debiera acrecentarse proporcionalmente el influjo catalán. Por contra, disminuye.

—Perdóneme otra vez. Estoy obligado a replicarle, aunque me hice el propósito de oír primero los agravios. La personalidad del Estado, en sí propia y en sus relaciones con otros organismos, no se achica con el territorio ni se mide por metros. No puedo admitir en serio la idea de aumentar la influencia política de Cataluña, por haberse encogido el espacio de la República. Parejos derechos vocearía Albacete. La conclusión de su razonamiento vendría a ser que limitado el territorio gubernamental al área de Cataluña, el Estado debería desaparecer. Percibo a las claras el punto de arranque moral de su doctrina. Me parece tan lamentable como inadmisible.

—Perfectamente. Digámoslo entonces consideración hipotética y sigamos con los cargos actuales —aviénese Pi y Sunyer—. El abastecimiento es un desastre. Antes de perder Aragón, no conseguimos nunca que los trenes enviados allí con material de guerra, que volvían vacíos, lo hiciesen con trigo para Cataluña. Tomando como pretexto los billetes de circulación local, emitidos por la Generalidad, el Estado selló las cajas de los bancos, hace más de un año, sin consultarla. Aunque el Gobierno diga lo contrario, adeuda a Cataluña, no ella a aquél, más de sesenta millones por servicios de guerra. Se ha destituido arbitrariamente, y sin encausarlos, a cien policías de la Generalidad, mientras ingresaban en el cuerpo trescientos comunistas.

—Si han expulsado un centenar de agentes, es caso específico del cual responde el ministro de la Gobernación. Pregúntenle a él los motivos. La entrada de estos comunistas me parece reprobable. Apoyaré acerca del Gobierno toda reclamación suya, razonable y fundada. Personalmente, claro está, me opongo a que el orden público sea feudo de un partido.

—No dudamos de su buena voluntad, señor Presidente, ni aun de la del doctor Negrín, pero sin duda interpónense funcionarios y centros subalternos —prosigue Pi, descreyendo sus propias palabras. Seguidamente deletrea, empero, sus mayores reclamos—. A juzgar por su conducta, olvida el Gobierno que nuestro Presidente es el representante del Estado en Cataluña y nada en absoluto pasa por sus manos. Los abusos de la Generalidad, arrogándose derechos y usurpando servicios ajenos, ocurrieron en los primeros tiempos del estallido. Eran, en suma, un hecho revolucionario. De restablecerse la paz en tres meses, hubieran sido triunfos en nuestras manos. Ahora la situación es bien distinta. De ganarse la guerra, ¿qué será de nosotros? ¿Qué porvenir político nos aguarda? Necesitamos garantías escritas respecto a la autonomía, que juzgamos amenazada. Estamos prestos a suscribir cualquier texto, donde el Gobierno de la República confirme la supervivencia de nuestro régimen propio.

—Perfectamente. ¿Puedo responder a estos cargos?

—Con la venia del señor Presidente —tercia Bosch— quisiera exponerle otros, que conciernen de lleno a mi Consejería de Justicia.

—Pues usted dirá.

—Mientras fue titular de Justicia en el Gabinete de la República Manuel de Irujo, más o menos en representación oficiosa de los vascos, la Generalidad no tuvo mayores problemas con su ministerio, ni aun después de trasladarse el Gobierno a Barcelona. Hablé con Irujo en junio de 1937 y compartí de lleno su postura entonces. "Nuestra retaguardia ha presenciado demasiados crímenes, en las cunetas, en las cárceles y ante las tapias de los cementerios —me dijo—. Mujeres, sacerdotes, obreros, comerciantes, intelectuales y parias de la sociedad han sido indistintamente asesinados. Hacínanse en la fosa común inocentes y culpables, valores humanos y escoria social. Yo no vengo a defender a los caídos. Como cristiano, dejaré que los muertos entierren a los muertos, pues su juicio final sólo corresponde a Dios, a quien rezo por todos ellos. Ahora bien, como ministro de Justicia, levantaré mi voz para oponerme al sistema y afirmar bien alto que aquí se han terminado los paseos. El enjuiciamiento y la defensa de los ciudadanos corresponde al Estado, y éste no puede consentir que nadie se tome la justicia por su mano. Este caos debe ser superado."

—Conozco las principales reformas de Irujo en el Ministerio, pues me las detalló él mismo muy orondo. La más señera se redujo a restaurar el uso de la toga y el birrete en los juicios.

—El señor Presidente es injusto. También decretó, apenas posesionado de su cartera, que jueces por oposición presidiesen los tribunales populares y sólo la bandera republicana, no la de ningún partido, flotase sobre las cárceles.

—Sin embargo, Bosch, las cárceles secretas son aún realidad intolerable, como es un hecho el crimen político en aquéllas, aunque ahora ocurra de tapadillo. Apenas posesionado Irujo de su cartera, como usted dice, tuvimos el secuestro y la desaparición, nunca aclarada, de Andrés Nin, el trotskista y también consejero de su Generalidad, en el río revuelto del principio de la guerra. Lo asesinó la enemiga de los rusos y sus stalinistas locales, sin que sepamos todavía cómo ni dónde lo despenaron. Ni usted, en nombre de la Generalidad, ni Irujo, ni Zugazagoitia, el entonces titular de Gobernación, ni Negrín, ni yo mismo conseguimos prevenir ni averiguar lo ocurrido. Ante tales desafueros, se me da una higa que los jueces lleven birrete o capirote en los juicios.

—Todo esto es muy cierto y más, por desdicha, venimos a contarle —asiente Pi y Sunyer—. No obstante, reconocerá usted cuánto, ¡que es mucho!, hicieron Bosch e Irujo por restaurar la justicia.

—No lo negué nunca; pero me temo que en fin de cuentas sea bien poco, porque, en este país irreal, todo tiende a ser nada y de la nada nada sabemos.

Míranse un instante Bosch y Pi, a hurtadillas y como si vacilaran en creerme el escepticismo, desenfado o demencia. Al cabo aquél prosigue, en tono quedo, tan lento como preciso, a la vez paciente y profesoral.

—Como era deseo suyo, señor Presidente, sinceramente compartido por nosotros, acordamos Irujo y yo normalizar, en lo posible, las relaciones con la Iglesia. En julio del año pasado, solicitó él la venia del Gobierno para reanudar el culto público, amén su autorización para crear un registro de órdenes y confesiones y un comisariato de asuntos religiosos.

—Lo recuerdo muy bien —corroboro, un tanto impaciente—, pues seguí las propuestas con profundo interés. El Consejo no estimó necesario un decreto para restablecer la libertad de cultos, ni juzgó aquel entonces tiempo adecuado para la apertura de las iglesias, si bien se abstuvo de prohibir las prácticas religiosas en capillas privadas.

—Una de éstas permanece abierta desde entonces en la plaza del Pino —prosigue Bosch Gimpera—. Allí *de facto* aunque no *de iure* es público el culto y lo atienden personajes oficiales además de muchos fieles. Aquéllos tampoco se recatan, por cierto, de asistir a los entierros católicos. En Barcelona, ha ejercido oficiosamente de vicario general, durante toda la guerra, el predicador José María Torrents. Al principio, en la clandestinidad; ahora, a sabiendas nuestras. Le ofrecimos abrir la iglesia de San Severo, pero no accedió. En la Consejería de Justicia de la Generalidad, una de mis primeras medidas fue la redención de los sacerdotes injustamente apresados. Ciento cuarenta y seis quedaron libres, sólo en septiembre del año pasado, en la Cárcel Modelo. En marzo de éste, Prieto destinó a servicios sanitarios a los religiosos movilizados. En agosto ordené se facilitasen auxilios espirituales a cuantos reclusos los exigieran en Cataluña, y medidas parejas cursó Negrín para el frente. En febrero, se concedió el beneplácito a monseñor Fontenelle, prelado de cámara del Papa y canónigo de San Pedro, como enviado oficioso de la Santa Sede cerca de la República. A la vez, como usted bien sabe, invitóse al cardenal Vidal y Barraquer, libremente exiliado en el cenobio de La Farneta, lejos de unos y de otros, a volver a Tarragona. La carta era de Irujo y la redactó en febrero, si mal no recuerdo.

—Sé también que el Cardenal rehusó la oferta, como era de prever. Irujo me mostró su réplica, que en parte era bien absurda. Vidal y Barraquer declinaba toda visita a su arzobispado, para no desprestigiarse ante sacerdotes y seglares perseguidos antes *pro nomine Christi*. Hasta aquí, su actitud me parece admirable, aunque desdiga nuestros propósitos. Al punto, empero, ofrecíase como rehén, junto con su secretario, a cambio de la libertad de los curas presos. Eso, naturalmente, era un trueno de teatro, pues no ignoraba lo inaceptable de tal propuesta. Avalábala con razones del todo erradas, alegando que "la práctica de la caridad" era el único camino "para atraerse a las clases populares". La compasión bien entendida convirtióse en demagogia de la Iglesia. Ésta todavía no ha comprendido que no se trata aquí de misericordia, sino de justicia; pero quizá lo alcance dentro de unos años. El pueblo, a su modo y manera, percíbelo ya. De ahí que muerda la mano o la lengua que lo halagan y se someta luego a la coz y el látigo. En fin, discúlpenme ustedes tanta nota a pie de página. Prosiga, por favor, Bosch.

—Casi concluí con el capítulo de nuestras relaciones con la Iglesia. Para diciembre, las normalizará el restablecimiento del comisariato de cultos.

—Hasta ahora me expuso usted sólo logros —impaciéntome una vez más—. ¿Acaso no tiene quejas del Gobierno de la República?

—Las tengo y bien graves, señor Presidente.

—Vamos a oírlas.

—Empezaré por los Tribunales de Guardia.

—¿Los Tribunales de Guardia? Éstos se constituyeron, si mal no recuerdo, antes de la crisis de abril, cuando Irujo era todavía ministro...

—Exactamente, pero lo hubieran llevado a la renuncia de no plantearse el cambio de Gobierno. Como me declaró una vez acerca de aquellas instituciones, él ya no podía más. "Yo tampoco", condije. Creáronse los Tribunales de Guardia para juzgar delitos graves contra la seguridad del Estado. Los componen un juez de carrera; un oficial, representante del ministerio de Defensa y por lo común del Servicio de Investigación Militar, y un representante del orden público, léase policía. El ministerio de Justicia nombra a los tres, sin intervención nuestra, aun cuando actúen en Cataluña.

—Desde su punto de vista, presumo que interpreta todo esto como una violación del Estatuto.

—No deja de serlo, sin duda, el establecimiento de dichos organismos y su jurisdicción en territorio de la Generalidad —afirma Bosch ignorando mi ironía—. Sería admisible, sin embargo, en tiempos de guerra, motivado por las circunstancias. Mi protesta, sin embargo, supera esos distingos. El proceder de los tribunales resulta un atentado a los derechos del hombre.

—No dejaba de sospecharlo, pero desconocía los peores excesos.

—Cuando las sentencias eran más o menos correctas, las estudiábamos en mi Consejería de la Generalidad antes de tramitarlas. Luego las cursábamos con un memorándum nuestro, señalando sus irregularidades. Desde abril, cuando Irujo pasó a ministro sin cartera, los tribunales fundan sus condenas en confesiones obtenidas por el S.I.M. a través de repugnantes tormentos. Los jueces son impotentes para impedir o remediar tales abusos. Como el nuevo ministro de Justicia, González Peña, la mayoría de los agentes del S.I.M. son antiguos mineros asturianos, participantes en la revuelta del 34 y a su vez torturados entonces.

Vivimos la eterna historia de la vesania vuelta rencor, renacida en otro sadismo, que alcanza ahora un ensañamiento inconcebible. A mí sólo me cabe alzar quejas oficiosas, ante ministros amigos, como Irujo, Giral y Aiguadé, sobre los procedimientos del S.I.M., los procesos de los Tribunales de Guardia y las detenciones injustificadas. Ellos, huelga acotarlo, poco pueden hacer tirando a nada.

—Supongo que ésta no es todavía la historia entera.

—No, señor, no lo es. Reservé para el final las peores atrocidades. En abril, a instancias mías, se las describió Companys al doctor Negrín, en vano y en una carta de cinco carillas. En marzo, con evidente menosprecio y atropello para la Generalidad y sin previa comunicación o denuncia, agentes del S.I.M., y por tanto de la República, irrumpieron en la cárcel de Figueras y mataron a un funcionario que los había denunciado. Se le declaró suicida; pero amaneció en un campo al día siguiente, con la nuca descalabrada a balazos. Fue aquél el primero de una serie de asesinatos, perpetrados la primavera pasada por cuenta de la policía del Gobierno. Crímenes que, por cierto, prosiguen todavía. El S.I.M. cuenta con cárceles propias en Barcelona, entre ellas la de la calle de Zaragoza y el antiguo Seminario Conciliar. Ni que decir tiene que nos vedaron el acceso a esas prisiones; pero las infamias allí perpetradas traspasan los muros.

—Muchas, en efecto, llegaron a mis oídos para mi desesperación. Se las expuse a Negrín y prometió investigarlas. Pero que yo sepa, nada se ha hecho aún.

—Otra cárcel en Barcelona, del Gobierno de la República, era el *Villa de Madrid*, anclado en el puerto. A primeros de abril, me telefonearon que miembros armados del S.I.M. habían secuestrado la víspera diecinueve presos, fusilados luego en la playa de Garraf. Conservo esta cicatriz en la mano izquierda, resulta de un tajo que me abrí, partiendo a puñetazos el vidrio de mi escribanía. Apenas despachada mi protesta, llegáronme nuevas de otros cadáveres aparecidos en Igualada y también correspondientes a diversos presos. Desde la última crisis, en agosto, cuando el señor Presidente se negó a firmar la organización militar de los servicios de justicia, en otras palabras su entrega al S.I.M., éste resultó a efectos prácticos la sola y absoluta fuerza de represión gubernativa. El doctor Negrín hace oídos de mercader, como es hábito suyo, a toda probada protesta. Recurrimos a usted porque fue siempre amigo de Cataluña.

—Soy amigo de Cataluña, pero también lo soy de León y de Granada. Cuando llegué a la política, llevaba largo tiempo vivo el complejo de discordias irritantes llamado problema catalán. Cuando presidí por primera vez el Gobierno, ya se había planteado en el Parlamento la cuestión de su Estatuto. Ni ésta ni aquél fueron inventos míos. Me apliqué a resolver "el hecho diferencial", como suelen decir ahora, no pensando única ni precisamente en la satisfacción de ustedes, sino en la concordia del país entero. (Ese país de cuyo nombre no puedo o no quiero, no quiero o no puedo acordarme ahora.) Por lo visto, sin embargo, resulta más hacedero crear una ley que satisfaga a Cataluña que arrancar de raíz esa recelosa idiosincrasia de pueblo incomprendido y vejado que padecen muchos catalanes. Si yo lo fuese, con mi temple tal sentimiento me avergonzaría.

—Nada ganaremos con este tipo de consideraciones, señor Presidente —díceme Pi, respetuoso pero adusto—. Nadie puede asumir la entidad ajena.

—Ciertamente; pero usted y Bosch fueron bien francos conmigo y yo quiero hablarles con parecida veracidad, sin ánimo de ofenderlos. En un tiempo creí tener cierto ascendiente de consejero desinteresado, en Cataluña. Desde octubre del 34, y sobre todo desde mayo del año pasado, estoy convencido de que ése no ha sido nunca el caso. Del título de amigo, que con justicia me confieren, ni ustedes ni yo hemos derivado utilidad alguna para el interés público. Deseo que se mantenga el Estatuto, pero completo, con todos sus órganos. El despotismo de unos hombres o de unos grupos, en Barcelona, abrogando las garantías y violando los límites del Estado no es la autonomía.

—En esta guerra, donde tantos infortunios sucedieron, la Generalidad no ha proclamado nunca una revolución nacionalista o separatista —vuelve a cortarme Pi.

—Querían pasarla a favor de los desmanes que trajo la contienda —arguyo, cada vez más destemplado, aunque en apariencia contenido—. Aspiraban a un programa del 6 de octubre de 1934, corregido y puesto al día. Si entonces no pudieron contar con el apoyo de los sindicatos, a los que nada importaba el Estatuto, aprovecharon el levantamiento de julio y el desorden posterior, para medrar sin tasa, a costa del desamparo militar del Estado.

—Lo ocurrido en Cataluña era una cosa viva, callejera... —replica Pi y Sunyer, vacilante.

—¿Quiere decirme que se valen de lo "vivo" y "callejero", aunque sea desatinado desorden, como pretexto para sus propios fines?

—En aquellas circunstancias, todos los partidos de la República quisieron hacerse con posiciones favorables para salvaguardarse en la paz —argumenta Pi.

—Desdichadamente, es bien cierto; pero en Barcelona había un Gobierno regular y responsable. Por lo demás, gane quien gane esta guerra, sus ambiciones hubieran resultado vanas. Usted me oyó predecirles, en octubre del 34, que toda asonada suya terminaría en un descalabro. Mayor, mucho mayor, sin duda, sería el del 6 de octubre ampliado que apercibían esta vez. De restablecerse la paz en seguida, aun teniendo ustedes todos los triunfos en la mano, incluidas las Baleares, la reacción a sus excesos hubiera sido terrible y el resto del país se habría revuelto contra sus desmanes.

—No tiene objeto rehacer hipotéticamente la historia que nunca fue, señor Presidente. Bastante trabajo nos cuesta a todos vivir la actual —sonríese Bosch Gimpera.

—De acuerdo, Bosch, me ceñiré a ésta. ¡Bien sé que muchas de las usurpaciones, al principio de la guerra, las realizaban los sindicatos, la F.A.I.! Lo hicieron, sin embargo, con la tolerancia o la connivencia de la Generalidad. No puedo llamar de otro modo a su inhibición ante los hechos consumados. Al mismo tiempo, apoderábase del Banco, así como de otros establecimientos y servicios, con el pretexto de impedir así que los anarquistas se hicieran con ellos.

—En aquel tiempo pudieron usurparlos —replica Pi y Sunyer.

—Por culpa de ustedes: por haber perdido o declinado cualquier autoridad, aun la más elemental. Quéjanse ahora, con toda razón, del forzado vasallaje de los republicanos catalanes a los comunistas, al amparo del Gobierno...

—¿Acaso no es cierto? —corta Pi de nuevo.

—Sí, sí lo es, en Cataluña y en toda otra parte. Yo mismo, como le dije a veces a Negrín, soy un Presidente desamortizado y desposeído. Pero ustedes se hicieron ya al vasallaje y han vivido largo tiempo dominados por la Confederación del Trabajo y por la F.A.I. Moralmente, creo tienen poca razón para quejarse y casi huelgan sus protestas. Durante mucho tiempo, la Generalidad había casi desaparecido, y sus consejeros eran meros delegados fantasmales, desposeídos de toda capacidad administrativa. Recuerdo muy bien el par de visitas que usted me hizo, amigo Pi y Sunyer, cuando aún era alcalde de Barcelona. No se me olvidaron su congoja, su desaliento y su desesperanza, porque nada, absolutamente nada, representaba en su alcaldía.

—Tampoco yo eché en saco roto aquella época, señor Presidente; pero debo repetirle el reparo de Bosch a tales argumentos y remembranzas. No vivimos la historia pasada, sino otra, para nosotros igualmente injusta y desdichada.

—Su "historia pasada" está bien cercana y el presente es su consecuencia. La Generalidad, cuyo Presidente es el representante de la República en Cataluña, como ahora recuerda Companys, ha permanecido durante mucho tiempo en estado de casi abierta insurrección. Cuando se suprimió la Consejería de Defensa y se rescataron los servicios de orden público, Cataluña amaneció aliviada. El propio Tarradellas me había admitido la conveniencia de aquellas medidas, en varias ocasiones. Añádase al balance de cargos el tono propio de periódicos, arengas y soflamas catalanes, del todo inaceptable en el federalismo más amplio. Pasando a los hechos, recuerden las delegaciones de la Generalidad en el extranjero, como si fuese poder soberano; el eje Barcelona-Bilbao; la emisión de billetes por parte de ustedes, pura moneda falsa al parecer de Nicolau d'Olwer, sin consultar, sin prevenir al Gobierno. Protestan por la entrada de cientos de agentes comunistas en la policía. Los mandos de orden público exigían, sin embargo, una severa reorganización, pues nadie que haya ejercido funciones de autoridad en Barcelona en los tiempos pasados está capacitado para seguir desempeñándolas. Lo trágico de nuestro dilema es que al parecer, y según informe de Bosch, se suple ahora un terror por otro. La opinión pública no se percató puntualmente de los abusos de la Generalidad. Sólo desde mayo del año pasado empezaron éstos a enderezarse, aunque, como ustedes lo exponen, cométanse también intolerables desafueros por parte del Gobierno. La nacionalización de las industrias de guerra, que tanto los subleva y yo firmé en agosto, era a mi ver imprescindible. Todas debieran haber estado bajo la dirección superior del ministerio de Defensa, desde el principio de esta catástrofe. Hasta la batalla del Ebro, estaba muy extendida la creencia de que Cataluña no cooperaba en la lucha como debiera. Si vencemos, todo ello puede tener consecuencias inesperadas y desagradables. Desde mi punto de vista, el porvenir de la autonomía dependerá de su respeto a los textos vigentes. No es preciso que observen otros nuevos.

Calla Bosch, aunque advierto su airada discrepancia. Pi y Sunyer, a quien sin duda disté también de haber convencido, parece exhausto. Para no separarnos bajo una impresión penosa, o quizá por sentirlo de veras, díceme al cabo:

—Bueno, esperemos que todo se vaya arreglando, con un poco de buena voluntad por ambas partes.

—Confiémoslo así —asiento y al punto, en un brusco arrebato bien impropio de mi naturaleza, exclamo casi a gritos—: pero, ¡Santo Dios!, ¿acaso no advierten ustedes lo descabellado de esta circunstancia?

—¿Esta circunstancia, señor Presidente?... —inquiere Pi, asombrado.

—La conversa entre los tres. La batalla del Ebro ha

concluido. No ha hecho sino demorar unos meses nuestra derrota. Hoy, mañana, a más tardar por adviento o navidades, el enemigo desatará su última ofensiva en Cataluña. Nuestro destino es tan irreparable como irrevocable; lo fue de hecho desde el principio de esta tragedia. Saldremos de aquí a pie, como siempre lo predije, y lo haremos Pirineos arriba en enero o en febrero. ¿Para quién representamos hoy esta farsa, con tal fervor, con tanta veracidad, disputando y acusándonos en vano y en nombre de un porvenir que de hecho sabemos por completo perdido? ¿Qué fuerza nos obliga a cumplir con la verdad de nuestra conciencia, aunque acaso ésta no exista, como le dije en Valencia al padre Isidoro?

—¿El padre Isidoro?... —pregunta Pi y Sunyer.

—Un antiguo profesor mío, en El Escorial. Nos volvimos a ver el año pasado en Valencia y creo terminamos preguntándonos si no sería el hombre la conciencia soñada y culpable del universo. Sólo ahora, mientras nosotros argumentamos, advierto, sin embargo, de modo tan evidente como irrecusable, el drama absurdo que nos tocó recitar.

—Un drama, a sabiendas de cuyo final procedemos como si el desenlace fuese otro, del todo contrario al que cada vez se avecina de forma más clara e irremediable —precisa y concluye Bosch Gimpera.

—Estamos perdidos; pero argumentamos como si fuésemos a vencer, aun disputándonos la paz después de la victoria. Cuando lo hacía Negrín, creí sus desbarros demencia o cinismo. Ahora me percato de que ustedes y yo mismo procedemos exactamente igual. ¿Quién nos obliga a poner en escena esta tragicomedia y para quién, repito, la representamos con tanta convicción?

—No lo sé —dice Pi, sacudiendo la cabeza—. En todo caso, es una farsa muy triste.

—Es una guerra civil —asiento—. No la grande y visible, que pronto habrá terminado, sino otra soterraña y no menos feroz. Contienda civil y salvaje ha sido nuestra zona en estos dos años. Ustedes, la Generalidad, contra el Gobierno y el Gobierno contra la Generalidad; anarquistas contra comunistas, comunistas contra trotskistas y anarquistas; militares profesionales contra el P.C. en el ejército y éste contra aquéllos. En lo alto, como una burda sátira de tanta discordia, mis desaforados pleitos con Negrín. Bien, ahora hemos perdido, y la derrota nos servirá para realizar un detenido examen de la conciencia ajena. Por generaciones, acaso por siglos enteros, seguiremos culpándonos los unos a los otros en memorias y testamentos. Los más feroces en sus condenas serán, claro está, los conversos. Todo esto es demasiado irreal para ser sólo *cierto*. Cada vez estoy más convencido de que el universo es sólo el sueño de alguien, ignoro de quién. La pesadilla, empero, deviene a su vez espectáculo para otros que la espían, inadvertidos por lo soñados. No cabe otra explicación para nuestras discordias de hienas. Todos, a la vez y sin percatarlo, cumplimos un cruel ritual que trasciende.

Oscureció. (Más tarde, en París, cuando también

nos anochezca en aquella triste tertulia de la Embajada, recordaré esta súbita atardecida de otoño.) Hay un largo silencio en las sombras y yo pienso en aquella Generalidad, alumbrada con velas la noche del 18 de julio, que me describía Vicente Guarner; pero los tres permanecemos inmóviles, ensimismados en la tiniebla.

—Estoy terriblemente cansado —dice Pi y Sunyer.

L'ÉDEN LLAMAN A LA CASA. Álzase al pie de la carretera, según se viene de Burdeos y como a medio camino de Arcachon, entre el pinar y la playa de altas dunas, cara al mar libre y cabe un jardincillo donde en primavera deben de florecer glicinias y en otoño brotarán el pedo de lobo y la senderuela.

Le detesto el nombre, por precioso ridículo, pero me place la villa, lo bastante aislada para dar paseatas a la vera del agua, sin toparse con gentes que lo miren a uno como si fuese semicabrón u otra suerte de quimera. Me dolió dejar Collonges, pues ya me había hecho a la Alta Saboya, recién nevada aún en vísperas de la huida. Parece mi destino no poder recalar en sitio alguno más allá de ocho o nueve meses en estos tiempos: así ocurrió antes en Valencia, en Barcelona y ahora en Collonges-sous-Salève. La guerra, primero la nuestra, hoy la europea, que pronto será mundial, me barre de la Ceca a la Meca como una hoja en la tormenta. Acabará pronto conmigo, en una de estas fugas, para devolverme a la ceniza y a la nada. No hay agonía que cien años dure, ni tiene la mía mayor importancia.

Recién estallada la contienda, vínose a La Prasle el prefecto de la Alta Saboya a indicarme, entre ringorangos de un discurso lleno de reticentes recovecos, la urgente conveniencia de nuestro escape a otros pagos, ante la posible declaración de guerra de Italia a Francia *et l'imminente invasion de la Suisse pour les Allemands, monsieur le Président!* Repliqué con rumores de otra invasión, esta vez de Austria y a cargo de los franceses, por los Alpes, plan que decían previsto por el general Gamelin, a usanza napoleónica. En cualquier caso y según el prefecto, apercibíase el Gobierno a evacuar la población civil de aquella zona, y a mí me tocaba emprender nueva derrota que, de acuerdo con Cipriano y Lola, decidimos rematar al otro cabo de Francia, en la costa atlántica.

Desde allí, establecido en Arcachon, me escribió Carlos Montilla, antiguo embajador nuestro en Belgrado y en La Habana, quien jurábase vuelto de América, al dejarlo cesante el desastre, con el solo empeño de saludarme. Teníamos cuentas pendientes, precisamente por haberse marchado él sin despedirse tras procurarle yo sus sinecuras diplomáticas lejos de la guerra; pero resolví echar pelillos a la mar, cuando se ofreció a buscarme casa en estas playas. Entrado ya octubre, me vine con Cipriano a ver la finca que nos apalabrara, cerca de Le Moulleau, donde vivían los Montilla, en otra torre con solana y a un tiro de piedra de las dunas, que aquella madrugada oscurecía aún el relente y rizaba el viento marero un si es no es aromado a telinas frescas, como recién abiertas.

No me satisfizo la casa por chica, aunque parecía pulcra y muy servada. En mis amenes, quiero al menos anchura para bien morir. Una cosa es acabarse emparedado, como Santa Oria, sin más espacio que el alma, ¡tan sabida!, para replegarse entrañas adentro y otra hacerlo en cama y alcoba holgadas, donde pasear la mirada sin atropellos, recordando acaso los amplios desmontes de la Pedriza y de Cueva Valiente, en las tardes inacabables del resol de estío, allá por las vueltas de Santiago. En ésas andábamos, yo entre dudas y Cipriano y los Montilla impacientes por mi indecisión, cuando casi por medido prodigio descubrimos L'Éden, junto a la playa de Pyla-sur-Mer. Guardaban la casa, en nombre del dueño y cobijadas en la planta baja, dos viejas esperpénticas, nonagenaria y tullida una, cegarrita pero aún corpulenta la otra a los ciento diez años, quienes confesáronse madre e hija. Hablaban el francés de la Gironde y las Landas, que prende por las vocales y suena empinado y presuntuoso al oído profano. La madre llevaba a la hija en brazos, como si fuese pepona pierniquebrada. No, no podían alquilar L'Éden, repetíanse a coro. El amo aveníase sólo a venderlo. Mirábanme Cipriano y los Montilla, defraudados, pues presumían renunciaría entonces al empeño. De hecho, andaba muy lejos de tales cábalas. No me dolían prendas para invertir allí cuanto franco atesoraba entonces. La moneda depreciaríase con la guerra y la inversión se me antojaba segura. Aun de invadir los alemanes Francia, catástrofe entonces remota para muchos (*Nous vaincrons parce que nous sommes les plus forts*, insistía la prensa *d'après* Daladier), no llegarían, rumiaba yo, con pareja inconsciencia, a aquellas playas de la vieja Guyenne, fronteras a la Gascuña. Repasadas las memorias, quizá sea injusto conmigo mismo al atribuir la compra de la casa a mi irresponsabilidad. Estos últimos años me baquetearon y zamarrearon de tal modo, que el hombre de la carne en mí es siempre más dado a la atrábilis que a la esperanza. No le hubiera asombrado en demasía que los nazis ocuparan la costa entera, como llevan visos de hacerlo ahora. Pero el del espíritu se encogía de hombros, con fatigada resignación. Estaba harto de temer y de huir: anheloso de un alto en la fuga, que empezó con nuestra guerra cuando dejó El Pardo por el Palacio de Oriente, hace cuatro años. Me perdió lo anchuroso de L'Éden, o acaso aquel viento del Bassin d'Arcachon, fragante a almejas partidas con navaja. Era un buen sitio para acostarse a morir sin advertirlo siquiera.

En febrero estuve a un paso de la muerte. Sufriré un desarreglo cardíaco, que por algún tiempo se esfuerzan en ocultarme con evasivas o palabreros rebuscos. Sentado en un butacón, di en notar un agudo dolor en medio del pecho y justo debajo del garguero, tan pronto como me apoyaba en el respaldo. A poco, empezaron las dificultades para dormir acostado después del primer sueño. Mucho antes del alba, despertábame la sensación de desgarro por las carnes, como si manos invisibles me hendiesen en canal. Recetáronme inyecciones de aceite alcanforado y largos reposos. Pasaba los días en la poltrona y las noches entre almohadones, en la cama, sin tenderme. A mediodía me permitían unos pasos perdidos por el comedor, del lar a la puerta del jardín, siempre apoyado en Cipriano y en mi mujer. Poníanme luego las ventosas, con un vaso azul, de canto gordo, como aquellos en que los pescadores de las Landas beben la leche recién ordeñada, o el vino de dos orejas en sus besugadas. Me sorprendí un día llorando a solas y percatéme entonces de que no lo había hecho en toda la guerra. Miré a los míos y les dije:

—Ya no me tenéis.

Erraba de medio a medio, para desdicha mía. Como por burla a los médicos, empecé a mejorar, inexplicable e inesperadamente, en cuanto desencadenó Hitler, en abril, su campaña relámpago en Dinamarca y Noruega. Quienquiera que nos soñase, precipitaba la frecuencia de sus delirios. Acelerábanse éstos e infundían a la historia (a cuanto llamamos "historia" en nuestra ignorancia), desalentada rapidez hacia la consumación de todo sufrimiento. Cuando en mayo iniciaron los alemanes la campaña del oeste, me había zafado de mis dolores. A los diez días cruzaban increíblemente el macizo de las Ardenas, que pareceres militares reputaban infranqueable; prendían en un trampal el Noveno Ejército francés y abríanse camino hacia París, mientras yo, por primera vez en largos meses, conseguía reposar a pierna suelta y sin

sueños noches enteras. Apenas encetado junio y eva-
cuado Dunkerque por los ingleses, recobré el hambre
y dime a comer con un diente que no tenía ni en las
mocedades. El 10, consumada la derrota del Somme,
a la hora en que los franceses proclamaban París ciudad abierta y Mussolini declaraba la guerra a Francia,
desde el balcón del Palacio Venecia, los médicos me
dieron de alta, para su asombro.

Hoy, 20 de junio, paseo solo por las dunas. Cipriano se fue temprano a Burdeos. Gestiona allí nuestra posible fuga a los Estados Unidos, con el antiguo
ministro americano en Polonia, a quien Roosevelt confía una representación interina cerca de Pétain. No
tengo mayor fe en tales tratos, aunque esta mañana,
cohibido en mí el hombre de la carne y adueñado del
ser el del espíritu, su fracaso inevitable me es casi
indiferente. Ayer bombardearon tres veces Burdeos,
según me cuentan, pese al armisticio que están apala-
brando. Ensañáronse con los muelles, donde unos na-
víos ingleses se disponían a zarpar con fuerzas belgas
y polacas. Aquí, en Pyla-sur-Mer, todo es paz en cambio. En la luz de estío, que templa la brisa, revuelan
las gaviotas y llámanse a chillidos. El mar, sin olas
hoy, entre pizarra y pradera, ronronea bajo la piel de
su placidez. En la boca del *bassin*, asoma la testa de
una foca inmóvil, cara al cielo desnudo de nubes, por
donde asciende el sol como una enorme angélica carlina. La marea ensombrece la arena, que endureció el
alba. Cada paso mío suena con leve chasquido y deja
una huella limpia, que parece trazada a cuchillo. "¡Si

300

no puedes parar el tiempo aquí, despierta y deja de soñarnos!", me sorprendo gritando en silencio sin saber a quién. Al punto me siento seguido en la playa desierta. Alguien viene hacia mí, con andares entre marchosos y precipitados, bajo el griterío de las gaviotas cenicientas. Me vuelvo y topo con Negrín. Aparécese con un traje rugoso, de verano, como si llevara noches acostado con la ropa puesta; abierto el cuello de la camisa sobre una corbata gris; las gafas reverberando al sol sobre la sonrisa. Quiere abrazarme y le tiendo la mano. Me la estrecha riendo entre las suyas, una sombra de lágrimas en la mirada nerviosa, al tiempo que sacude la pesada cabeza.

—¡Qué alegría volver a verlo, aunque sea en estas circunstancias! —exclama en tono de robusta sinceridad—. Acabo de llegar de Burdeos, y su esposa me dijo que en la playa lo encontraría paseando a solas.

Me toma del brazo, sujetándome con el apretujón nervioso de aquella diestra suya, carnosa y ancha de palma. Mal que me pese y casi a tirones, me obliga a proseguir juntos la paseata.

—Sabía que estaba usted en Burdeos, Negrín. ¿Qué se le perdió esta mañana por Pyla-sur-Mer?

—Usted, señor Presidente; se me perdió usted. Tengo apalabrado un barco carbonero griego, más gabarra que otra cosa en sus vejeces, para huir a Inglaterra esta noche, al filo de las nueve. Conmigo vienen Méndez Aspe, Casares Quiroga y Ramón Lamoneda.

—Les deseo la mejor suerte.

—No sea usted desabrido —ríe escandalosamente—. También yo hago votos por su bienandanza; pero poca le cabe si se queda en Pyla y aquí lo capturan. Sea cual sea el armisticio, los nazis ocuparán la costa entera.

—¿Cree usted?

—Estoy convencido de ello. Hundióse Francia para siempre, no me cabe duda. Nosotros seremos las primeras víctimas propiciatorias del desenlace. Luis Rodríguez, el embajador de Méjico, me contó su conversación con Pétain. "En las grandes miserias, las ratas perecen las primeras", le dijo Monsieur le Maréchal. "Estos republicanos exiliados no son sino ratas indeseables."

—En los días de mi dolencia, cuando creía morir, aprendí a juzgar a hombres y pueblos con imparcialidad. Compadezco a Pétain, un engallado sin luces, aunque nos deteste y fuese embajador en Burgos. Le tocó presidir una derrota atroz, porque su país no estaba dispuesto a luchar. El derrotismo viene de los dos millones de muertos de la otra contienda. No quieren perderlos de nuevo. Desapareció entonces una generación entera que hoy iría por el medio siglo.

—Nunca lo conocí tan desapasionado con sus enemigos —sonríese—. Recuerdo muy bien cómo me detestaba durante nuestra guerra.

—Tengo ahora un corazón que no me cabe en el pecho, Negrín. Padezco lo que los médicos franceses llaman cœur de bœuf y los nuestros corazón de vaca: un achaque increíble, propio de atletas, que pronto acabará conmigo. En fin, volvamos a Pétain. Lo conozco y lo sé limitado y presuntuoso. Convencióse de que todo concluye ahora, con la caída de Francia. Naturalmente, yerra de medio a medio. La guerra la perderán los alemanes, cuando Hitler invada Rusia y los americanos intervengan en la contienda, provocados por los japoneses. Todo esto, sin embargo, es sólo historia inevitable a unos años vista. Yo no estaré aquí para presenciarla.

—¡Tonterías! Nos adeuda mucha vida; pero debemos garantizarla. Ante todo, ha de salir de Francia esta misma noche.

—¿Esta misma noche?

—Soborné al capitán para que embarcase otro viajero, sin delatarle su identidad. Se avino de mala gana, pues teme enredos con su Gobierno. Hay puesto para un hombre, sólo uno más, en el bote. Le suplico encarecidamente que lo acepte usted, señor Presidente. No tuvo otro propósito mi visita.

—Esta misma noche...

—Antes de las nueve debe estar en el muelle. No lleve más equipaje que el indispensable. La legación de Méjico le extenderá un falso pasaporte. Yo viajo con el de su canciller Alfonso Castro. Es nuestra última oportunidad de huir de Francia.

—Quién sabe.

—¡Seguro! Tan cierto como la muerte —atropéllase a decirlo y enrojece—. Mañana los alemanes estarán en Burdeos, pasado en Pyla. ¿Adónde escapar entonces?

—No lo sé, Negrín; pero tampoco puedo abandonar a mi mujer, a mi familia...

—Yo dejo aquí a mi madre, que es una anciana. Mi padre está preso en Canarias. Tenemos el deber de sobrevivir. Nos lo exigen los muertos.

—Si es al precio de mis vivos, prefiero desobedecerlos.

—No puede hacerlo. Los suyos, vivos, son a su ver parte de un sueño, como usted mismo. Sólo los muertos existen y ellos determinan nuestros actos de sombras.

—¿Vino a Pyla-sur-Mer para plagiarme la visión del mundo o para escarnecerme, Negrín?

—No he venido a ninguna de las dos cosas, señor Presidente, sino a salvarlo.

—Discúlpeme, pero no puedo menos de pedirme por sus intenciones. Su actitud me maravilla, pues no fui nunca santo de su devoción.

—¿Acaso no haría usted lo mismo por mí?

—Supongo que no. En verdad, lo ignoro.

—Yo nunca podré abandonar a mis amigos, o para el caso a mis enemigos. Vine a comprenderlo súbitamente en este juicio final. Las vidas de hombres como usted, señor Presidente, o como Casares Quiroga, a quienes detestaba, volviéronse súbita e irracionalmente preciosas e irreemplazables. Será el médico en mí: el médico para quien salvar la existencia es aún más importante que darla. Quizá por eso, ustedes, a quienes aborrecía, son ahora más valiosos que mis hijos.

—No incidamos en la retórica, que es pecado grave. Sólo resulta venial en buenos oradores; pero usted, que tantos idiomas domina, nunca habló bien el castellano. Sus hijos están a salvo en Nueva York y yo no soy nadie ya. Con mi *cœur de bœuf*, tengo los días contados. No obstante, aunque viviese más que el mundo, o, en otras palabras, aunque Dios o el demonio se empecinasen en soñarme siglos enteros, como según dicen lo hacen con el conde de Saint-Germain, yo sería sólo un espectro del pasado en mi tierra.

—¡Quién incurre ahora en retóricas, señor Presidente!

—No seré yo.

—¡Quién iba a ser! Para empezar, el corazón de vaca no es necesariamente incurable, ni estoy yo tan seguro de que usted lo padezca, a la vista de su aspecto.

—Me recobré inesperadamente. Los médicos lo juzgaron prodigio; pero no hay mal ni milagro eterno. Me acabo, y lo sé de cierto.

—Supongamos que sobrevive.

—¿Sólo será por suponerlo?

—Sólo por suponerlo, sea. ¿Qué derecho tiene a descartarse en el futuro? Usted no creyó nunca en el porvenir. Espero que el pasado le infunda mayor consuelo —su ironía es de nuevo ruda, casi tartajosa, mientras acelera el paso y endurece el apretón en mi brazo—. Nuestra guerra acabó, como usted lo quería.

—De nuevo se equivoca, Negrín. No tiene derecho

305

a condenarme porque nunca consiguió comprenderme.

—¿Me equivoco?

—Por completo. Jamás quise que la guerra terminase como empezó: con un golpe de Estado en nombre del anticomunismo. No apruebo en modo alguno la resolución de Casado, militar sublevado a su vez contra el Gobierno ni, menos aún, la de Besteiro, quien pocos meses antes decía negarse a asumir el Poder, precisamente por creerse desapoyado por dos mayorías: la del país y la de su propio partido. Contra el parecer de muchos, no los supuse respaldados por Inglaterra en su aventura, bien vana por cierto. Ni aun de darse por vencidos era ya tiempo. Gracias a ellos, sin embargo, terminó la guerra como *usted*, Negrín, esperaba.

—Yo quería luchar hasta el inicio del conflicto mundial. No lo conseguí, o por mejor decirlo me lo impidieron, por cinco miserables meses: de abril a septiembre del año pasado. La resistencia hasta otoño era militarmente hacedera.

—Esto no podrá probarse jamás, porque el tiempo es tan irrevocable como la misma muerte. Suponer lo no sucedido es un ejercicio en fruslería.

—Quizá; pero en febrero, vuelto yo de Francia a la Zona Central y reunido con los propios conspiradores, no deduje inminente nuestro hundimiento. Todos allí, salvo Miaja, aconsejaban capitular; pero los generales Matallana y Menéndez nos concedían aún cuatro o cinco meses, vistas armas y hombres.

—Predicaba usted la resistencia; pero su conducta en aquel entonces malcasa con su propósito. En Francia mandó liquidar las existencias de víveres, materias primas y armamentos de tránsito. En los Estados Unidos ordenó el saldo apresurado de más de veinte aviones y casi un centenar de motores. Lo sé muy bien a través de Fernando de los Ríos, nuestro último embajador en Washington.

—Era preciso explorar en secreto todas las avenidas. Mucho antes, a fines de 1937, mandé a Méjico a Juan Vidarte, subsecretario de Gobernación, para que tratase con el Presidente Cárdenas las posibilidades de una emigración masiva, en el caso de nuestra derrota.

—Conocía el viaje de Vidarte; pero no su finalidad. Creí iba a allí a cobrar unos barcos mejicanos, construidos en nuestros astilleros antes de la guerra.

—Nadie llegó a sospecharlo. Sólo Cárdenas, Vidarte y yo compartíamos el secreto. De husmearse la verdad, estaba dispuesto a desmentirla. Quienes se batían por la República no hubieran comprendido aquellas negociaciones, en previsión de su vencimiento.

—Entre tanto usted me juraba aún que no podíamos perder militarmente la guerra.

—Un hombre de Estado debe tener siempre varias cartas que jugar, señor Presidente. Yo estaba dispuesto a batirme mientras fuese hacedero.

—Su última carta, la que jugó oblicuamente, Negrín, fue la revuelta de Casado. Los sacó del atolladero a usted y a los comunistas, sus conjurados en la resistencia a ultranza. En el fondo, ellos creían la derrota tan inevitable como usted mismo. En octubre de 1937, medio año antes de que las fuerzas de Franco alcanzasen el Mediterráneo, me visitó *la Pasionaria* en La Pobleta. Recuerdo que le dije: "Supongo que esto de la dictadura del proletariado lo habrán aplazado ustedes por una temporadita." "Sí, señor Presidente —repuso—, porque tenemos sentido común."

—No lo probaron en otras ocasiones —rezonga Negrín.

—En aquélla les mostré el mapa de mi despacho a ella, a Pedro Checa y a Comorera, que la escoltaban, y les pregunté si se darían por vencidos de llegar el enemigo al mar. "Sí, señor —me dijo sin reparo *la Pasionaria*—. Eso sería perder la guerra y habría que ver entonces qué se podía salvar."

—En la última reunión de las Cortes, en París, y un día antes de concluirse oficialmente la guerra, el 31 de marzo del año pasado, *la Pasionaria* atribuyó la derrota a su defección, señor Presidente.

—Lo sé muy bien. No se me hace odioso el recordarlo, pues me eché a la espalda tales injurias. Allí ni pesan ni las veo. Había en aquellas Cortes, un si es no es espectrales, íntimos amigos míos como Luis Fernández Clérigo, su vicepresidente. Nadie, absolutamente nadie se levantó a defenderme. Creo que en la misma reunión lo elogió ella sin tasa, por buscar una paz honrosa, humana y digna, según me citan.

Pronto dirá de usted todo lo contrario. Con esto hago punto.

—Me alabó por haber regresado desde Francia, caída Cataluña, a encabezar el Gabinete. En Madrid, a los tres días de vuelto de Toulouse, me informaron de que el buró político comunista resolvía someter a propia aprobación toda medida del Gobierno antes de aceptarla. Airado, llamé a *la Pasionaria:* "Necesito que me diga usted si se ha tomado ese acuerdo. Porque si es así, yo detengo esta misma noche al buró político del Partido Comunista y mañana estarán ante el tribunal permanente."

—¿Qué repuso ella?

—Se deshizo en mieles. A poco hablaba yo ante el Comité Central del P. C. Allí les anuncié que procedería con toda firmeza contra los saboteadores del Gobierno, cualesquiera que fueren. Ratifiqué también el derecho a introducir cambios políticos pertinentes, dimitiendo mi cargo de juzgarlo preciso, y aun sugerí, no sé exactamente por qué pues lo aborrecía, el nombre de Besteiro para protesta de aquella gente. Terminaron brindándome unánime apoyo a los tres puntos para la paz que había formulado en el castillo de Figueras: independencia del país; determinación libre del pueblo con un plebiscito; amnistía general.

—En aquellas circunstancias, caída Barcelona, sus tres puntos no eran sino la conseja del portugués en el pozo.

—Acaso, pero no me duelen prendas al recordarlos. Como le dije, cabía sostenerse hasta otoño y la guerra mundial era ya inminente.

—Usted sólo aguardaba el pronunciamiento de Casado, para abandonar la partida con supuesta dignidad. Aun juraría que llegó a conocer sus manejos con Besteiro, al regreso de Toulouse. ¿Por qué no lo detuvo entonces, Negrín, cuando le sobraban razones para hacerlo?

—En realidad, no había motivo para ello...

—Casado era ya procesable por sedición militar; pero usted, tan entero ante los comunistas, según propia confesión, prefirió ignorarlo en vigilias de su rebeldía. En enero, Casado dejó en suspenso el decreto de movilización general, flagrante delito que debía valerle un consejo de guerra. Por aquel entonces, perdida Cataluña y antes de su vuelta, prohibió los tres puntos de Figueras y encarceló a quienes los distribuían en octavillas, culpándolos de derrotismo. ¿Qué hizo usted ante tales desacatos? Lo ascendió a general.

—Irónicamente —sonríese—, el mismo Casado propondría luego a Burgos el calco de mis puntos: independencia nacional, alto el fuego y garantías para la expatriación de los comprometidos. Nunca anduvo sobrado de luces.

—Aún no me repuso usted, Negrín. ¿Por qué no detuvo a Casado en Madrid? Motivos tenía y al parecer arrestos. Amagaba al mismo tiempo encarcelar al buró político comunista, por un quítame allá esas pajas.

—Por qué no detuve a Casado entonces no se lo cuento yo ni al cuello de mi camisa —repíteme su réplica preferida en la guerra, sonriéndose aún mientras sacude la cabeza. Por los tiempos de Teruel, Prieto me hizo reparar en que Negrín encanecía. Tiene ahora casi gris la ancha testa y blancos los aladares—. Quizá pensé prenderlo el mismo 5 de marzo, pocas horas antes de su rebelión, cuando entregué los altos mandos del ejército a los comunistas. En el ejército del Centro, sustituí al propio Casado por Modesto. Líster, *el Campesino* y Tagüeña debían mandar las fuerzas de Levante, Extremadura y Andalucía. Cordón pasaba al frente de tierra, mar y aire.

—¿Qué puesto le dio a Casado?

—Uno bien ambiguo: consejero militar de la Presidencia, por defecto de Rojo y Jurado, que permanecieron en Francia. Dígame, señor Presidente, ¿cree usted que iba a arrestarlo entonces?

—Ni entonces ni nunca, Negrín. Aquellos nombramientos fueron la última provocación para incitarlo a la revuelta. Usted y los comunistas habían jurado apoyar hasta el fin una causa perdida. El golpe de Casado los absolvió del deber de defenderla.

—La resistencia era posible hasta septiembre, hasta la guerra grande —insiste sin mayor convencimiento, mudada ahora la sonrisa en gesto absorto y embebecido—. Cerca de aquí, en Burdeos, atracaba el último envío de armamento y material de invierno, vendido por la U.R.S.S. a Hidalgo de Cisneros en diciembre del 38, cuando nuestro crédito en Moscú se había

311

casi agotado. Siete barcos, venidos de Murmansk, señor Presidente, con tanques, aviación y artillería, arribados a tiempo para salvarnos. Francia tuvo a bien, empero, demorar el transporte del armamento. Llegó a Cataluña, caída Barcelona, cuando carecíamos de aeródromos donde montar los aviones y casi de tierra donde posarlos.

—Jamás comprendí por qué cursaría Stalin aquel pedido, a sabiendas de que el Gobierno francés iba a empantanarlo. Debióse quizá a enormes defectos de información.

—Tal vez él también creyera en nuestra resistencia hasta el comienzo de la guerra europea.

—En aquel entonces no le interesaba, Negrín. Ocho meses después firmó inútilmente su acuerdo con Hitler, pues bien pronto los alemanes invadirán Rusia.

—Usted afirmó una vez que la historia es sueño —díceme inesperadamente—. Yo la creo una insensatez. De hecho, siempre sucede lo inesperado. Hemos perdido la guerra por aguardar demasiado el triunfo. De no haberlo deseado tanto, acaso lo hubiésemos alcanzado.

—No le conocía un escepticismo tan paradójico, Negrín.

—Vine a pensar mucho en estos últimos tiempos, señor Presidente. A veces casi acordaría con usted en que el mundo es sueño, con una sola salvedad.

—¿Una sola?

—El hombre. Éste es real, mientras lo demás redúcese acaso a ajena pesadilla.

—El hombre sólo tiene historia, como diría Ortega.

—No, señor, no la tiene, pues ésta es puro descabello. Es preciso rescatar al hombre de la historia, de la cual es sólo una víctima. Así me desvivo por llevarme a Inglaterra cuantos amigos o enemigos se hallan en peligro de ser capturados. Por eso le suplico que embarque conmigo esta noche.

—Le agradezco la propuesta en cuanto vale, Negrín. Se la agradezco de corazón; pero debo declinarla. No puedo separarme de mi mujer ni de Cipriano.

—¿Está usted seguro, señor Presidente? ¿Pensó detenidamente en las consecuencias de este acto?

—El hombre de la carne en mí no piensa en otra cosa —sonrío.

—Y a pesar de todo, ¿sigue dispuesto a permanecer en Pyla?

—Aquí me quedaré. En fin de cuentas, los alemanes no pueden hacerme nada. Aun en territorio ocupado, sólo tienen jurisdicción sobre sus propios soldados. Un bando del Gobierno Pétain así lo manifiesta, sin lugar a dudas.

—Lo mismo me dijo Julián Zugazagoitia en París, la víspera de su caída. Allí lo dejé, entonces, pues empeñábase en escribir un reportaje sobre la entrada de la Wehrmacht por los Campos Elíseos. Ojalá no se equivoquen ustedes, aunque a Zuga lo sueño fusilado cada noche.

—Quizá nos engañemos los dos, Zugazagoitia y yo. Poco importa; será uno más y el último entre tantos errores cometidos.

—Fueron demasiados —sacude la entrecana cabeza ante aquel mar como remansado y sin olas—. Mentarlos todos sería la cuenta de la vieja. Más sincero resulta darles la debida perspectiva. Mayor que la falta de armas, infinita incompetencia, desmoralización, intrigas, envidias y diversiones cuarteando la retaguardia, veo yo nuestra inmensa cobardía. De ésta excluyo, claro, a quienes combatieron hasta morir o sobreviven por milagro, así como al pueblo, famélico y bombardeado. Cobardes, en cambio, salimos los dirigentes, incapaces de prevenir una guerra evitable y capitulando luego cuando aún podía ganarse. No distingo ahora entre nosotros. Como ocurre con el pecado original, al decir de los creyentes, compartimos todos aquí la fraternidad de la culpa. Nuestro único bautismo es el reconocimiento de yerros y delitos —detiénese un instante, entre absorto y entristecido; prosigue en seguida—. Más nos perdió la esperanza que la propia cobardía, como le confesé, señor Presidente. De no haber aguardado tan fervientemente el triunfo, quizá lo hubiéramos conseguido. Es como la búsqueda de Dios: dicen que quien lo persigue no lo hallará nunca.

—Acordaría con todos sus razonamientos, Negrín, excluido el último. El enemigo esperaba la victoria con una fe idéntica a la nuestra. Por lo demás, nadie pone compuertas a la esperanza.

—Usted lo hizo, señor Presidente.

—Mi caso es distinto, porque siempre descreí en

314

el mundo como en mí mismo. Será cuestión de temperamento.

—No, no es cuestión de ánimo, sino de maldición. La esperanza, en medio de la desesperación general, es un cáncer. Si yo pudiese ahogarla en mí, viviría en paz conmigo mismo.

—No le comprendo, Negrín. No lo he comprendido nunca. Como le dije en uno de nuestros debates, soy de la tierra de la claridad. Oyéndolo, me pierdo porque, como afirmaba Besteiro, es un personaje de Dostoievski. Seres como usted, o como Unamuno, siendo bien distintos, me inspiran por paradójicos idéntico recelo.

—Yo soy quien no quiero ser —replica en voz muy baja—. Sé que nunca tornaré a nuestra tierra, precisamente porque ansío el retorno a cada instante de esta media vida mía en el exilio. Si no lo esperase con tanto celo, acaso consiguiera regresar. Siendo como soy, e incapaz de mudarme, jamás podré volver allá ni para dar paz a mis huesos.

—En la guerra, Prieto me confió su deseo de marcharse lo más lejos posible de nuestro país, para olvidarlo eternamente. Creo que era sincero entonces.

—No lo dudo; pero con los años terminaremos por pensar y sentir igual. Ni usted ni él volverán tampoco vivos a nuestro país, porque en el fondo, y aunque no lo adviertan, anhelan el regreso con un desespero idéntico al mío.

En éstas, llegamos a la casa. En la carretera y al pie del jardincillo, un coche de la legación mejicana,

315

con chófer y banderilla, aguarda a Negrín. En silencio, cada uno perdido en sus propios pensamientos, lo escolto hasta el estribo. El sol, más alto, abrasa la arena. En la luz dispersáronse las gaviotas mar adentro. A cada muerte de Papa, una aislada, perdida quizá, desciende sobre las aguas llanas y traza con el pico una raya en el aire. Recuerdo nuestra anterior despedida en Las Illas, aquella otra mañana recién albeada, sobre los tejadillos anaranjados y entre los montes azules, cuando anticipaba aliviado no volver a verlo. Ahora, en cambio, quisiera retenerle; hablarle el día entero; preguntarle acaso por qué llegamos a odiarnos tanto. Anda despacioso, sin mirarme, olvidado de mí y de sí propio. Quitóse la chaqueta que lleva prendida al hombro, y el sudor le pringa la camisa con grandes manchones, mientras el sol le nubla las gafas, de delgada patilla. El chófer le abre la portezuela y sólo entonces, a punto ya de entrar en el coche, me mira fijamente a través de los cristales velados. En Las Illas, me abrazó de súbito y lo sentí estremecerse y rechinar los dientes, con absoluto desapego por mi parte. A boles de malta aguada y tabaco negro le hedía el aliento entonces. Hoy ni siquiera me tiende la mano. En voz baja y tranquila me dice, sin apear la mirada:

—Debes saber que te he detestado siempre. Nunca aborrecí a nadie como a ti, porque nos has perdido. Espero se salven los tuyos, pero que a ti te fusilen.

Y yo:

—No tiene importancia, te lo aseguro. Buena suerte, hijo.

316

ESTO ES EL FINAL.

La lluvia repica en la ambulancia que me lleva de Pyla-sur-Mer a Montauban. Arreció la tormenta de verano, apenas salidos de Arcachon con la anochecida. Llueve sobre el *bassin*, sobre las dunas, sobre el Garona. El aguacero viene del mar y nos sigue Gironde abajo; vergueando la tromba en las ventanas, camino de Lagon y Marmande. De noche, aún en la ambulancia, huele el aire a sal yodada, a océano encrespado y rugiente, cabe barcas varadas y farolas rojas.

Yazgo en una camilla traqueteante. Sentados junto a mí, me velan mi mujer, Gómez Pallete y Antonio Lot, el criado. Un enfermero francés, sanguíneo y rubicán, préstamo apresurado del Prefecto de Arcachon, nos conduce por la carretera atascada de coches, de camiones, de carretas, de fugitivos del avance alemán.

En la negrura, bajo las corbachadas del chubasco, cierro los ojos y al punto se hace el silencio en el alma. Bajo los párpados, las sombras dan paso a una tolvanera de oro viejo, a trechos pulido, a trechos deshilachado, como una telaraña donde reverberase el mediodía. Veo los girasoles de Alcalá, sobre el puente del Henares. Cabecean hacia Segovia, vencida la tarde, pero aun corvados me llevan palmos a mí, chico ahora como de diez años. Prietos, encienden el campo con un fulgor que, por sobrio y maduro, equilibra la brillantez del sol. Desde cualquier pico del Guadarrama, veríanse los tornasoles con un catalejo: una parcela dorada entre tierras pardas o verdes junto al arroyo enfangado por las últimas molliznas, donde diz que antes, cuando las carlistadas, todavía apresaban los rapaces la trucha arco iris a zarpazos. Una parcela que el sol pliega a su ley y peina el oreo, entre crujires de cañas y bisbiseo de hojas estremecidas. A su lado yo, minuto, y enlutado: una cabeza de alfiler, a vista de Dios desde la sierra.

Esta tarde de tantos años después, la de mi última huida, vínose el prefecto a L'Éden tartajoso y trasudado. *Monsieur le Président, c'est tout perdu! Monsieur le Président, c'est la fin de la France!* Se hizo público el armisticio. *La vielle putain* cedía a los alemanes la entera costa atlántica, desde Dunkerque a Hendaya, y el departamento de la Gironde. Una ley prudente vedaba la evasión de una provincia a otra, para mejor aprisionar a todo comprometido. En aquel caos, empero, nadie ponía tablachos a la fuga. Llenaba ya las carreteras del interior, hacia *la France libre,* reíase sarcástico el prefecto. *Monsieur le Président,* no había tiempo que perder; precisaba que partiese hacia Montauban, sin mayor tardanza, en una ambulancia ya apercibida para el escape. Aunque Negrín no lo consiguió anteayer, convénceme hoy el prefecto. A toda prisa prepárase la huida y en el último instante Cipriano no accede a acompañarnos. Quiere quedarse en Pyla, para no exponer la casa a las vicisitudes de la ocupación. Nada me valen ruegos ni insistencias. Firme en sus trece, rehúsa mis razones. Ni por asomo dígnase escucharlas.

—¡Déjame hacer lo que me plazca, una vez al menos! —replícame casi airado.

Al cabo, claudico: más por cansancio y fatalismo del hombre del espíritu que por avenencia. Nunca más volveré a verlo, lo sé; pero una fatiga inmensa, la misma que esta tarde empece el miedo y acaso previene la demencia, impide el dolor; lo encorrala en las entrañas y allí, de tan hondo casi oculto, guárdalo preso, balando en vano. Ya sentado en las parihuelas de la ambulancia, mientras Pallete me apremia a tenderme, mírome las palmas para no ver a Cipriano y le digo:

—Bueno, adiós. Conste que me despido. No vayas a escribirme desde Méjico diciéndome que no lo hice.

—Lo recordaré muy bien —replica enronquecido, vuelta la pesadumbre, desentono y gritería. Besa a Lola, pero ni siquiera me tiende la mano. Él mismo cierra las portezuelas de la ambulancia, con chasquido chillón de metales orinados.

Lloviznaba entonces en los amenes de la larga atardecida. Doblada la primera revuelta, apagóse el acezo de la marea en las dunas, y estalló la tormenta entre tronadas. A poco, demorábase la ambulancia en aquel tránsito de evadidos, y llegaba la noche con el aguacero. Rezaba Lola a cada relampagueo y brillaban los ojillos de Antonio Lot, mientras maldecía el diluvio, con voz queda. Cerré los míos, y sentí los latidos del corazón, mi *cœur de bœuf*, crecerse y acoplarse al resuello de la chubasquería. Una paz suprema y extraña, la de saberse parte de un universo tan contradictorio como el hombre mismo, relentecía la carne y su espanto.

En enero de 1939, hace ahora casi año y medio, vivíamos en La Barata y en Tarrasa. El Gobierno se desentendió de nuestra suerte. Cuando Sarabia instaló su cuartel general a nuestra espalda, vino a decirnos que no debíamos seguir allí ni un día más. Aun entonces, me negué a adoptar ninguna decisión, mientras el Gabinete no lo estimase necesario. Allí estuvimos, aguardando en vano, hasta el sábado 21 de enero, cuando fuimos por la tarde a una casa cercana a Caldetas. Todavía a la mañana siguiente, pudimos evacuar a todo el personal; pero la familia del chófer, que residía en Tarrasa, ya no consiguió huir. A los tres o cuatro días, el enemigo ocupaba La Barata. Conseguir que salieran de Barcelona las plantillas militar y civil de la Presidencia fue obra de romanos. Nadie quería atenderlos. Por fin se organizó un tren, que estuvo catorce horas parado en la estación de Barcelona y tardó treinta en alcanzar Figueras. La casa que nos habilitaban en Llavaneras desde junio aún no estaba presta. Pasamos la noche en otra, a pocos metros de la ca-

rretera, y nos bombardearon, sin mayor consecuencia que la rotura de cristales. Al día siguiente fuimos a la otra masada y volvieron a bombardearnos. No creo que nos acechasen; pero el lugar era de mucho tránsito. Giral mandó habilitarnos el castillo de Perelada, donde depositaron casi todo el Prado. Seis horas tardamos en llegar allí el lunes por la tarde, en el único coche que nos quedaba, averiados o perdidos los restantes en el barullo de aquella fuga. Al día siguiente, la carretera estaba ya intransitable. En Perelada y por una radio rota, que reparó el mayordomo del castillo, conocí la caída de Barcelona en las arengas del vencedor.

El enemigo podía llegar a Gerona cuando le pluguiera, en uno o tres días, según urgencias de un avance que nadie impedía. Mandaron evacuar la ciudad y se produjo otro atasco dantesco en la carretera hasta Figueras. Algún ministro recorrió el trayecto a pie. El de Gobernación se creyó en el caso de regular la marcha pistola en mano. Alguien de mucho nombre pasó oculto, como yo ahora, en otra ambulancia de la Cruz Roja. Un alto funcionario sisó los sellos del correo submarino, que los coleccionistas pagan a buen precio. Desaparecieron Estado, Gobierno y servicios. Los consejos nacionales de los sindicatos y partidos cruzaban la frontera por el monte. Nada funcionaba y el sálvese quien pueda era general. La desbandada volvíase desastre inmensurable. La muchedumbre enloquecida taponó carreteras y caminos, derramóse por los atajos en busca de las lindes. Paisanos y soldados, mujeres y

viejos, funcionarios, jefes y oficiales, diputados, en toda suerte de vehículos: coches ligeros, camiones, carritos tirados por mulas, arrastrando los ajuares más humildes y hasta piezas de artillería, cortaban una inmensa masa a pie, desbordándose todos contra las cadenas de las lindes en Port-Bou y en La Junquera.

En Perelada nos visitó un par de veces Martínez Barrio. Temíase quedásemos sumergidos en la inundación de fugitivos. Se nos venía encima todo el reflujo del ejército del Este, en retirada y acosado en la dirección Vich-Ripoll. Renacían las patrullas "espontáneas", de llanos maleantes. Los pueblecitos aledaños, ocupados por desertores armados, eran intransitables para quienes no fueran bienquistos de aquellos déspotas. Así crecía nuestro aislamiento, mientras medraban rumores y todo dios daba su cuarto al pregonero. Dos días nos tuvieron sin gota de gasolina, y no conseguí nunca que nos pusieran un teléfono directo con Figueras. Partidas de fugitivos nos robaron el único coche: el de servicio del batallón de la guardia. Por toda defensa contábamos con una compañía de fusiles. Más no cupieron en Perelada y acantonadas andaban las otras por aquellos villorrios. Negrín llamó al cabo, mascullando disculpas por nuestro abandono. Como de costumbre, buscaba su propio provecho. Me pidió, sin preámbulos, que me trasladara junto al Gobierno para que mi escolta lo amparase. ¡Tal confianza tenían los ministros en su propia guardia! A instancias de Martínez Barrio, repuse que carecía de medios para complacerlo. Al día siguiente bombardearon la pista de ate-

rrizaje de Vilajuiga y la carretera de Torroella. En Vilajuiga cayó un Messerschmitt en llamas. El piloto alemán, vivo y con las ropas encendidas, salió del aparato suplicando a gritos: "¡Mátenme! ¡Mátenme!" No lo hicieron. Lo miraban quemarse y consumirse, corriendo y arrastrándose por el campo, bajo las bombas de los suyos. Negrín me ofreció entonces el castillo de Recasens, casi en la misma raya. No lo acepté. Estaba aislado, inhabitable, con un sendero ahogado de aliagas por único acceso.

Ahora, en esta otra desbandada, la de los franceses, pasamos la noche en la carretera cegada por los fugitivos. Creo me amodorro y hablo en sueños porque a veces, en el duermevela, oigo a Lola preguntarle a Pallete: "¿Desvaría?" Y Pallete: "No, no; pero está muy inquieto. Necesita un sedante." He vuelto a Alcalá y al campo de los tornasoles. Giran lentísimos, cabeceando, mientras yo aguardo que me den una hora, que será la del ángelus. Crujen los oros y se abrillantan. El sol no pende en los cielos, sino brota de la tierra; crécese como un tifón luciente y pronto incendia el universo. Abro los ojos y aquél transfórmase súbitamente en la amanecida. Alguien me dice que estamos en el Perigueux.

Esto es el final.

La *Sexta sinfonía* y *Los fusilamientos del tres de mayo*, obras de dos sordos. En 1792, a los cuarenta y cuatro años, rico, halagado y en su plenitud creadora, la sífilis deja sordo a Goya. Dos años tarda en reponerse y durante algún tiempo se teme por su vida.

Aquí muere el primer Goya, el último y mayor pintor del siglo XVIII, el de los "cartones", que son telas, para la Real Fábrica de Tapices de Santa Bárbara, a la hora de *La gallina ciega* y las meriendas a la vera del Manzanares. El mundo era para él entonces espectáculo transparente, donde esfúmase en el fondo la naturaleza, aún ausentes el demonio y las tinieblas, sin los cuales Goya no es todavía Goya, y cuyo vacío puebla de armonía ilustrada. La crisis lo encepa luego en el silencio y del silencio tráese un aura del otro mundo. En la sordera descubre la noche soterraña del alma, por siempre oscura, donde la razón suéñase transformada en monstruos. La muerte vendrá a confirmársela en otra fecha capital de su existencia: el 2 de mayo de 1808. Desde el balcón de su estudio, presencia probablemente aquella mañana la carga de los mamelucos de Murat contra el gentío, en la Puerta del Sol. Una anécdota, acaso falsa pero de certera fantasía, llévalo la madrugada siguiente a la Montaña del Príncipe Pío, a presenciar ejecuciones y esbozar cadáveres. La sordez le hace ver la guerra y los fusilamientos en un silencio absoluto, sin descargas, sin gritos, sin relinchos de caballos destripados a navajazos. Muñecos mudos, los hombres parecen fingir matarse, en aquella quietud absoluta, para remedarle los monstruos del espíritu. En otras palabras, como yo ahora, advierte él entonces que el mundo, que de joven creyó minuete o teatro, no es sino pesadilla de Dios o del demonio.

En el castillo de Perelada y en la alcoba de la condesa, donde dormimos Lola y yo, convivo unos días con el Prado. En la planta baja almacénanse sus mejores cuadros. Para acoger allí *Las Meninas*, es preciso arrancar parte de la casa. En el fumador exhíbense con el *Cristo* de Velázquez y *La rendición de Breda*. En la iglesia del pueblo se quedarán su marco y la entera colección de los *Caprichos*. En aquel salón, bajo la cabeza caída del *Cristo* y a la luz de unos candelabros que en la atardecida le emblanquecen las carnes, recibo a Bosch Gimpera. Afuera, en el jardín del palacio, llueve mansamente sobre los senderuelos de chinas y los árboles desnudos. Rumores de fuentes, acaso otrora soñadas, suenan en mi oído. Bosch, su corpulenta figura derrumbada en un sillón, pasea la vista de un Velázquez a otro.

—Si salvamos estos cuadros, acaso no hayamos perdido del todo la guerra —me dice en voz baja.

—Los salvaremos; pero la guerra está bien perdida. Lo estuvo siempre —replico—. Los cuadros, en cambio, sobrevivirán su misma memoria.

—Es posible.

—Es bien seguro. No tengo otra certeza en este desconcierto.

—Hace años, de joven, sufría a veces una pesadilla fascinante —díceme Bosch—. Soñaba despertar en plena noche en un museo a oscuras, donde cada cuadro bañábase en luz propia muy adecuada a su hora y tema. Distinta era, por ejemplo, la claridad de los Rubens de los crepúsculos de Patinir en la Estigia. Asombrado, echaba a andar por salas y pasillos interminables, para advertir que allí exhibíanse juntas obras de muy diversa procedencia. Convivían la *Antíope*, de Correggio y del Louvre, con *El censo de Belén*, de Brueghel y del Musée de Beaux-Arts, con los bufones de Velázquez y del Prado, con la *Crucifixión* del Tintoretto y de la Scuola di San Rocco, en Venecia. A poco comprendía que el museo era el mundo y yo su único ser vivo, en el laberinto de pinturas. Inmortal y por siempre perdido, estaba condenado a vagar eternamente en aquel universo de pinturas.

—Yo ni aun soñé que al final de una guerra conviviría con *Las Lanzas* y el *Cristo*, en el fumador de casa ajena. De hecho, reparo ahora en que aquí, en Perelada, no sueño nunca, si bien duermo la noche entera.

—¿Cómo transcurre su vida en el castillo?

—No tiene historia, sólo frío. A la llegada, me esperaban ante el portal Negrín y el mayordomo. Con ellos recorrí las salas principales y me demoré ante los retratos de Vicente López, en una de las alcobas. Desde entonces paso los días avivando la lumbre con un soplillo.

—¿Nada más? —sonríe Bosch.

—Casi nada. Mandé cerrar bajo llaves, que conservo, las bodegas del castillo, cuando un soldado robó una botella de clarete. Ayer y en la lluvia, detúvose aquí un camión descubierto, camino de Francia, con una colonia infantil. Abrigamos a los niños y les dimos de comer algo caliente, aunque apenas había. En Barcelona quedaron víveres para dos años y doscientos mil equipos de tropa completa, entre tanta gente desnuda. ¿Cómo les va ustedes, los de la Generalidad?

—Estaba en Gerona, tramitando la evacuación del personal de servicios correccionales y libertando presos políticos, cuando llegaron nuevas de la caída de Barcelona. Retrocedimos a Figueras y desde allí pasé varias veces a Perpiñán, apercibiendo la fuga de funcionarios de la Consejería de Justicia. Al principio, en la frontera, aún insistían nuestros aduaneros en husmear equipajes y argüir reparos burocráticos; pero pronto fueron desbordados. Ayer o anteayer una mujer parió dos mellizos en la raya. No los querían en Francia por indocumentados y tuve que improvisarle un acta, con el sello de la Generalidad y la legalización de nuestro cónsul en Perpiñán, que es Puig Pujades. Desde Figueras pasé a Agullana, después del bombardeo. Allí me refugié con Companys en el Mas Perxes, en una hondonada que oculta un pinar. Esta mañana despedimos una expedición de intelectuales catalanes, en un autobús, el "bibliobús" como le dicen, porque servía para llevar libros al frente...

Córtase al advertir que me distraje. Soy yo ahora quien contempla el *Cristo* y mirándolo le digo:

—Cervantes y Shakespeare, quienes mueren unas diez horas aparte como es bien sabido, descubren la auténtica esencia humana, la contradicción, frente a la criatura consecuente y omnisciente del Renacimiento. El *David* es un hombre dios, aunque el dios fuese de paganía. Don Quijote y Hamlet resultan paradójicos e irónicos, porque constantemente se desdicen e impugnan. Júzganse tan relativos como el mundo, donde

327

las ventas se convierten en castillos, los molinos en gigantes y los gigantes en molinos. Como dice la gente de don Quijote, según testimonio de Sansón Carrasco, es el caballero valiente, pero desdichado; loco, pero divertido. Los personajes, incluidos don Quijote, Sancho y Carrasco, no tienen un concepto menos contradictorio del propio Cervantes, anticipándose por cierto en tres siglos a Pirandello y Unamuno.

—Desde entonces, la literatura no hizo sino seguirles los pasos y ratificar la naturaleza humana que ellos revelaron —asiente Bosch—. Nada nuevo, en tal sentido, aporta nadie desde el siglo XVII, incluido el mismo Dostoievski.

—Quizá no cupiera descubrir más. Sólo falta aceptar el verdadero ser paradójico del hombre, en vez de juzgarlo en función de ideales absolutos para justificarle las mortandades.

—Para nosotros, tal empeño llegará siempre un poco tarde. ¿No cree usted, señor Presidente?

—Posiblemente, aunque tampoco podemos prever el entero porvenir nacional en razón de esta guerra. No pensaba yo en nosotros ahora, sino en el arte.

—¿En el arte?

—Es siempre más reaccionario que la literatura.

—No lo dudo —sonríese Bosch—. Como prehistoriador, estoy dispuesto a creer que el arte concluye en Altamira.

—Acaso, pero yo me refería a tiempos más cercanos. Hasta Goya, el arte no advierte que el hombre es encontrado y contradictorio. Velázquez lo ignoraba aún cuando pintó el *Cristo* y *Las Lanzas,* aunque probablemente tuviese del mundo una idea parecida a la de Cervantes. Mire el paisaje de Breda, en el fondo del cuadro. No es de veras vivo, sino sutil decorado: una pintura dentro de otra que pretende ser la realidad: la realidad histórica, por añadidura.

—Esto es particularmente cierto en otras obras suyas, como el retrato ecuestre del Conde Duque de Olivares, que en algún rincón de este castillo cobíjase ahora. Allí las tierras de la Casa de Campo son una especie de tapiz soñado, que fuese a la vez copia sucinta de la naturaleza.

—Sólo en sus bufones empieza a sospechar Velázquez la auténtica esencia del hombre. En aquellos cuerpos grotescos y monstruosos, su humanidad asoma y atisba por los ojos, como por una mirilla.

—Sus miradas son humanas —corrobora Bosch—, precisa y paradójicamente, porque su tristeza las emparenta con las de los micos o las de los perros.

—Habría que aguardar a Goya para toparnos con retratos más contradictorios. Pienso especialmente en el último que pintó de Fernando VII, a su vuelta de Burdeos y en su fugaz viaje a Madrid, cuando regresa a poner en orden papeles y legados antes de morirse. El rey, arrastrando el manto rojo, es allí el bufón coronado. Velázquez, en cambio, es el pintor del instante preciso: aquel donde concluyen misteriosamente el tiempo humano y el de los relojes, *le temps* y *la durée* del buen Bergson, que era un Ortega para franceses. Aquí perduran dos momentos: el de la entrega de

329

las llaves de Breda y el de la muerte de Cristo, rendida la cabeza en el pecho —prosigo señalándole los cuadros—. Dígame usted, Bosch, si pudiese fosilizar en ámbar un segundo de su vida, ¿cuál escogería?

—No sería un segundo, sino una noche entera que aún no viví.

—¿Una noche entera?

—La última en Cataluña, dentro de muy pocos días. La pasaré en blanco, aunque nunca me ocurrió antes tal cosa. Quisiera eternizar aquel desvelo que presiento cierto y bien próximo, sin llegar nunca a la amanecida. ¿Comprende usted, señor Presidente?

—Sí —respondo en voz baja—. Lo comprendo perfectamente.

Esto es el final.

Mando llamar al obispo, cuando temo perder la razón en este desvarío. Hace días (¿acaso horas?) que no veo a Lola; pero las ansias de Sarabia y de Antonio Lot no se prestan a engaño. Me muero y Lola estará postradísima por mi agonía. Monseñor Théas llega una tarde, entre gris y verdosa, mientras llueve mansamente en la ventana, como lo hiciera en el parque de Perelada cuando me despedí de Bosch Gimpera.

—Me acabo y quiero confesarme —le digo—. No me puede negar los auxilios de la Iglesia en este trance.

Mírame entre sorprendido y receloso. Maravíllalo sin duda de que lo reclame, cuando hasta ahora era él quien imponíame visitas, sin siquiera anunciarlas. Siéntase cabe la cama y me estrecha las manos, en un apretón suspicaz y un si es no es tembleque.

—No, claro que no, amigo mío. Aquí estoy para ayudarlo.

—Confieso haberme desentendido de los otros, para ocuparme sólo de mi propia muerte. Siendo hombre perecedero, quiero ser inmortal y para sobrevivir dejaría arrasar el mundo. ¿Tiene este pecado perdón posible? Usted, monseñor, teme perderse por soñarse Papa, ¿cómo no iba a condenarme yo, queriendo ser eterno, que es mayor orgullo?

—Yerra usted —díceme en voz despaciosa y tan baja que a duras penas lo comprendo—. Inmortalizarse en el mundo es cosa baladí, porque esta vida no es nada, tanto si hay como si no hay otra.

—¿La hay, monseñor?

—No lo sé. Volvamos a la tierra. Aquí la existencia humana poco vale, salvo para los demás: para consumirla por ellos. Una vida aislada quizá sea un sueño, aunque ignoro de quién, como usted dijo tantas veces.

—Perdón, monseñor, apenas alcanzo a oírlo...

—Me comprendió perfectamente. No juguemos a los agonizantes, porque usted se muere de veras y de veras pretendo yo confesarlo. En realidad, debería confesarme a mí, pues soy mayor culpable. Su vida, empero, separada del prójimo, es sólo ajena pesadilla.

—¡No lo es, monseñor! ¡Nunca fue sueño y ahora, cuando voy a perderla, la sé bien cierta!

—Se desdice usted...

—¡Qué me importa desdecirme! ¡Lo que quiero es vivir!

—Vivir, ¿para ser quién? ¿Aquél que nunca fue? ¿Un inválido con su *cœur de bœuf*, eternamente preso en este hotel de Montauban?

—¡Vivir para saber mi vida mía, sólo mía! ¡Mía para siempre! Mi existencia empieza conmigo para mí mismo, nunca para los otros, como usted afirma. Darla a los demás es monserga cristiana.

—Más allá de esta monserga, no hay nada —córtame el obispo, pesaroso—. Se termina todo, como al final del universo, donde ni siquiera cabe el vacío.

—Cabe el fascismo. De cristiano poco tiene.

—Es puro romanticismo pagano —asiente monseñor—. El último convencimiento de que el hombre no fue creado a imagen de Dios, sino de la raza. El fascismo, sin embargo, no sobrevivirá esta guerra. Usted lo auguró con toda certeza.

Lo dice sin esperanza y sin convicción, como quien repite una vieja cita. Cállase luego, más por fatiga que por recogimiento, corcovado sobre mi cabecera, juntas las palmas y el mentón en el jeme. Yo escucho la última lluvia de mi vida, venida del océano y mitigada a dulce mollizna en las ventanas de Montauban. Me reblandece el alma y aquieta la agonía. La muerte es ahora un mar bonacible y sin orillas, bajo el cernidillo.

—¿Y el comunismo, monseñor?

—¿El comunismo?

—¿Acabará también en esta guerra?

—No, claro que no —repítese en tono de pausado convencimiento—. Durará tanto como el reino de Cristo, porque el comunismo es una herejía cristiana.

Nuestras vidas no son los ríos, que van a dar en la mar. La mar encréspase, crécese, devora ríos, tiempo, memoria y lluvia. Atérrame su poder y su ira. El universo entero cabe en sus abismos, achicado al tamaño de un grano de mostaza (¡oh, Sancho Panza!), por comparación. Por igual sobrecoge creerla vacía en su inmensidad o poblada de pulpos sonámbulos. El hombre del espíritu tiembla ahora en su último pánico. La voz se me enronquece; desgañítase también por vivir y sé que nunca volveré a sentirla mía. Las manos hinchadas agárranse a las sábanas. De súbito, en tono bien claro, me sorprendo gritando:

—Si Cristo se encarnó, lo hizo para fallecer como hombre: para sufrir el horror de saber que la vida no es sueño. ¡Una cosa es desvanecerse una sombra y otra morir un hombre vivo!

—Entonces, ¿cree usted en el mundo? —pregunta monseñor, abocado sobre mis ojos.

—No se trata de creer, sino de vivir. Quiero mi vida y la quiero eterna, porque, de lo contrario, el mundo todo carece de sentido.

Se me ahogó la voz, aunque brame en las entrañas. Cejijunto, el obispo parece esforzarse en leerme los labios, como si fuésemos sordomudos.

—¡Deme la inmortalidad y le daré mi fe en esta tierra que tanto me reclama!

Tampoco esta vez consigue comprenderme. Atesoro avariciosamente las fuerzas para repetirle mi súplica, mi último ruego, mi único ruego:

—¡Deme la inmortalidad y le daré mi fe en esta tierra que tanto me reclama!

Se me secaron los labios. Son de acíbar y me amargan la lengua. Monseñor Théas parpadea nerviosamente al contemplarme, como si lo cegase mi agonía. Aun al precio de mi muerte en el empeño, desespero por pedirle la eternidad, a cambio de mi fe en el mundo: en este mundo en el que descreí siempre y hoy, entre tanta desdicha, no quiro abandonar, no quiero perder. La voz me atruena en el pecho, entre las templas; pero el obispo no comprende el murmurio atropellado. De improviso y en vez de mi ruego, me sorprendo, despavorido, repitiéndole a gritos la diatriba de Negrín en Pyla:

—Cobardes, en cambio, salimos los dirigentes, incapaces de prevenir una guerra evitable y capitulando luego cuando aún podía ganarse. No distingo ahora entre nosotros. Como ocurre con el pecado original, al decir de los creyentes, compartimos todos aquí la fraternidad de la culpa. Nuestro único bautismo es el reconocimiento de yerros y delitos. Más nos perdió aún la esperanza que la propia cobardía. De no haber aguardado tan férvidamente el triunfo, quizá lo consiguiéramos. Es como la búsqueda de Dios: dicen que quien lo persigue no lo hallará nunca.

—Señor Presidente, ¿quiere que avise a un médico?

Asústase el obispo porque esta vez no le hablé en francés. Supongo que no pudo comprenderme, aunque la voz recobrada sonábame clara y muy parecida a la de Negrín. Al sentirla viva de nuevo, de punta a punta del paladar, la aprovecho avariciosamente:

—No sirva a la ciencia, monseñor, que es perecedera. No quiero médicos, sino la inmortalidad. A cambio le daré mi fe en este mundo que tanto me demanda.

—¿Usted cree en la tierra?

—Como en mí mismo.

—¿Y en la eternidad?

—Como en la tierra.

Me acerca a los labios un crucifijo de metal y le beso la cruz, que sabe a laca. La plata del Cristo ennegrecióse un tanto con los años. Con dejo de la Gascuña, bisbisea latines el obispo, mientras me estremece mi propio gemido, en aquella lengua, la mía, de cuyo nombre no alcanzo a acordarme.

—Jesús, paz, piedad, perdón.

—¡Usted me miente! Yo le absuelvo, pero usted falta a la verdad —enfurécese de pronto.

—No, monseñor, no perjuré.

—Sí lo hizo y está lo bastante lúcido para advertirlo —el enojo le atropella las palabras—. Usted descree aún en el mundo. Mientras viva, lo supondrá sólo sueño. Fingió aceptarlo para salvarme a mí.

—¡No pretendí, monseñor!

—Pretendía y no se lo agradezco. Amagaba creer en la tierra para que yo lo hiciese en el cielo. ¡No necesito su piedad, sino su fe! Crea en este mundo y lo haré yo en la inmortalidad. Mayor esfuerzo exige mi empeño que el suyo.

—Tal vez no, monseñor —sonrío aún, con el gesto

torcido en el rostro casi yerto—. En fin de cuentas, yo me estoy muriendo y usted no.

—Morir es ahora bien fácil. El siglo se hizo a la muerte, y mayores matanzas veremos todavía. Lo arduo es seguir viviendo.

—Lo compadezco, monseñor.

—Como ya le dije, no necesito su misericordia, sólo su perdón.

—¿Mi perdón? ¿Por qué iba a perdonarlo? ¿Por descreerme o por dudar de la inmortalidad?

—Solamente por sobrevivirlo.

—¿Es ello pecado?

—Lo es, y grave. ¿Qué derecho tendré yo a la vida, entre tanto crimen?

—Negrín me preguntó una vez qué derecho tenía yo a morir. Ni a usted ni a él sabría responderles.

—No lo haga. Perdóneme tan sólo.

—Yo lo perdono, monseñor, aunque no sepa cómo ni por qué.

Me abraza y se marcha, con buen revuelo de sotana y manto talar, sin pararse a mirarme de nuevo. En la ventana cesó la llovizna y cae quietamente la tarde de otoño. Un silencio de fanales antiguos en cómodas barnizadas de negro y cubiertas de mármol brocatel, sobre ramos de mazapán pintado, envuelve y achica la plaza.

Esto es el final.

Me duermo y sueño con tierras que no he visto en diez años. Duero. El paisaje, desde la acequia del canal, junto al *tubo*. Tarde de marzo. Sol tranquilo. Azul.

Violento. Verde de los pinos, uno por uno, sin masas. Portillo, sobre la altura del fondo. Un pueblo en medio de la plana. Pureza, fijeza de líneas. Está encantado. La paz de estas soledades no tiene fondo ni límite. Nada llega. No hay nadie. Jarales en las laderas.

Desembarcar del coche al pie del castillo es como apearse junto a un monte de ceniza, resto de una pira colosal. Siniestra masa, sorda, impenetrable, hosca. El color cadavérico, a media ladera de un recuesto sonrosado por el poniente, con socavones ya oscuros y de cara a la vega de pinos ribereños. Frío del cielo nuboso, tranquila luz, ráfagas azules sobre el río, verdes del cielo al poniente.

El camino sigue una recta, un poco pendiente, hasta llegar a una fuente, en un rincón. Allí comienza un hayedo; por en medio va el sendero. Olor del bosque. Pequeños o jóvenes los árboles. No los dejan crecer. Subo. Me acerco a la niebla. Cuando empieza a envolverme, echo la vista atrás y hacia abajo. Efecto extraordinario de un haz de luz azul, suavísimo, que cae sobre las gargantas.

El camino empieza a enroscarse en un pico. Se acaba el hayedo. Se echa encima la niebla. No veo nada a seis pasos. Frío. Silencio. Piedra azulada, labrada por las aguas. El sendero sube audazmente, cortado en la roca, sobre un abismo. Es muy larga esta parte. La vereda deja de trepar y sigue recta, recta abriéndose entre derrumbamientos de caliza, en declives enormes. Sobre un lecho de guijarros como el puño, bloques tremendos han rodado y ruedan, desmenuzándose. A mi izquierda, sin ver nada, oigo rumor de agua. Un torrente.

Despierto. Se hizo de noche. ¿Seré un loco quien supónese ser aquel de cuyo nombre, mi nombre, no puedo acordarme? Ahora es preciso dormir o, al menor, creerse dormido. *Dormez*, rezaba, en París. Un cementerio de decapitados en la revolución francesa. Entrábase por una casa insólita de la Rue des Gobelins, que parecía de labranza y soñada, allí, en medio de la ciudad, entre la Sorbona y la Place de l'Italie. Un portón abríase a un ancho zaguán, húmedo y sombrío, con gordas arrendaderas en los muros y siete toneles vacíos a un lado. El suelo era de chinas ensambladas y el techo bien alto. En un rincón, vi una berlina abandonada, desierto el pescante y arrancada la portezuela. Dentro anidaron arañas, que por el vano tejían sus telas. Al fondo, dos ventanas de postigos y una puerta, con colgadizo de teja árabe, daban a un jardincillo cerrado, de glicinias y rosales de Picardía. En medio, una lápida partida, sobre la huesa de despojos abrasados en cal viva, con una sola palabra: *Dormez*.

Me placía morirme tan calmo, quietamente dormido; pero desperté de improviso. ¡Dios mío, no me hagas inmortal! Una vida eterna, ciego, perlático y sin habla, es lo que más me acobarda ahora. Quisiera recordar mi nombre y el de aquella tierra, la mía, donde presidí la República. El obispo se fue sin decírmelos y no atiné a pedírselos. Las aguas del tiempo se van cerrando, poco a poco, y pronto habré olvidado mi

338

propia desmemoria. ¿Soy quien soy, aquel de cuyo nombre no puedo acordarme, o soy sólo el personaje de una novela, con mi nombre, que un día pergeñará alguien? Si él no me sueña, ¿lo soñaré yo? Don Quijote dícele a Sancho que su futuro cronista inspírale ahora, en el presente, brillantes salidas que a él, Sancho, no podrían ocurrírsele solo. El historiador, antes de serlo, deviene así creador. Historiará de hecho cuanto creara, ocurrencias de Sancho incluidas. Escribirá mañana sus sueños de la víspera; pero yo no puedo por menos de preguntarme quién lo soñará a él. Quien a mí me imagine en su obra, sin conocerme, me recrea a su semejanza. A la vez, en esta triste realidad de mi agonía, lo conjuro a mi propia imagen: ensimismado, escéptico, cobarde. Él es en mí, como yo soy en él.

Pronto se helarán las nieves en La Pedriza y allí las dorará el sol cada madrugada, hasta bien entrado junio, cuando un mediodía empiecen a derretirse y a fluir por torrenteras que aromarán los jarales. Heladas y bosques cobijan ya todos los muertos de nuestra guerra, en la seca comunión de los huesos que no distingue entre verdugos y víctimas. Uno más en espíritu, si no en despojos, seré yo entre ellos. Quizá entonces, tan pronto como la muerte me vuelva eterno y devenga el tiempo acaso memoria absoluta, bajo ríos y soles, renacidos a cada vuelta de la primavera, recuerde el nombre de aquel país, mi país, que ahora me quema labios y lengua.

EN CIERTO PASAJE DE ESTA NOVELA, de cuyo título no puedo acordarme, dice su narrador, en términos más justos que los míos, que alguien toma su vida en el futuro como si fuese una realidad total y pergeña así el libro.

Tal «alguien» supongo que seré yo, aunque no esté bien cierto de ello. En esta realidad absoluta caben naturalmente el estilo (que siempre es aquí «otro» hombre) de Manuel Azaña Díaz y de un servidor, de cuyo nombre no quiero acordarme. De hecho espigué diversos párrafos de las Obras Completas de Azaña y los incrusté casi palabra por palabra en mi narración. En otras ocasiones procedí a la inversa, por así decirlo, y le atribuí a él y de viva voz ideas y textos de otros libros míos. No me remuerde la conciencia por haberme tomado tamañas libertades. Si las junturas son lo bastante tenues para no desdecir la doble unidad de la novela, en contenido y expresión, me sentiré muy satisfecho, aunque en tal caso ignoro a ciencia cierta de quién fuera el mérito, de Azaña o mío.

Creo firmemente que tanto la historia como la novela tienden a abarcar la experiencia humana total, si bien aquélla lo hace de forma analítica y ésta de modo sintético. El error de las llamadas «novelas históricas» cífrase en reproducir analíticamente un pasado que el arte sólo puede interpretar sintéticamente. De tales falacias espero haberme librado en esta mi (?) obra. Para evitarlas, no vacilé en hacer mangas y capirotes con la cronología de ciertos eventos, verbigracia la reunión entre Azaña, Rojo y Negrín, donde éste admitía perdida la guerra, y que no tuvo lugar en La Bajol, sino en el castillo de Perelada unos días antes. Debo también a Herbert Matthews una carta del doctor Negrín, hasta ahora inédita e impresa en el libro de Matthews Half of Spain Died, *parcialmente reproducida, en el último encuentro entre Negrín y Azaña. No puedo omitir tampoco la mención de mi deuda al crítico informe de Vicente Guarner sobre el ejército republicano, redactado en 1938, y aquí en parte expuesto por el coronel Guarner, en compañía de Abad de Santillán, a Azaña. Podría proseguir la lista con otros casos de menor cuantía. Si siempre se escribe en cierto modo el mismo libro, cuando uno esfuérzase por hacerlo verazmente, también escríbese en tales casos un libro ajeno, porque de los demás, del tiempo y del mundo exterior provienen los elementos donde hila la creación su sueño. Concluida la obra, sólo basta revivirla, o recrearla. Ésta, sin embargo, es tarea propia del lector, no del novelista, naturalmente. Cuanto yo me encomendé, para bien o para mal, ahora ha terminado.*

Índice

NOVELAS GALARDONADAS CON EL
PREMIO EDITORIAL PLANETA